心理学译丛·教材系列

职场人际关系心理学

（第12版）

Your Attitude Is Showing: A Primer of Human Relations 12th Edition

［美］ 莎伦·伦德·奥尼尔（Sharon Lund O'Neil）　著
埃尔沃德·N·查普曼（Elwood N.Chapman）

石向实　郑莉君　等译

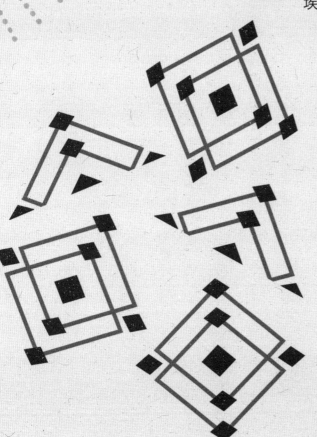

中国人民大学出版社
·北京·

心理学译丛·教材系列
出版说明

　　我国心理学事业近年来取得了长足的发展。在我国经济、文化建设及社会活动的各个领域，心理学的服务性能和指导作用愈发重要。社会对心理学人才的需求愈发迫切，对心理学人才的质量和规格要求也越来越高。为了使我国心理学教学更好地与国际接轨，缩小我国在心理学教学上与国际先进水平的差距，培养具有国际竞争力的高水平心理学人才，中国人民大学出版社特别组织引进"心理学译丛·教材系列"。这套教材是中国人民大学出版社邀请国内心理学界的专家队伍，从国外众多的心理学精品教材中，优中选优，精选而出的。它与我国心理学专业所开设的必修课、选修课相配套，对我国心理学的教学和研究将大有裨益。

　　入选教材均为欧美等国心理学界有影响的知名学者所著，内容涵盖了心理学各个领域，真实反映了国外心理学领域的理论研究和实践探索水平，因而受到了欧美乃至世界各地的心理学专业师生、心理学从业人员的普遍欢迎。其中大部分教材多次再版，影响深远，历久不衰，成为心理学的经典教材。

　　本套教材以下特点尤为突出：

　　● 权威性。本套教材的每一本都是从很多相关版本中反复遴选而确定的。最终确定的版本，其作者在该领域的知名度高，影响力大，而且该版本教材的使用范围广，口碑好。对于每一本教材的译者，我们也进行了反复甄选。

　　● 系统性。本套教材注重突出教材的系统性，便于读者更好地理解各知识层次的关系，深入把握各章节内容。

　　● 前沿性。本套教材不断地与时俱进，将心理学研究和实践的新成果和新理论不断地补充进来，及时进行版次更新。

　　● 操作性。本套教材不仅具备逻辑严密、深入浅出的理论表述、论证，还列举了大量案例、图片、图表，对理论的学习和实践的指导非常详尽、具体、可行。其中多数教材还在章后附有关键词、思考题、练习题、相关参考资料等，便于读者的巩固和提高。

　　这套教材的出版，当能对我国心理学的教学和研究具有极大的参考价值和借鉴意义。

中国人民大学出版社

作者简介

莎伦·伦德·奥尼尔（Sharon Lund O'Neil），美国伊利诺伊州立大学博士、休斯敦大学教授，是一位著述甚丰的学者。她写作风格亲切，提出的建议具有建设性，解决问题思路清楚。她讲述的人际关系案例以团体工作环境为背景，在职业培训工作者和相关教师中十分流行。作为领导力和团队凝聚力领域的知名演讲家和推动者，莎伦强调"软能力"的重要性——人际关系能力对于构建有效的人际关系十分重要。莎伦积极参与了许多专业团体，为一些美国著名的专业机构和教育机构提供专业支持。她在教育、科学研究、社会服务等方面获得过许多有影响的奖励。莎伦的作品还有：《领导力：领导者需要掌握的核心技能》（第 3 版）、《动机：银行卡的成功》等。

译者简介

石向实，男，1954 年生，杭州师范大学研究员，浙江省省级有突出贡献的中青年专家，浙江省社会心理学会会长、中国社会心理学会常务理事、中国社会科学院社会心理研究中心特聘研究员。主要从事中国管理哲学、社会心理学、城市社会学方面的研究。

郑莉君，女，1956 年生，蒙古族，现任杭州师范大学教育科学学院教授，兼任浙江省社会心理学会副会长、中国社会心理学会理事、中国社会科学院社会心理研究中心特聘研究员。多年从事发展与教育心理学、心理卫生与心理健康教育研究。1997 年获曾宪梓教育基金会高等师范院校教师奖，2001 年获全国优秀科技工作者荣誉称号。

献 辞
DEDICATION

职场人际关系心理学（第 12 版）

亲爱的读者：

　　《职场人际关系心理学》在世界上有千百万读者，他们通过阅读本书提高了自己的人际关系技能。

　　你正在使未来的世界变得更加美好，愿《职场人际关系心理学》（第 12 版）能够对你有所助益。

　　谢谢！

译者前言 >>>>>>>
PREFACE
职场人际关系心理学（第 12 版）

美国学者莎伦·伦德·奥尼尔（Sharon Lund O'Neil）与埃尔沃德·N·查普曼（Elwood N. Chapman）合著的《职场人际关系心理学》（*Your Attitude is Showing：A Primer of Human Relations*），是一部在世界许多国家十分畅销的作品。本书用通俗的语言、生动的案例，讨论了当今职场人士最为困扰、最需要帮助的人际关系问题，为人们处理好人际关系、建立良好的人际关系提供了许多简便可行、行之有效的建议，实为职场人士不可不读的佳作。

一个人在工作中，总要与上司、同事和下属相处，所谓相处之道，简单地讲，就是要懂得人心，顺乎人情。本书的理论和案例虽然都有着西方文化背景，但是由于人的心理有共同的规律可循，所以本书的内容和建议大部分也适用于我国的情况。至于书中个别内容可能不适合我国情况之处，相信读者自会做出自己的判断，加以扬弃。

心理学是研究人的心理和行为规律的科学。本书对职场人际关系的讨论，不仅有理论探讨、练习、作业、案例分析，而且还有许多问卷和量表。这些问卷和量表为读者分析和研究自己的人际关系，提供了实用有效的心理学工具。本书尽管没有使用多少心理学术语，但是内容和方法都是心理学的。因此，为了帮助读者更好地了解本书的内容，我们更改了本书的书名。

本书的中译本是集体工作的成果。翻译工作由郑莉君负责组织，译者分别是：石向实、郑莉君、肖玲玲、黄海涵、马晨曦、崔晨星、张宝强、任留燕、段智慧、林巧明、米豆豆、徐晨质、吴钟芳、刘秋萍。肖玲玲为全书翻译做了大量的技术性工作，石向实对全书译文进行了校译和统稿。

本书的翻译工作得到了杭州师范大学发展与教育心理学硕士学位点的大力支持，也得到了中国人民大学出版社各位编辑的热情帮助，在此，向他们表示诚挚的感谢！

石向实　郑莉君

2011 年 4 月于杭州

前 言 >>>>>>>
PREFACE
职场人际关系心理学（第 12 版）

 ## 一项事实

　　30 多年来，先后有 11 版、超过 100 万册的《职场人际关系心理学》被用于课堂和工作场所的教学活动，以训练职场新人和富有经验的老员工。直到目前为止，本书仍然是职场人际关系领域受到高度好评的著作之一。

　　《职场人际关系心理学》能帮助各个年龄段和各种社会背景的人更加敏锐和有成效地处理人际关系。很多希望自己获得成功和发展的人，都在期待《职场人际关系心理学》第 12 版的出版。

　　本书由若干既有联系又相对独立的单元组成，这使本书可以适用于许多场合：既可以作为人际关系课程的核心教材，也可以作为其他管理课程（比如组织行为学）的阅读材料，还可以作为公司管理培训项目的指导手册。

 ## 本书的栏目和特色

- 每日箴言，给出读者思考的线索。
- 本章要点，在每章里，帮助读者确定和关注重点探讨的 4～6 个概念，并提供进一步的材料帮助读者理解这些概念。

● 页边提示，为读者标出重要的观点并强调章节的重点内容。

● 互动，通过辩论和章节讨论，读者能够暂停阅读，并分析自己对于所阅读章节的概念理解了多少。

● 本章小结，帮助读者总结并梳理各章的重要概念。

● 核心观点，在长方形的文本框内，提出简明的、发人深省的观点供读者思考和做自我评估。

● 试试你的理解力，这是每章结束时的小测试，包括三种题目（对错题、选择题、简答题），这些测试可以强化读者对章节内容的理解。测试答案附在书后。

● 思考并回答，提出五个涵盖了每章主要观点的简答题以强化有关技能。

● 练习，使读者有机会实践每章的主要概念。每章的练习与各章的互动类似并予以拓展。这些练习给你一些实践经验，帮助你更好地理解和应用各章中的概念。我们鼓励读者自觉地完成这些练习，以便强化对各章内容的理解。这样做了以后，读者能够更好地将所学应用到生活中去。

● 案例，帮助读者分析并研究某个工作环境中常见的情景。各章末尾的案例有两部分。第一部分中为"A. 讨论"，鼓励读者仔细评估每个案例，以找到最好的解决方法。第二部分为"B. 拓展理解"，是一个与案例相关的作业。通过完成第二部分的作业，读者会对该章有更深入的理解，并提高研究和写作能力。这两个部分既可以独立完成也可以由团队完成。

阿米巴的重要意义

在阅读本书时要注意，那些能平衡专业技术知识与人际关系技能的人，通常能够在工作中得到更大的快乐，为组织发展作出更大的贡献。总而言之，能够有着更成功的事业和更令人满意的生活。所以，本书之所以名之为"职场人际关系心理学"，是因为其他任何东西都不能够比你的人际关系更加影响你事业的成功。

书中借用阿米巴来提示和强调关键内容，帮助读者更清楚地认识到自己的态度与自己的生活视角密切相关。阿米巴是一种微小的单细胞生物，常常被认为是一种最低等的动物。为什么阿米巴总是在不断地变化它的大小和形状？我们希望小小的阿米巴能够时刻提醒你——无论你是谁，无论你在哪里，无论你在干什么，你正在表现你自己！

"啊哈，我就像个阿米巴虫。"

可以利用的网络资源

● 学生用资源

学生登录网站 www.prenhall.com/o'neil 可以获得每章的在线资源，以进行学习效果测试。在这里你将会找到各章内容的在线资源的链接，这些资源可以帮助你进行每章的自我评估测试，包括选择题、正误题等，这些测试都能即时反馈和评分。

● 教师用资源

教师可以从 www.prenhall.com 的教师资源中心下载资源。一次注册便可以获得你的 Prentice-Hall 课本的所有教师资源。

致谢

这些年来，许多人为本书的出版作出了贡献。我特别要感谢本书第 12 版的书评人，他们的观点提高了本书的声誉。他们是：马林学院的珊蒂·博伊德（Sandy Boyd）编辑、韦恩社区学院的尤金·贝蒂斯（Eugene E. Pettis）博士、西弗吉尼亚大学的苏珊·古斯汀（Susan R. Gustin）、黑鹰学院的黛比·柯林斯（Debbie Collins）。

目 录

第三部分　拓展人际关系

第五部分　发挥优势，走向成功

第一部分

了解自己

第 1 章

人际关系无法逃避

"我早就听说过那些老掉牙的道理了！"

每日箴言：人际关系只会成为你所期望的样子。

本章要点

- 建立与发展良好的职场人际关系不容忽视。
- 积极态度庇佑你和你的同事。
- 企业不仅要关注员工的工作绩效，同时也要关注员工的人际关系。
- 企业通常根据部门总体业绩评估个别员工的工作绩效。

4 生活中很多人，即便是拥有丰富工作经验的人，也常常低估人际关系在职业生涯中的重要性。我们常常固执地认为人际关系不需要刻意经营，甚至还单纯地认为自己拥有良好的人际关系。那么到底什么才是人际关系呢？人际关系有多重要呢？

 ## 人际关系的重要性

简单地说，良好的人际关系表现为个体谦恭友善、适应性强并且能够在工作中与同事和谐相处。不过这仅仅描述了良好人际关系的表面特征，事实上，良好的人际关系绝不仅仅表现为以谦恭的行为举止获得周围人的喜爱，它还具有更丰富的内涵。

良好的人际关系是职业发展的根基

> 良好的人际关系表现在多方面。

人际关系也表现为理解自己和他人的过程以及应对危机的能力。良好的人际关系有助于你面对上司的苛刻要求乃至不公正待遇时，仍然能够尽力竭心地工作。良好的人际关系有助于你不断了解自我，学会与他人沟通交流，并与他人建立和维持长久的关系。良好的人际关系还有助于你处理各种可能面临的冲突，修复业已恶化的关系，并学会积极面对挫折和压力。此外，良好的人际关系还是你在求职面试时的一种个人魅力，是你事业成功的基石。

一句话，良好的人际关系就是指你善于在良好或恶劣的工作环境中与各种不同类型的人打交道，与之建立并维持各种关系。

为了帮助大家了解自我人际关系的现状，我们安排了一组互动活动。除了该活动，本章的其他活动将进一步提供学习和实践良好的人际关系技巧的机会。你如果重视本书中的这些活动，就会发现它们对于你获得建立和发展良好的人际关系的技能而言，意义重大。

本书剩余的部分将为你如何从良好的人际关系中获益提供建议。请你定期完成这些练习，它们将成为你的人际关系晴雨表，助你取得事业、生活双丰收。

5

我的人际关系基础

下面13项可以用来帮助我们从两个方面了解自己目前的人际关系：（a）你如何评价自己；（b）你认为别人如何评价你。请你认真阅读每一项，并根据自己的实际情况选择"是"、"不确定"或"否"，并打"√"做标记。

人际关系初级水平	我自己的观点			我认为他人对我的看法		
	是	不确定	否	是	不确定	否
1. 我善于交际。						

续前表

人际关系初级水平	我自己的观点			我认为他人对我的看法		
	是	不确定	否	是	不确定	否
2. 我待人谦虚。						
3. 我适应能力很强。						
4. 我一般讲究遵守礼仪。						
5. 我可以成功地解决常见问题。						
6. 即使面对要求苛刻的上司，我也能够很好地完成工作。						
7. 我擅长解决冲突。						
8. 我了解我自己（例如我的优缺点）。						
9. 我可以与别人进行良好的沟通。						
10. 我可以与他人建立并保持长期的关系。						
11. 我可以快速并成功地修复受损的人际关系。						
12. 我可以有效应对挫折。						
13. 我常常抱有积极的心态。						

本练习有助于你进一步认识自我，同时了解他人对你的看法。如果你不确定他人如何评价你的人际关系，那么请你在作答前询问自己的家人或同事。

本书认为：无论你的人际关系如何，你都需要始终重视建立和发展良好的人际关系！

积极态度提升你的人际关系能力

职场精英的人生态度

不管在何种工作环境中，最受同事欢迎的职场精英通常都是那些有着积极人生态度的人。为什么？

■ 他们态度积极、有幽默感，所以周围同事即使在休假时也会时常想起他们。

■ 他们的积极态度感染着整个团队，使整个团队士气高昂、工作高效，所以他们往往得到上级的赏识。

■ 他们的积极态度会传递给周围每位同事。任何一个感受到这种积极态度的同事都会因此对未来职业前景充满希望，在工作中更加尽心尽力。

消极态度将增加工作中的紧张氛围

态度消极的人常常会给周围同事带来额外的压力。为什么？

■ 他们的消极态度不利于周围同事（尤其是企业管理者）保持积极的态度，同时阻碍着个体创造性的发挥。

■ 一个人的消极态度就像篮子里的坏苹果一样，打击部门（小组）其他同事的工作积极性（例如，一个人面对其他同事的消极态度时，可能会想：杰克和克莱尔每天消极怠工，为什么我却要努力工作？）。

■ 制止一些恶作剧（无恶意的）给同事带来的消极影响，往往需要树立更加积极的态度，并且付出更多的努力。

然而，当多数人竭力在工作中保持积极态度时，消极态度会像乌云一样挥之不散，笼罩着工作中的人们。于是，工作效率将受到影响，客户的利益也随之受到损害。这时候，积极的人往往会在其他方面寻找机遇，但是并不是所有的人都善于保持积极性。在下面的章节中，本书将进一步探讨如何在工作中维持积极乐观的态度。

7 **"另眼看人际关系"**

转换态度。

虽然我们一再强调良好人际关系的重要性，但是在职场中，个人的工作绩效同样重要。因为在市场经济环境中，员工的工作绩效折射着企业的竞争力。所以，任何员工若想取得事业的成功，仅仅拥有良好的职场人际关系与积极的态度是不够的，还需要保持高水平的工作绩效。

人际关系中的责任

关心你的同事

仅仅出色地完成工作是不够的。在完成工作之余，你还需要时刻关注自己周围同事的需要。在发挥自己能力的同时，你应努力避免在同事面前过分炫耀，以免诱发他们对你产生敌对情绪。努力承担自己的分内工作之外，你应力争做到鼓舞他人认真工作而不是让他人故意跟你唱反调。

直面职场人际关系

全力完善
你的人际关系。

如果不学习如何有效地与人交往，不论多么有抱负或有能力，都无法实现自己的职业目标。加入一个组织（企业、公司或政府机关），但忽视你周围的同事，无异于自毁前程，因为任何人都无法逃避职场人际关系。

这是否意味着在新的工作环境中，你应该有计划地玩好"人际交往"这个游戏呢？问题的答案在于你如何看待"玩游戏"。

如果你认为玩好这个游戏的关键在于迎合那些可能给你带来利益的人，那么答案显然是"否"。

如果你认为玩好这个游戏，是自己想出一个策略以牺牲他人、成全自我利益，那么答案依然是"否"。

然而，如果你认为玩好这个游戏的真谛在于尽自己最大的努力与来自各种文化的所有工作伙伴建立真诚、友好并且亲密的人际关系，那么我们只能勉强地回答"是"。

如果以上这些话给你带来了强烈的冲击，那么请你再认真思考一下这个问题。因为在现代社会，仅仅埋头工作是远远不够的（当然，30 年前也许是这样），作为今天的职场人，每个人都承担着特定的工作角色，每个人同各种各样的同事有着千丝万缕的联系，我们谁也不能无视这一事实，我们谁也无法逃避人际关系。

平衡责任

进入组织伊始，每个人就被赋予两大责任：（1）干工作并力争做到最好；（2）尽力与周围的同事和睦相处。能否出色地担当这两项责任，常常决定着个体事业的成败。

也许你工作高效、富有经验并且对自己目前的工作环境很满意，或者你曾经为公司效力多年但目前正准备跳槽，可能你刚被公司炒鱿鱼目前正在努力求职，或者你即将大学毕业正在紧锣密鼓地筹划自己的未来职业发展……无论目前你属于哪种情况，将来可能发展成什么样，人际关系在你的职业发展中都将占据主导地位。

毋庸置疑，那种认为专业技能和综合能力在一个人职业发展中可有可无的观点是错误的。理由很简单，如果你被聘为办公室文员，那么你的计算机技能将变得至关重要。如果你被聘为机械师见习生，那么你的机械技能很重要。如果你现在是一名护士，希望进入管理阶层，那么你的专业技能和个人能力结构很重要。可见，一个人所拥有的技能有助于自己职业理想的实现，同时也有助于你的成长与发展。

> 良好的人际关系令你的专业技能增值。

但是仅有这些是不够的，为了使你的知识、经验实现价值最大化，你必须具备良好的人际关系，必须学习与他人合作。

为什么？因为你的工作表现与他人的工作绩效密切相关。你的贡献不仅仅是个人的，也往往是部门（工作小组）的一部分，而你也仅是部门（或工作小组）的一分子。此外，你的工作业绩将与你和上下级、平级间的关系融洽度成正比。

积极影响周围同事

你的"所作所为"都会影响他人。如果这种影响是正性的，那么周围同事会把工作做得更好。如果这种影响是负性的，那么周围同事的工作将会变得不再那么高效。因此，单单你自己对工作饱含热情是远远不够的，你应努力带动周围的同事共同努力工作，因为当你成为一名管理人员时，公司对你的评估将主要指向你所管理的团队而非你个人。

企业如何评估员工

工作业绩是一个衡量指标

> 永远不要低估你的业绩底线。

"业绩"已经成为一个重要的词语频繁出现在工商界与政界。任何组织的运作或是为了赢利，或是为了达到某一专业水平，这些都可以称为"业绩"。

每个组织都有固定的业绩评估模式。当然，有些组织的业绩评估模式相对来说较为简单。例如，工厂根据工人在单位时间内的产出评定其业绩。

也有些组织专门聘请时间管理专家，科学测量出完成某一特定任务所需的时间，从而确立员工的绩效评估标准。在这种组织中，管理者通常期待下层员工能够超额完成规定指标。例如，在销售类公司中，每位员工都要按定额甚至超额完成一定的销售指标。

总之，不论组织的性质如何，个体在职场中都要定期接受一定的业绩评估，都要努力完成甚至超额完成组织规定的业绩指标。

每位员工都是企业的一分子

> 良好的人际关系在任何情况下都具有重要作用。

员工的价值并不仅仅表现为个人业绩，它需要转换成对企业的贡献。这种贡献包括个人与企业的融洽相处（从管理角度讲，即个人真正把自己当成企业的一分子）。所有的企业都希望员工之间能够友好相处，因为和谐的工作氛围有助于提高企业的整体生产力。企业的整体生产力不仅需要个别员工的努力，还需要全体成员的精诚合作。

以超市收银员乔安娜和哈里森为例子。收银员的工作效率体现在三个方面：速度、准确性和同消费者的沟通。然而仅仅保证这三方面是不够的，为什么？因为周围同事、消费者与乔安娜、哈里森的交流，对他们乃至整个超市的生产率都很重要。同样，乔安娜和哈里森间的工作与互动，不仅关系到他们自己的生产率，也会影响到超市其他员工的工作效率。超市每位员工间的工作都是相互影响的。

也许乔安娜是一个不错的收银员，并且在速度、准确性和同消费者的沟通三方面都好于其他收银员，然而这并不意味着她就是一个优秀的收银员。为什么？

假设此时正是超市购物高峰期，所有的收银员都忙得焦头烂额。顾客的队伍排得老长，这时哈里森手里的购物袋用完了，于是大声朝乔安娜喊："扔给我一些袋子！"这时，如果乔安娜说："你自己来拿吧，爱拿多少拿多少！"那么，接下来将会发生什么呢？这两个收银员间很可能立即出现一道裂缝。哈里森这个急需购物袋的收银员，将会在顾客面前感到尴尬。而他的收银速度、准确性以及同顾客的关系也会恶化。

乔安娜眼前的顾客则可能因为她的大声回答而感到不自在，目睹这一幕的顾客也会因此对这家超市收银员有不好的看法。而且，尽管乔安娜与哈里森的对话不会直接影响其工作效率，但可能对其他收银员或卖场里听到他俩对话的工作人员产生不良影响（即便是短暂的工作效率下降）。

　　乔安娜在人际关系上只言片语的失误，将带来严重的后果。为什么？因为看到她和哈里森这一幕的顾客会对下次来该超市购物有顾虑。更糟糕的是，有些顾客可能因此决定今后到其他地方购物，而周围其他收银员下次请乔安娜帮忙时也会格外谨慎。

　　因此，我们上面提到，尽管乔安娜在收银速度、准确性和同顾客的沟通上都明显优于其他收银员，但她仍然不能称得上是优秀的收银员，因为她在与同事的人际关系上是失败的。

努力营造良好的工作氛围

　　作为员工，你的工作绩效不仅体现在做了什么，而且体现在给周围同事带来了什么（好或坏的影响）。在企业中，你不仅需要努力工作，同时也需要努力维系与周围同事的友好关系。这并不是件简单的事情！有时，你不得不与一个不怎么喜欢的人共同工作。在这种情境中，如果你仍然能够保持较高的绩效，那么你的工作是有价值的。反之，你则需要吸取教训，并静心期待下一次"机会"（与自己不喜欢的人一起工作）。

　　在现代职场中，管理者通常喜欢奖励那些工作高效又懂得关心同事、营造良好工作氛围的员工。

> 人际关系
> 具有超魔力。

本章小结

　　努力改善人际关系、维持积极的态度，对于任何年龄和经验程度的人都是重要的。也许你刚刚踏出高中或大学校门，满怀希望地开始自己的第一份工作；也许你人到中年，却是第一次踏进职场；也许你已经上了年纪却被迫跳槽；也许你是一个多年后重返职场的家庭主妇；也许你刚刚从一名普通员工擢升成为企业管理人员。不管你属于哪种情况，是否拥有良好的人际关系与积极的态度，对你今后的职业发展都起着关键作用。

　　员工的业绩对于部门、组织的发展极其重要，你有责任尽全力出色完成分内工作。在努力工作之余，你还需重视与周围同事和谐相处。因为每位员工在部门与组织中都承担着双重责任：（1）完成分内工作；（2）与同事友好相处，共同提高团队生产力。对于那些能够有效平衡这两种责任的员工，任何组织的管理者都会给予足够的重视。

　　任何人都无法逃离人际关系，因此，努力提高自己的人际交往技巧非常必要。作为员工，当你能够驾驭好职场的各种人际关系时，就能与周围同事相处融洽，共同营造出一种积极高效的工作氛围，而你也会因此得到上下级、平级的赞赏和肯定。总之，人际关系的好坏在一个人的职业发展中起着关键作用。

试试你的理解力

根据你对本章内容的理解完成下列题目。

第一部分：根据本章内容判断下列说法是否正确（T＝对；F＝错）。

T　F　1. 人际关系的好坏对一个人事业成功的重要性远远超过人们的想象。

T　F　2. 为了实现事业的成功，一个人应把人际关系放在第一位，而把工作业绩放在第二位。

T　F　3. 积极发展各种人际关系可能给一个人带来更多的机遇。

T　F　4. 积极的员工能够激发周围同事的工作热情。

T　F　5. 人际交往能力是可以学习的。

第二部分：阅读下列题目并选出正确选项。

6. 人缘好、工作高效的职场精英通常：（a）专业技能突出；（b）朋友多；（c）态度积极；（d）智商高。

7. 当组织根据部门（工作小组）的表现来考评个别员工的业绩时，管理者实际考察的是该员工的：（a）心理生产力；（b）人际关系；（c）管理能力；（d）领导潜力。

12

第三部分：请根据你对本章内容的理解完成下题。

8. 为什么无论年龄大小和经验多少，人际关系都对一个人的发展起着重要作用？

答案见书末。

> 良好的人际关系"放大"你的工作业绩。

思考并回答

请用两三句话回答下列问题。

1. 什么是人际关系，为什么人际关系对每个人的发展都是重要的？
2. 为什么态度积极的员工常常人缘好、工作高效？
3. 在职场中，个人的两项基本责任是什么？
4. 如何评估员工的工作业绩？
5. 为什么说改善人际关系需要终身努力？

职业发展与人际关系

不同职业对人际关系的要求不同，某些职业对员工的人际交往能力要求更高。例如，与机械师相比，客服专员应更加擅长与他人交流沟通。

下面这个练习罗列了各种职业，请你先在下方的表格中填写自己的三个理想职业目标，然后评估人际关系在各种职业中的重要性，并用"√"做标记。

	完全不重要	比较不重要	比较重要	非常重要
电脑计算员				
办公室主任				
班机服务员				
电脑程序员				
餐厅服务员				
银行高管				
警察/安保人员				
销售员				
化验员				
科研人员				
电工				
护士				
图书管理员				
旅游代理商				
公司客户代表				
行政助理				
会计师				
教师				
政治家				
生产主管				

请你快速浏览自己在本练习中的作答结果，全面了解不同职业对人际关系的要求。

积极的态度无须花费什么，但是回报丰厚。它会让接受者变得富有，却不会令给予者变得贫穷。有时只需一瞬间，它留给人的回忆却是永久的。一个缺乏积极态度的人很难变得坚强富有，而那些拥有积极态度的人则不会永远贫穷。总之，积极的态度是人生最宝贵的财富。

14

案例 1	现实

"重要的是你认识谁。"

罗德和另外两个素质相近的求职者同时受聘于某家高新技术公司，该公司工作节奏快，讲究诚信，致力创新，所以员工们都认为这里升职机会多。幸运的罗德被分配到了一个优秀的工作小组中（该小组以工作绩效高著称），组长热烈欢迎他加入自己的团队，同时作为前辈，提醒罗德注意与团队中的所有成员友好相处。

罗德工作努力，同时极富效率，然而他却在人际交往中接二连三犯错。他曾经对一个同事很粗鲁，因为该同事没有一次性地把借阅的文件交还给他，而是分三批送回。此外，他曾经抱怨一名同事办事拖拉，导致他很晚才吃午餐。更严重的是，面对因同事生病而增加的工作量，罗德曾公开表示不高兴。所以，就职刚刚几周，他就被组长叫到办公室谈话。组长再次告诫他：与周围同事友好相处，避免产生不必要的摩擦。谈话结束时，罗德询问组长对他的评价。该组长巧妙地回答道："你的工作能力在众人平均水平之上，这点我很欣赏。可惜的是，你的人际关系表现没有同样出色，这点我有点介怀。"

几个月之后，与罗德同时加入该公司的两个人均得到了晋升，他却没有。这时，罗德会有什么反应？他忽略了一句名言："在这里，你懂得什么并不重要，重要的是你懂得谁。"

A. 讨论：罗德遭遇这种对待是否公平？罗德的组长为了帮助他解决人际关系问题做了什么？

B. 拓展理解：帮助罗德制作一张清单，记录人际交往中的各种法则。此外，提出几条具体建议，帮助他改善与周围同事的关系（最好还能总结出一些广泛适用于人际交往的黄金法则）。

第**2**章

人际关系可以成就你，
也可以阻碍你

"我是一个精神分裂者吗?"

每日箴言：经常反思他人如何看待自己，是有效评估自己人际关系的好方法。

本章要点

- 自信、积极态度等将给你带来良好的人际关系。
- 人际关系是衡量个人经验与能力的重要指标之一。
- 积极发展、合理利用良好的人际关系，将给职业发展带来意想不到的机遇。
- 高学历不等于良好的人际关系，积极态度有利于人际关系的发展。
- 态度与个性息息相关，它们共同塑造你的人际关系。

16   像大多数人那样，在你的脑海里可能存在着许多关于人际关系的问题，希望本章内容能够帮你解答其中的一些问题。

表现自信

在面试中，态度有多重要？

多与他人交流互动有助于改善人际关系。

至关重要。你简历中的任何东西都是至关重要的，而且，你的态度、对工作的看法也同样重要。显然，考察态度是面试的核心目标。招聘单位往往希望通过面试方式，从应聘者的言语、态度中捕捉信息，了解应聘者对合作的看法以及应对危机的能力。所以，很多时候我们会发现面试中的胜出者学历、技能不一定最强，但一定拥有积极态度。

了解更多的人际交往法则是否能够让我与他人初次接触时更加自信？

是的。毫无悬念，学习人际交往法则首先会让你收获自信。拥有自信将令你在与他人初次接触时，主动跨出第一步，而不是静静待在一边踌躇；拥有自信将使你在与同事的互动中更为热情；拥有自信还将令你与他人的沟通更加轻松惬意。当然，最重要的是，不断提升的自信势必会对你在面试中的表现大有裨益。

"安静"的人是人际关系的"不良适应者"吗？

有时是这样的。因为一味保持安静、退缩，将很难与陌生人建立良好的人际关系。因此，"安静"的人往往需要付出更多的努力来发展良好的人际关系，尤其当他们刚刚进入一个新的工作环境时。

"过于安静或自娱自乐"的人，有时候可能会忘记"安静"也许会被他人解读为孤傲、冷漠甚至敌对。为了避免被误解，人们需要多与同事交流互动。

然而，事实也证明，一段时间过后，"安静"的人也能变成人际交往中的"高手"。他们因为敏感而沉默、内向；同样，也因为敏感，他们关注他人的需要，所以更贴近他人的内心。

外向的人天生擅长人际交往吗？

17   不一定。人际关系的好坏还取决于其他因素。有时，由于过分关注自己的人际状况，性格外向者的人际关系反而不好。无论性格外向还是内向，相信本书提供的人际交往技巧与原则都具有普遍适用性，方便大家学习并运用到实际生活中。

人际关系与经验

人际关系良好可以弥补经验不足吗？

如果你可以跟所有人，包括年轻的、年长的以及那些比你更富有经验的人，建立并保持良好的人际关系，那么经验不足将不再是你职业发展中的障碍。获取经验的一个有效途径，就是尊重他人的经验，并且尽可能地谦虚学习。需要指出的是，与你接触的同事中也可能有些和你一样经验不足。面对经验不足，要保持心胸开放，努力拓展知识，积极建立并维护良好的人际关系，你才能更好地发展你的个人事业。

为什么那些富有经验的职场精英甚至高层管理者似乎也会忽视良好人际关系的重要性？

也许这些人自觉自己的人际关系已经相当不错，以为这种话题太基础了，认为努力工作、创造更多的业绩才是重中之重。也许这些人借口工作压力太大，所以把人际关系排除在优先考虑的范围之外。然而，他们或许尚未意识到，如果继续"执迷不悟"，那么他们的事业最终将陷入逆境。

人们是否可以像电脑操作员和机械师学习技术那样一步一步成长为人际交往中的"高手"？

从某种意义上说，可以。虽然测量人际关系的发展很困难，但是人际交往技巧是可以观察的，我们相信，妥善使用各种人际交往技巧（参见本书的人际关系能力量表）将促使你的人际关系正向发展。反之，你的人际关系就会出现倒退。

> 妥善使用人际交往技巧有助于改善人际关系。

 人际关系提供机遇

重视发展人际关系是否能够保证美好的未来？

多数人力资源专家认为，那些重视人际关系发展的求职者，更容易在优秀企业的招聘中脱颖而出，同时也更容易跻身企业高层。那些对人际关系发展漠不关心的人，则会在求职路上迷失方向，或者最终只能屈身于一些小公司，做一些无关紧要的工作。所有的企业都是围绕人而建立的。当你同领导及同事建立了良好的人际关系时，你便打开了事业成功的大门，否则成功的大门将被关闭。

也许你精力充沛、资质甚高、野心勃勃——所有这些对于个人事业的成功都很重要。然而，你除非与周围同事友好相处、精诚合作，否则很难把这些重要的因素有效地

19

引入工作当中——因为如果别人有心阻碍你，那么不管你是否接受，你的职业发展都不会一帆风顺；反之，你与他们的人际关系越好，越有好的事情在未来等着你。

人际关系在小公司和大企业同样重要吗？

是的。但是，人际关系在大企业和小公司之间发挥的作用有所不同。从长远来看，大企业员工的职业发展更多依赖于良好的人际关系。为什么？因为在大企业设有更多的职位，所以个体需要承担更多的人际关系责任。在这类大企业中，高层管理者60％～70％的工作内容可能用于处理各种人际关系。

此外，大企业也是最先开始对管理者进行人际交往技能培训的组织，它们更加注重改善企业内部员工的人际关系。相比之下，小公司可能不会有同等程度的重视和提供同等级别的培训，员工需要靠自己来发展自我的人际关系。

擅长人际关系能使我成为一名优秀的管理者或企业领导者吗？

答案非常肯定，是的。擅长人际关系能够帮助你成长为一名更加优秀的管理者或企业领导者。对自己人际关系的重视程度将强有力地影响到你未来的职业发展，当然，其他因素（例如你在工作中的努力程度）也起着重要的作用。但是，相信你从本书中学到的人际交往技巧以及日常生活中对这些技巧的积极运用，将与你每天在职场中的进步息息相关。

18 互 动

人际关系：过去、现在和未来

认真阅读表格中的五项内容，并回答："当今社会，人际关系是否比过去更重要？"

人际关系的重要性	是	否
1. 过去，企业多重视员工的独立工作能力，不像现代企业一样重视员工的人际关系。		
2. 当今社会，越来越多的人投身服务行业，该行业组织的发展取决于顾客对服务的满意度。因此，员工人际交往水平在这类组织中显得越来越重要。		
3. 员工的工作绩效是改善企业赢利状况、提高员工薪资水平的关键。为了组建高效的工作团队，员工需要具备较高的人际交往技能。		
4. 现在，越来越多的企业领导开始重视人际交往技能培训，管理者对下属的人际交往技能要求提高了，他们希望员工能够努力经营自己在职场中的人际关系。		
5. 现代企业中，员工个性、生活背景迥异，因此学会与不同类型的人建立并维持良好的人际关系显得非常必要。		

如果你对以上五项内容的作答全部是"是"的话，那么你完全正确！近几十年来，人际交往状况已日渐成为决定人们职业命运的首要原因。此外，人际关系在人们的生活中也开始扮演越来越重要的角色。在竞争激烈的商业领域中，企业员工的整体社交能力影响着企业与对手间的博弈。良好的人际关系与积极态度的完美结合，无论对于个人事业的成功还是对于企业的发展壮大，都发挥着重要作用。

学习与态度

■ 学习成绩好能否保证工作绩效高呢？

不能。一个人可能拥有出类拔萃的学习成绩，但却在人际关系上表现很差。职场与学校毕竟是两种不同的环境，面对的人群与奋斗的目标也大不相同。事实表明，在学校里表现平平的学生，却往往是职场中的佼佼者。很多时候，相比那些实践经验丰富的普通学生，学习中的佼佼者初入职场时，反而需要进行更多的调整来适应新环境。

■ 学习和态度间密切相关吗？

是的。时下盛行的"开放学习"表达了这样一种观点：当一个人头脑开放、态度积极（没有偏见、恐惧、负担和烦恼）时，他更乐于学习并善于接受新观念和新思想。如果一个学生总是担心自己的必修课（如微积分、化学、外语等）亮红灯，那么这种恐惧必然成为他学习的障碍。然而，如果这个学生积极接受心理咨询，努力调整态度的话，那么学习中的"畏难"心理就会减弱甚至消失，他也能更加用心地投入到学习中去。

■ 坏形象是应当消除的？

是的。坏形象非常具有破坏性，它会使你在人际交往中处于不利地位。同时，坏形象也会诱发你的消极态度。然而，好形象则有助于你形成积极态度，以最好的姿态展现在他人面前。积极的态度胜过其他一切，因为它是人生最宝贵的财富。

 ## 个性与人际关系

■ 为什么有些人在人际关系中显得很愚钝？

这个问题很难回答，因为每个人的个性迥异。这里有几种可能性：有些人以自我为中心，只关注自己，漠视他人的需求与感受。有些人被利益或野心蒙蔽了眼睛，一步步破坏着自己的人际关系。还有些人爱乱发脾气，不小心破坏了自己苦心经营的人际关系。尽管我们不愿承认，但事实上，我们每个人在建立与经营人际关系时多少都会犯错误。虽然"金无足赤，人无完人"，但我们永远也不能放弃完善自己的努力。

> 坚持不懈，努力改善自己的人际关系。

■ 为了改善人际关系，我们一定要改变自我个性吗？

你就是你，不能变成其他人。然而，在与他人共同工作时，你可以改变自己的某些习惯、态度和行为，从而使自己在保持自我个性的同时与他人友好相处。

个性与态度间有何关系？

　　二者之间相辅相成。个性造就独一无二的你，它是个体全部身心特征——态度也包含其中——的集合。当积极态度在集合中占据主导地位时，你的形象将得到最大提升。

21

　　你可能对自己身体的某部分（眼睛、姿态、笑容等）特别满意，并引以为自豪。同样你可能甚为欣赏自己的某些心理特质（如学习能力、意志力、决断力等）。然而，态度可以超越其他一切特质，并能将它们完美结合。积极态度的神奇魔力就在于它可以令你的眼睛更加明亮，微笑更加迷人，面容更加娇艳。

积极态度
"点亮"人格特
质。

　　此外，积极态度还像美丽的"背景灯"一样，点亮你的其他特质。当你变得积极时，你的优良品质将展露无遗，而你性格中的一些小瑕疵也会变得可爱起来。你整个人将变得更加明亮、阳光，周围人也会越来越喜欢你。

什么是魅力？

　　魅力是某些生理特征、心理特质的特殊组合，它可以让人变得熠熠生辉。在许多普通人眼里，美国总统约翰·肯尼迪（John F. Kennedy）和比尔·克林顿（Bill Clinton）充满魅力。同样，明星大腕们也充满魅力。然而，尽管大部分普通人缺少那种"一眼就可以分辨"的魅力，但是当他们拥有一种积极态度时，他们便能接近魅力。如果不保持积极态度，那么即便你具备了某种罕有的魅力，最终那种魅力也会丧失。

⏩ 本章小结

　　本章对人际关系中一些常见问题的阐述再次表明，人际关系在个人生活与职业生涯中非常重要。当你试着探索人际关系的不同方面、成分与因素时，希望本章提出的一些人际交往技巧能够帮助你。

　　通过本章内容，我们可以了解：

　　　　1. 人际交往技能可以学习，通过足够的练习可以提高。
　　　　2. 良好的人际关系能够增强个体自信心。
　　　　3. 良好的人际关系能够弥补个体经验不足，同时有助于个体开阔视野、拓展知识。
　　　　4. 人际关系可以为你打开机遇的大门。
　　　　5. 良好的人际关系能够推动态度的转变，从而使个体更加谦虚好学。
　　　　6. 人际关系折射你的个性。

22

　　毋庸置疑，人际关系对每个人而言，都是一笔重要的财富！

　　纵观本章关于人际关系的阐述，一个重要的问题无法跳过：这本书中的内容真的能够帮助我提高人际交往能力吗？如果你尝试按照书中的内容行动，我们可以肯定地回答你："是的。"因此，你的首要任务就是把从本书中学到的东西运用到工作与生活中。如果你能够长期练习使用某项人际交往技能，它将演化为一种习惯，成为你的一种自动反应。然而，这并不是一件容易的事，因为没有人可以在人际关系方面做到完美无瑕。所幸我们的目标并不是让你变得完美，而是要你改进与提高。这种改进与提高，反过来也将增强你的自信。

随着日常生活中对各种人际交往技巧的更熟练的运用，你将获得更加丰富的社交经验，与他人的交流互动也会更加容易，你也会更加重视保持积极的态度。积极的态度作为最宝贵的人生财富，是你改善人际关系的一个优势条件。此外，由于个性与态度之间存在共生关系，所以请记得在保持你的个性的同时，经常反思你的态度。总之，人际关系是把双刃剑——可以成就你，也可以阻碍你。

试试你的理解力

根据你对本章内容的理解完成下列题目。

第一部分：根据本章内容判断下列说法是否正确（T＝对；F＝错）。

T　F　1. 企业在招聘员工时，不仅重视考察应聘者的专业技能，而且注重他们对待工作的态度。

T　F　2. 建立良好的人际关系很重要，因为如果人们有心阻碍你，那么你的职业发展将很难一帆风顺。

T　F　3. 心理素质与人际交往能力密切相关。

T　F　4. 一个人若想有效改善自我人际关系，需要花大力气改变自我个性。

T　F　5. 积极的态度能够增强你的自信，改善你的形象。

第二部分：阅读下列题目并选出正确选项。

6. 学习人际交往技能将使你首先获得：（a）更强的自信；（b）更少的竞争；（c）更多的挑战；（d）更少的挑战。

7. 当一个人头脑开放（没有偏见、恐惧、负担和烦恼）时，他将：（a）不易受他人消极评价的影响；（b）能更明确地表达自我观点；（c）更加敏感；（d）学习态度更加积极。

第三部分：请根据你对本章内容的理解完成下题。

23

8. 试比较内向和外向的人在人际关系中分别面临的挑战。

答案见书末。

| 在你的生活中，面对经常出现的变化，你能够随时调整自己吗？ |

思考并回答

请用两三句话回答下列问题。

1. 从两个方面阐述自信如何帮助人们改善自我人际关系。

2. 为什么良好的人际关系可以帮助一个人增长经验？

3. 为什么说良好的人际关系能够给人带来意想不到的工作机遇？

4. 如何看待学习成绩与人际关系？

5. 从两个方面探讨积极态度对个性、人际关系的影响。

24～25

我的自信心评估

该练习旨在评估你在不同情境中的自信心水平。请你认真阅读下面的每项内容，并根据自己的真实情况进行10级评分。其中，分数越高表示自信心水平越高。

1. 在课堂或小组成员面前发言时，我一向很放松。	10 9 8 7 6 5 4 3 2 1	任何情况下，我都不会主动在课堂或小组成员面前发言。
2. 理由充分时，我会毫不犹豫地发表自己的观点。	10 9 8 7 6 5 4 3 2 1	即使我的观点正确，我也不会随意说出来。
3. 我喜欢主动与陌生人交谈（在保证对方没有恶意的前提下）。	10 9 8 7 6 5 4 3 2 1	即使对方很安全，我也从来不会与陌生人主动交谈。
4. 加入某个非正式团体，对我来说不会造成任何思想负担。	10 9 8 7 6 5 4 3 2 1	因为担心自己在众人面前出丑，所以我从来不会贸然加入任何非正式的团体。
5. 如果与同事性格不合，我会主动协调我们之间的关系。	10 9 8 7 6 5 4 3 2 1	如果我跟同事性格不合，我会把问题交给时间来解决。
6. 对于一些关乎我切身利益的问题，我会主动与上司交涉。	10 9 8 7 6 5 4 3 2 1	任何情况下，我都不会主动与上司交涉。
7. 在晚宴上，我很乐意接受邀请，到舞台中央去讲话。	10 9 8 7 6 5 4 3 2 1	无论何时，我都不会主动在任何团体面前讲话。
8. 面对完全陌生的环境（即使周围没有一个认识的人），我依然能够很从容。	10 9 8 7 6 5 4 3 2 1	即使事先知道会遇到朋友，我仍然拒绝接受进入一个新环境。
9. 与他人交谈时，我能够与之进行目光交流。	10 9 8 7 6 5 4 3 2 1	我很害怕直视他人的目光。
10. 与他人初次接触时，我对自己很有自信。	10 9 8 7 6 5 4 3 2 1	与他人初次接触时，我总是很不安。

总分_____

现在请计算你的总分。注意，你所选择的数字代表相应的得分，如"1"代表得分为1。总分等于或高于50分表示你在建立人际关系方面表现不错；总分低于50分，表示你在人际关系方面需要做出更多的努力，尤其需要增强自信，因为自信会给生活的诸多方面带来回馈。人们在建立新的人际关系时，往往欠缺的就是自信。

| 案例 2 | 自我调整 | 26 |

"别烦我……我只不过在这工作。"

　　艾瑞尔和乔治两个人年轻、进取心强，并且都是信息工程方面的专家。他们同时受聘于一家公司，并在职前培训时相互认识。进入公司后，两人被分配到了相同的岗位上，该岗位需要员工每天与周围同事进行大量的交流与互动。

　　这并不容易，但艾瑞尔稍微调整后，很快就适应了这种新的工作环境与工作要求。因为她为人热情、头脑灵活，并且善于积极应用自己大学期间学习并锻炼的人际交往技能。相比之下，乔治却很难适应这种新的工作环境与工作要求。他似乎总爱疏远周围同事，对于一些经验丰富的老员工，他甚至表现得冷漠和不友好。这些全被乔治的上司看在眼里，上司评价他为人太过被动，一味期待周围人主动与他亲近。

　　加入公司没几周，乔治就告诉艾瑞尔自己准备跳槽。他说公司一些同事不友好，他甚至辱骂一些同事（因为这些同事曾经狠狠地批评过他）。此外，他认为上司总是试图改造他。他讨厌这些，讨厌委屈自己以顺应环境。所以，他决定跳槽，他坚信新公司会懂得欣赏他，并会给予他充分的自由发挥空间。

　　A. 讨论：你认为乔治能够找到一个令自己百分百满意的公司吗？艾瑞尔应该怎样劝导他？如果上司爱惜乔治是一个专业人才，想通过一个 30 分钟的面谈挽留他的话，上司应该围绕哪些方面展开谈话？

　　B. 拓展理解：采访两位管理者，询问他们如何帮助像乔治这样的员工。此外，利用网络资源，指出乔治个性中有待改善的方面，并提出几条建议帮助他调整自己的看法与态度。

第3章
保持积极的态度

"面对压力很难保持积极的态度。"

> **每日箴言：** 如果你浑身带刺，那么就别指望别人会主动接近你。

本章要点

- 传递积极乐观的态度很重要，因为你的态度随时影响着他人对你的看法。
- 寻找维持自己积极态度的方法，因为积极的态度是事业的宝贵财富。
- 经常进行自我评估可以有效维持积极态度。
- 机缘凑巧——不经意间树立积极的态度。

"态度"是生活中经常遇到的高频词语，我们经常听到人们谈论态度。管理者在工作中讨论"态度"，教授在大学里讲解"态度"，职业顾问在求职者身上寻找"态度"。有人说："你看他老是这种态度。"（暗示该人思想作风有问题）也有人说："我真希望自己可以像她一样始终保持积极的态度。"积极的态度是人生的无价之宝，没有什么可以像积极的态度一样对一个人的职业发展起到至关重要的作用。

你如果能以积极的态度面对工作、同事和生活，那么你将快速踏上事业成功的"阶梯"，你的生活也会因此变得更加快乐。然而，你如果无法发挥自己的积极性，那么你会发现许多职业升迁机会将你"拒之门外"，你的生活也会因此变得索然无趣。

28

> 彰显你的态度。

表现你的态度

职场中人际交流通常有三种基本形式。一种是书面形式——通过信件、备忘录、传真、电子邮件等进行交流。第二种是口头形式——面对面的对话、通电话、网络视频、对讲机谈话等。第三种形式是包含态度在内的肢体语言交流。

由于企业中主要采用前两种交流形式，以至于我们常常误认为这些就是全部可能的沟通交流方式。然而我们忘记了面部表情、手势以及其他身体语言也是重要的沟通交流方式，因为它们传递着我们的态度。此外，相比其他沟通交流形式，肢体语言交流可能更加真实地反映着我们的心理活动。例如，有些人用充满热情的声音问候他人，但是他们的肢体语言（如僵硬的面部表情）却传递出一种相反的信号。

正因为这样，相比我们的言语，他人可能更加关注我们的肢体动作、面部表情等。

时刻留心你的态度

事实上，每次你作工作报告时，每次你参加全体职工大会时，每次你接受公司表彰时，每次你中途休息以及每次你参加社交活动时，你的态度都展露无遗。

那么，什么是"态度"呢？心理学家认为，态度是一种心理特征，是个体对特定刺激的反应。因为态度，所以我们喜欢某些款式的汽车，喜欢某类社会机构（例如学校、教堂等），喜欢某种生活方式或者喜欢某类人。

此外，因为态度，我们喜欢从事某种职业。同样因为态度，我们对企业管理者、周围同事、企业章程、员工薪水有着自己的特有"反应"。除了这些具体的态度外，我们还对工作、生活、家庭以及休闲娱乐等拥有一个基本的或总体的态度。总的来说，态度就是个体看待周围环境的方式。

认知影响态度

在生活中选择关注什么，取决于你自己，然而你的所见所闻都将时刻反映在你的态度中。例如，你可以按照自己的意愿，以任何方式来看待你的工作，你可以只关注

29

工作中的消极因素（如休息时间少、监督严格等），也可以关注工作中的积极因素（如和谐的工作氛围、良好的学习机会、不错的福利待遇等）。毋庸置疑，任何工作中都同时存在积极因素和消极因素，关键在于你关注什么。

态度是个体认识和解释自我处境的一种方式。有些人即使面对不开心的事情，也会努力关注其中的积极因素，并以乐观的态度面对。有些人则总爱强化自己在某些事情上的不愉快，并沉溺于消极因素难以自拔。

假如你环顾四周只是为了寻找事情出了什么问题或者抱怨事情总是不能向好的方向发展，那么大多数人会认为你是一个消极的人。相反，如果凡事你总爱寻找积极方面或者经常关注那些令人开心的事情，那么大多数人会认为你是一个积极乐观的人。

有关专家认为，事物的积极因素与消极因素时刻都在不断竞争以进入我们的"注意通道"。当消极因素占上风时，我们将难以维持积极的态度（见下图）。

> 态度就是你看待事物的方式。

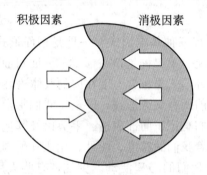

因此，为了防止"注意通道"被消极因素占领，积极的人通常需要严格要求自己始终关注最初的积极因素，从而将消极因素排斥在"注意通道"的大门外（见下图）。

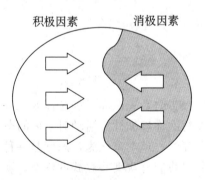

世界上没有完美的工作或岗位，一种工作与其他工作相比，即使有再多的积极因素，也免不了存在消极因素。员工如果总是关注工作中的消极因素，那么一定会变得消极怠工。相反，员工如果总是关注工作中的积极因素，那么势必会更加尽心尽力地工作。

即便这样，在工作中始终保持积极的态度并不是件容易的事情。因为你很可能会在"中途"遇见那些消极的人，他们总是试图并很有可能成功地劝说你按照他们的观点看待和思考问题。

因此，让自己始终保持积极的态度，你要做的不是证明自己的公司是最好的，你应该现实一点，努力在不完美的公司和工作当中竭力寻找积极的因素。然而，当你无法找到积极因素时，你就会日渐消极颓废。

消极态度阻碍事业成功

　　这句话的意思是当你对目前的职业前景不抱有积极态度时，你取得事业成功的机会就会大大减少。没有人能够始终保持积极的态度，每个人都会在职业发展中产生疑惑。面对这种短暂的疑惑，无须惊慌。但是当这种"疑惑"过于长久以至于你连续几周甚至几个月消极怠工时，你的职业发展将遭受极大的破坏。当你确定自己在真的无力扭转目前工作中的消极态度时，你最好辞职。

　　此外，我们还需要认识到微笑可以传递积极乐观的态度，但是它并非积极乐观态度的全部内容。有些人即使面无微笑依然能够传递自己的积极态度——通过他们待人接物的方式、面对责任的态度以及应对危机的方式。

　　态度是一种高度个人化的心理活动，它与个体的自我概念、自我认识等紧密相关。由于态度的这种性质，所以谈论个体态度往往显得"讳莫如深"。因此，即便是在职场中，企业管理人员也很少直接对下属说："你应该诚实一点，别总那么消极，这样下去你到底打算怎么办呀？"虽然这样，但企业管理者对于你的态度其实早已深谙于心。

30～31

积极的态度有助于事业成功

　　1. 态度积极有助于个体保持活力、充满工作激情、实现高工作效率，而态度消极则会浪费个体精力，阻碍个人职业发展。换句话说，积极的态度能帮你敞开心扉、释放对工作的热情，而消极的态度则会关闭你的心扉。

　　说出两件能够激发你工作热情的事情。

　　_____

　　_____

　　2. 工作中的第一印象非常重要。你与同事初次见面时的态度会影响他们今后对你的认识。如果你的态度是积极的，他们会接收到"热情"的信号并在日后主动与你亲近；如果你的态度是消极的，他们会接收到"不友好"的信息并在日后刻意疏远你。

　　说说怎样在与他人初次见面时传递正面信息。

　　_____

　　_____

　　3. 个体的积极态度和消极态度都会对周围同事造成影响。其中，积极的态度会给周围同事带来正面影响，促进周围同事提高工作效率。消极的态度则像篮子里的烂苹果一样，会给周围同事的正常工作造成负面影响。

　　谈谈你所欣赏的某个人的态度。

　　_____

　　_____

4. 当你态度积极时，你会从工作中获得更多的满足与乐趣，周围同事也会乐于跟你在一起。然而，当你态度消极时，周围同事就会疏远你，你将只能与那些同样消极的人建立和发展人际关系。

说说你身上某种吸引他人的积极心理特征。

_____

_____

5. 你传递给管理部门的态度将对你未来的职业发展产生重要的影响。无论你怎样掩饰，企业管理人员都善于通过你的工作表现、执行力、问题解决能力等评估你的态度。如果你整个人总是表现得非常积极，那么下次的晋升机会可能就属于你。

对企业管理人员来说，什么样的态度是积极的？

_____

_____

如果你的工作需要面对顾客、客户或病患，你还可以思考一下如何在这些人面前传递积极态度。

现在回顾你的答案并将它们用一句话概括出来。如果你的概括大概能够反映出"积极的态度对我的职业发展很重要"或"他人时刻都在通过我的行为评估我的态度"，表明你已经开始重视维持积极的态度了。

32　树立并表达你的积极态度

那么，如何在困难面前保持积极的态度？如何在失意沮丧时保持积极的态度？如何每天进行态度修复从而长期维持积极的态度呢？这里有一些建议。

在一个环境中树立的积极态度会同样使你在其他环境中赢得成功

积极的人在他人身上看到的也是积极的一面。

积极态度或消极态度并不是可以任意安放的物品，它们一旦产生便与你形影不离。当你在社会实践或日常生活中努力维持积极乐观的态度时，你会不由自主地将这种积极态度带到你的工作中去。同样，当你在工作中努力表现得更加积极时，你在社会实践和日常生活中也会表现得更加积极。可以说这是一分耕耘几分收获。

谈论积极的事情

没有人愿意听你讲消极的事情，包括你的同事和朋友，牢骚满腹、经常抱怨的人常常很难与他人建立和发展良好的人际关系。因此，要想维持积极的态度，你应该学会赞赏别人，学会感恩。

善于发现同事特别是上司的优点

金无足赤，人无完人，但是几乎每个人身上都有自己的闪光点。善于发现周围同事特别是上司的优点，你就会更加欣赏对方，同时对方也会更加愿意与你交往。无论何时你都要记住：即使你嘴上没说，但是别人仍然非常清楚你对他的态度。

善于发现企业中的积极因素

你所在的企业存在哪些积极因素？你喜欢你的工作环境、同事和你的工作吗？你有升职机会吗？你在目前岗位中能自由发挥个人能力吗？你的工资和福利待遇怎样？没有一份工作是完美的，当你关注目前工作中的积极面时，那些消极面将显得不再重要。当然，这并不是说你要忽略工作中的消极因素！事实上，努力发现工作中的积极因素，在工作中表现积极的人通常会受到企业管理者的信赖，管理者会认为这类人自信、坚定、蓬勃有朝气并且能领导企业未来的发展。

你如果打算长久坚守同一家企业，那么更需要多多关注该企业的积极因素，这样有助于你始终保持积极。当然，保持积极乐观的态度需要个体付出大量的努力，但这是保证职业升迁的最好办法。此外，如果你的态度积极，你的行动也会变得更加积极，那么你当然可能取得更大的成功。

远离消极陷阱，否则它将拖累你的态度与职业发展

现实生活中，有些学生因为家庭经济困难无力支付学费而辍学。在职场中，有些人同样因为经济问题变得消极而失去晋升机会（晋升可以加薪，从而解决他们的债务问题）。然而，很多人不明白，如果经济问题不能得到早日解决，那么后果将难以想象。因为随着信用卡中欠款额度的上升，个体的积极态度将会不断地损耗。当个体拒绝向家人或专业经济顾问寻求建议和帮助时，他们的态度就会面临崩盘。一旦态度崩盘，他们就会遭到双重打击。

警惕那些态度消极的同事，包括态度消极的上司，不要让他们影响你

也许你无力改变他人的消极态度，但至少你可以保护自己的积极态度，远离消极态度的影响。茜迪的例子就反映了这一点。

茜迪的故事　茜迪面对自己的新工作，内心焦虑不安。因为她所在的这家公司在业内知名度较高，对员工的要求标准也很高。刚刚入职时，茜迪经常担心：自己是否具备了公司所需的各种技能？是否能跟上公司的进度？是否受到老员工的认可？虽然我们可以理解她的这些担忧，但是我们不得不说她有点过头。因为茜迪不仅在专业能力上能够完全胜任该工作，此外她还拥有积极乐观的态度。

起初一段时间，茜迪在工作中的一切发展都比较顺利，同事们也都非常欣赏她一贯的积极态度。然而渐渐地，周围同事和上司发现她变了，以前热情的问候没了，工作中的想法也少了，更严重的是她变得对同事、工作和公司越来越挑剔了。怎么了，发生了什么事情？原来在她加入公司不久，为了尽快适应新的工作环境，她无意当中与公司中的一些态度消极的人成了朋友。

由于茜迪未能及时采取有效的制止措施，消极态度开始从工作蔓延到她的生活当

> 采取一切可能的措施避免"态度崩盘"。

中。对此，她的男朋友也感到非常懊恼。一天晚上，她的男朋友终于忍不住了，冲她喊道："茜迪，你积极快乐的时候真的很可爱也很有魅力，所有人都愿意围着你。你看你现在，总是那么消极，甚至让人觉得很厌烦，我现在跟你在一起根本无快乐可言，咱俩以前的美好回忆也因为你的那些'朋友'变得越来越模糊。事情为什么变成这个样子？"

34

这个夜晚虽然很糟糕，但是却使茜迪意识到了自己目前问题的严重性。她发誓要找回那份原属于她的积极态度。果然，她不仅成功地找回了自己的积极态度，也改变了她那些朋友的消极思维方式。可以说，她的"醒悟"挽救了她的职业生涯。

 ## 经常进行自我态度评估

有时朋友问我："你明天准备做什么？"我通常开玩笑地回答说："我也不太清楚，不过我打算明天坐在树下让自己好好反省一下。"在职场中，很多人总是等待公司每年组织统一的态度评估，很少在私底下进行自我态度评估。

我的态度通常是积极的还是消极的？

我的态度有助于我保质保量地完成工作吗？

周围同事是否认为我是一个积极乐观、容易相处、幽默诙谐的人？

在上司眼里，我是一个态度积极、工作积极，值得获得升职的下属吗？

我的积极态度总能正面影响我的顾客（客户）吗？

约翰的故事　约翰的老板非常认可态度评估测试的有效性，所以他每年都会组织公司员工进行两次态度评估测试。在谈到约翰在此次评估中的出色表现时，他的老板说："约翰，我发现你的态度和工作效率总是在评估前快速提升，但在评估结束的几周后又恢复到原来的水平。我建议你经常进行态度评估测试，这样将来你才可能获得升职。凡事贵在坚持，记住经常进行评估测试！"

34～35　互　动

积极态度自我评估

在下面的表格中提出几个问题帮助你评估自己的积极态度，也许你现在仅能提出一两个问题，今后你可以经常重复该练习，在表格中增加新问题或者修改已有问题，你还可以在表格中填写自己在树立积极态度方面取得的进步。

自我评估的问题	我所取得的进步
1.	
2.	
3.	

续前表

自我评估的问题	我所取得的进步
4.	
5.	

　　采用什么形式进行评估并不重要，关键是你要像检查汽车油箱一样经常评估自己的态度，总结自己取得的进步。不要企图让别人替你做，那是不可能的事情，你的动力油箱只能由你的积极态度来"加满"！

 ## 机缘凑巧

35

　　许多技巧（本书随后章节中将会讲到）可以帮助我们有效保持积极的态度，其中有一种技巧叫做"机缘凑巧"。

　　1754 年英国作家霍勒斯·沃波尔（Horace Walpole）根据神话故事《西林迪普的三个王子》（*The Three Princes of Serendip*）创造了"机缘凑巧"（serendipity）一词。1964 年美国作家伊丽莎白·贾米森·霍奇斯（Elizabeth Jamison Hodges）又根据该神话故事以更加现代的视角创作了《西林迪普的三个王子》。这个神话故事大体是这样的：三个充满爱心的波斯王子去锡兰（今天的斯里兰卡）旅行，在帮助他人解决问题的过程中发现了解决自己国家问题的方法。

　　从"机缘凑巧"中可以引申出许多不同的内涵。例如，对于有些人来说它是指不经意间发现自己喜欢的事物，对于大多数人来说它象征着"快乐"。它拥有超级魔力，不仅能够帮我们解决问题，还会给我们带来幸运。

　　实际上，"机缘凑巧"反映了个体的态度，即用一种诙谐和开放的方式评估周围环境。具体来说，就是一个人在面临各种问题时暂时抛开责任，暂时不考虑各种可能的消极后果。任何人都可以抱有这种心态，并且当我们能够真正以"机缘凑巧"的心态看待周围事物时，一些意想不到的事情就会真的出现。此外，当我们以这种轻松、顽皮和欢快的方式看待事物时，周围人也会被我们所吸引，邀请我们跟他们一起分享那些愉快的经历。这样也会在一定程度上增强我们的积极态度，提升我们的生活品质。总之，"机缘凑巧"就是一种心态，有时它可能成为个体职业生涯中的一根救命绳索。

> 你的态度，
> 你掌控。

36

 ## 本章小结

　　一个人的言语行为时刻反映他的态度，所以我们应尽力在各类事情中保持积极乐观的态度。这样，我们就可以更好地避免那些消极因素。

　　当然，保持积极乐观的态度并不是件容易的事情。但是任何事情都需要努力，我们只要为保持积极乐观的态度不懈努力，就能收获积极的结果——建立良好的人际关系，取得事业成功。为此，经常评估自我态度具有重要价值和意义。此外，你在保持积极态度方面所做的各种努力也会感染你周围的个体，从而帮助他们扭转长期以来的消极思维定势。最后请你记住，"机缘凑巧"作为一种心态能够帮你增强积极的态度，提升生活的品质。

试试你的理解力

根据你对本章内容的理解完成下列题目。

第一部分：根据本章内容判断下列说法是否正确（T＝对；F＝错）。

T　F　1. 态度是指一个人看待事物的方式。

T　F　2. 那些长时间在工作中消极怠工的人应该考虑换一个新的工作环境。

T　F　3. 态度是天生的，后天无法培养。

T　F　4. 态度和一个人朋友的数量无关。

T　F　5. 一个人对生活中的积极因素关注越多，他将会变得越积极。

第二部分：阅读下列题目并选出正确选项。

6. 当你保持积极的态度时，你通常会：（a）更有活力和动力；（b）关注消极的因素；（c）思想封闭；（d）对他人更挑剔。

7. 关于评估自我态度，判断下列哪个选项是正确的：（a）等待你所在的企业组织统一评估；（b）经常评估自我态度；（c）根据个人喜好选择听或不听上司的建议；（d）当你的态度消极时，在他人的影响下做一次评估。

第三部分：请根据你对本章内容的理解完成下题。

8. 描述几种你保持积极态度的方式（尤其当事情一团糟或者你周围充斥着许多消极因素时）。

答案见书末。

> 像植物一样，态度也需要精心培育。

思考并回答

请用两三句话回答下列问题。

1. 说出两种有效传递自我态度的方式。

2. 认知如何影响态度？

3. 树立和保持积极乐观的态度应该怎么做？简单阐述两个方面。

4. 为什么我们需要经常评估自我态度？

5. 什么是"机缘凑巧"，它对增强个体的积极态度有何影响？

工作中保持积极的态度

所有的工作或职业都含有积极因素和消极因素，对积极因素关注越多，个体就越容易保持积极态度。

为了帮你区分目前工作（或曾经的工作）中的积极因素和消极因素，本练习列举了若干工作中常见的因素。请你根据自己的情况，在积极因素前标记"P"，消极因素前标记"N"。你也可以在题目下方的空白横线处补充你在工作中遇到的其他积极因素和消极因素。

＿＿＿公司允许在职进修	＿＿＿工作时间
＿＿＿薪水	＿＿＿同事关系融洽
＿＿＿公司福利	＿＿＿停车设施
＿＿＿工作环境	＿＿＿学习机会
＿＿＿升职的机会	＿＿＿公司认可
＿＿＿管理层素质	＿＿＿国际交流
＿＿＿直属上司的人品	＿＿＿工作中的位置可以随意安排
＿＿＿个人的自由度	＿＿＿你正在做你想做的事情
＿＿＿随意着装的机会	＿＿＿设备更新快
＿＿＿从家到公司的交通状况	＿＿＿机遇
＿＿＿多元的企业文化	＿＿＿定期休息

＿＿＿＿＿积极因素总计　　　　　　　　＿＿＿＿＿消极因素总计

如果对你来说，积极因素的数目多于消极因素（两者数目差不多或者你认为积极因素比消极因素更重要），那么恭喜你，因为你正在努力维持积极的态度。

相反，如果对你来说，消极因素的数目多于积极因素，那么请你参考以下三条建议：（1）把一些消极因素改变成积极的（很可能你在评估的过程中出错了）。（2）发现那些你之前忽视的积极的因素。（3）换一个新的工作环境。

39~40 案例 3   信用卡透支

"消费有助于帮我保持积极乐观的态度。"

曼纽尔的专业是绘画，不过他也精通各种多媒体技术。大学期间，他常常因为画作内容富于创造性而受到教授们的表扬，此外他还在学校举办的各类美术展览中多次获奖。快毕业的时候，曼纽尔在商业艺术领域多次求职，但都没有成功。最后，他极不情愿地走进了一家大型连锁超市，负责商品陈列工作。

不过好在曼纽尔很快决定积极面对现在的工作，争取获得升职机会。所以没有多久他的艺术天赋和管理能力就得到了上司的认可，他的前途看起来似乎一片光明。然而好景不长，上司发现曼纽尔的工作热情消失了，商品陈列的水准下降了，并且还总是不能按时完成工作任务，此外，他和同事的关系也在不断恶化。

于是，上司把曼纽尔叫到办公室谈话。一番推心置腹后，曼纽尔告诉上司他出现了严重的经济问题。原来他迷上了网上购物和股票交易，因为购买跑车和其他大宗消费品，他的信用卡严重透支。上司了解到曼纽尔这一情况后，明白他正在经历所谓的"泡沫经济"，于是建议他找一个专业的理财公司进行具体咨询，以便尽快解决他的经济问题。

A. 讨论：你认同"经济问题会破坏个体的积极态度，甚至威胁个体的职业前途"这种说法吗？针对曼纽尔的经济问题，给他提出几条建议。

B. 拓展理解：采访你身边的几个人，问问他们有没有什么好建议帮助他人积极应对个人经济问题（例如在个人经济困难时如何保持积极乐观的态度），避免态度崩盘。搜集相关文献、杂志及网络资源等，提出几条具体建议，帮助你自己更好地维持积极乐观的态度（最好从中能够得出一些适用范围广泛的结论）。

第**4**章

当你受到伤害时

"又上了一天班。"

每日箴言：常常调整你的态度，就会让它朝积极的方向发展。

41

本章要点

- 在职场中，个体的积极态度受到伤害不可避免。
- 多种策略帮你迅速修复受损的态度。
- 你如果期望别人关心你、尊重你，那么你首先需要关心他人、尊重他人。
- 积极的态度是无价之宝。

42　　没有积极的努力，就没有积极的态度。保持积极态度需要付出努力，需要自我监督。当你真正了解态度的重要性时，你很快就会看到努力的回报。事实上，态度是一笔宝贵的人生财富，所以你需要像保护人身财产一样保护你的态度，努力把它发展成为一种持续性的日常行为，竭力避免他人"偷走"你的积极态度。

 ## 我受到了伤害！

每天，某些人的某些行为可能会对我们的态度造成伤害。例如，一位老师或一位同事再三要求你回答出某个问题，但你却不会回答或者不便回答，此时你往往会感到很为难。再如，你期待了很长时间，但是朋友或家人却突然中途停止履行他们对你的某个承诺，此时你往往会感到很失落。又如，很长一段时间内，你把某个认识很久的人或同事当做自己的好朋友，没想到他却总是有意无意"冷落"你，此时你往往会感到很伤心。

态度被伤害通常会使一个人感到整个人都受到了伤害，他的自信心会因此下降，工作效率也会降低。

> 态度是人
> 生的宝贵财富。

尽管有些行为对于一个人态度的伤害可能非常轻微，然而我们也需要采取一定的努力修复原来的态度。当有些行为对我们的态度造成严重伤害时，修复态度就将变成一个极大的挑战。

格雷戈的故事　一个月以前，在一场关键的学校足球比赛中，格雷戈因为失误错失一个好球。出于愤怒，他的教练当场让他停止了比赛，并在众球员面前狠狠地训斥了他。由于教练的训斥句句严厉，格雷戈感到自尊心受到了极大的伤害，他甚至打算上交所有比赛用品，从此退出这支足球队。他委屈地跟队友们抱怨道："草皮那么滑，所以我才摔倒了，这是突发意外，在场的每个人都有可能发生这种意外，难道我是故意摔倒的吗？"队友们也挺理解他的，大家建议他和教练就这个问题好好沟通一下。在大家的鼓励下，格雷戈收起了自己的抱怨，以一种成熟冷静的方式跟教练好好交流了这个问题，并因此重新修复了自己的态度。在接下来的赛季中，他表现得格外出色，赛季结束时，他还获得了体育奖学金。

詹妮弗的故事　因为一个小误会，詹妮弗上周与老板贝利夫人发生了一场冲突并且当时她还借着情绪发泄了许多压抑已久的牢骚。当然，贝利夫人重重地惩罚了她。事后，詹妮弗始终对贝利夫人心怀怨恨，拒绝主动和贝利夫人"讲和"，所以她一直都很难恢复自己之前在工作中的积极态度。结果呢？没过多久，她就被老板辞退了。

43　　**吉尔和罗伯特的故事**　吉尔和罗伯特结婚不到一年就吵着要分居。吉尔始终都压抑着自己的情绪，希望双方还有和好的余地。可是罗伯特欣然接受分居的态度，不断咨询律师乃至分割房产的做法都让吉尔感到非常心寒，她觉得自己受到了很大的伤害。无奈的她跑到姐姐那里诉苦。吉尔的姐姐听到妹妹的遭遇后，生气地说："吉尔，他已经把你伤害到这种地步了，你怎么还不知道醒悟！现在是你重建自己的态度、积极面对的时候了，不要一再退缩！"

在工作和生活中，由于各种人际关系冲突，我们的态度或多或少都会受到伤害。当人际关系冲突持久地破坏我们的积极态度时，我们将付出沉重的代价。为此，我们应该怎样修复受损的态度，怎样重建积极的态度呢？本章下面的部分将提出一些具体的建议。

态度修复策略

采取及时行动

当态度受到伤害时，我们首先需要采取措施重建积极态度，这样才能有效地防止态度进一步被伤害。在某些情况下，这可能意味着你需要主动向他人道歉。

艾伦的故事　昨天艾伦在工作中犯了一个愚蠢的错误，她本来准备告诉自己的上司，但是她的一位同事无意间伤害了她，搞得她心情低落，也没心思向上司承认错误。不过这件事情始终都困扰着艾伦，整个晚上她都难以入睡。第二天一大早她就来到办公室向领导主动承认错误。到中午的时候，艾伦整个人已经完全恢复了积极的态度。

一般来说，消极态度持续的时间越长，积极态度就越难以恢复。因此，快速采取行动（即使面临尴尬和困难）才是最明智的选择！

高度重视你的积极态度

你越重视积极的态度，越渴望得到积极的态度时，你就会越早采取行动保护自己的积极态度。

任何人都倾向于保护对自己而言重要的东西，当你认识到积极态度是你打开事业成功之门的金钥匙时，你将力争在第一时间修复遭到破坏的积极态度。

> 保护你的态度。

简妮丽的故事　以前同事们总爱把一些额外的、枯燥的工作推给简妮丽来做，因为她出了名的好说话。后来简妮丽慢慢认识到总是"受人摆布"让她变得越来越消极，于是她下定决心要彻底改变。结果，现在她越来越得到大家的尊重，也很少再有同事"欺负她"了。

44

学会一分为二看事情

有时你的朋友或同事可能因为压力大或者对你的需求不敏感而无意中伤害了你，面对这种情况，你可以有两种选择：一是放大自己的悲伤，保持消极态度从而使自己成为"受害者"。二是理性地看待这种情况，不对你们的关系妄下结论，迅速采取措施恢复正常态度。

西维亚的故事　西维亚和自己的一位同事 A 约好要在某地见面，可是她等了很久，这位同事都没来。在回家的路上，西维亚偶然看见 A 正和另一个人在一起。为此，她感到很生气。第二天她上班的时候，好朋友 B 告诉她 A 家里昨天有人住院了，她急急忙忙跟妹妹去医院所以才不能按时赴约。听闻此话，西维亚一下子觉得自己和那位同事 A 之间没什么不愉快的事情了。

保护自己以免让自己面临二次伤害

　　有些人往往在伤害你一次以后，还可能伤害你第二次。这些人要么对你的需求不敏感，要么对你不够尊重。一些上司是这样的，一些家庭成员或同事也是这样的。面对这种情况，你需要保护好你自己，尽量不要和他们在一起，或者使用一些技巧尝试跟他们进行一次深度对话以便让对方能够充分意识到你的需要并给予你足够的尊重。

　　汉克的故事　　汉克的老板常常嘲讽他，并且总安排他做一些"吃力不讨好"的事情，这让汉克感到很受伤害。于是，汉克主动要求跟老板进行一次私人谈话。在谈话中，他问老板："我做错过什么事吗？为什么您总是看我不顺眼？"老板回答道："我只是想考验一下你，既然你已经通过考验了，以后我们就好好相处吧！"

　　现实生活中，每个人都会尽力避免他人破坏自己的积极态度。然而，即使再谨慎，也很难有人能够保证不会因为同一人受到两次伤害。但是，你如果长时间反复被某个人伤害，那么就需要加强警觉，阻止可能再次出现的威胁和消极影响了。

时刻保持警惕

45

　　如何应付你所面对的挑战完全取决于你自己。和大多数人一样，你需要努力保持积极的态度，乐观地面对各种可能出现的情况。此外，注意时刻保持警惕，善于运用积极的思考与积极的行动战胜消极态度，尝试使用各种有效的策略修复受损态度。

　　人际关系的建立和发展不是一蹴而就的，往往需要用一生来经营。虽然人际关系冲突可能会给我们带来许多不必要的伤害，但我们并不能因噎废食。我们能做的就是正确认识积极态度的重要性，坚定自我信念，切实采取措施维护自我的积极态度，时刻警惕他人消极态度的影响。

避免伤害他人

　　如果你希望他人能够尊重你、对你的需求敏感，那么请你不要伤害他人。避免伤害他人的关键之一就在于"己所不欲，勿施于人"，此外还应做到尊重他人观点、看法、价值观和感受。当然，问题总归是多方面的，解决问题的方法也多种多样。因此，避免伤害他人并不局限于某一种方法。

尊重他人就是尊重自己。

　　为了避免伤害他人，我们可能需要花费很大的心力，但是从长远角度来看，这些都是值得的。避免伤害他人不仅有利于增强我们的判断力，而且使我们对他人的需求更加敏感。基于这两点，在职场中，我们提出的观点将更容易为人们所接受。此外，为了确保这两点，我们在与他人的交往中要善于观察，懂得倾听，保证有效信息的交流。

　　斯蒂夫的故事　　斯蒂夫很喜欢在众人面前展示自己的才华。例如，当公司召开员工集体会议时，他总是在其他员工发言完毕后进行发言。而他的发言内容实际上是转述前面所有员工的观点，不过每次他都能在这些观点的基础上提出问题的解决方案。这让斯蒂夫引以为傲，因为他觉得这样展现了自己超群的综合素质。不过，他的同事们可不这么认为，他们觉得斯蒂夫总是在抄袭他们的观点。为此，他们常常很生气！

46

修复态度

现实生活中，有些人如上司、老师、父母、朋友或兄弟姐妹等无意间可能伤害了你的积极态度，面对这种情况，下列哪些措施能够帮助你迅速修复受损的态度，请你选出其中三项，并在题目前面的方框中打"√"。

1. ☐ 采取冷处理，让时间来修复受损态度。

2. ☐ 告诉自己要想避免被他人伤害，就要明确积极态度的重要性。

3. ☐ 与伤害你的人进行深度对话。

4. ☐ 不高兴。

5. ☐ 找出一种有力的报复方法。

6. ☐ 拒绝被伤害但还是选择原谅和忘记。

7. ☐ 努力避免再次被伤害。

8. ☐ 暗示自己"宰相肚里能撑船"，不和他们一般见识。

9. ☐ 考虑到遭受伤害不可避免，所以在受到伤害的第一时间采取行动修复受损态度。

10. ☐ 从专业人士那里寻求咨询和帮助（特别是在发现其他策略都不管用时）。

看看你的答案。你的选择是否全部属于积极的措施（除第四项和第五项外其余都是积极的措施）？如果不是，请你思考为什么第四项和第五项应对措施是不合适的。最后，希望你牢记：积极的态度可以点亮个体的其他特质！

积极的态度——无价之宝

46

　　如果你认为积极的态度是人生的无价之宝，那么你将和许多人一样，竭尽全力维护自己的积极态度。当他人有意或无意间伤害你的态度时，你必须在第一时间采取所有可能的措施修复受损态度。如果你不能马上采取修复行动，那么你的积极态度将被他人"偷走"。

> 你的态度
> 你决定。

　　当然，你的态度始终由你决定。如果你的信念够坚定，那么任何人都无法动摇你的态度。警惕他人可能对你造成的伤害，保持积极态度是每个人的权利。不过无意间伤害你的态度并积极向你道歉是一回事，一而再再而三地伤害你的态度则又是另一回事。面对前一种情况，你可能在较短的时间内就能迅速恢复积极态度，但面对第二种情况，你则需要与对方进行深度对话。

47

本章小结

　　毋庸置疑，每个人都需要时常修复受损态度，坚定地树立积极乐观的态度。为此，请你记住下面一些建议。

1. 现实生活中，我们的态度会因为这样那样的原因受到伤害，对此，我们应该立即采取修复措施，避免让伤害进一步升级。

2. 立刻修复受损态度并不是件容易的事情，有时我们需要具备一定的技巧。

3. 尊重他人的观点和看法。努力做到这点有利于开阔思维，集思广益。

4. 你的态度由你决定，积极的态度是人生的无价之宝，生活中的最大挑战可能就是保持积极的态度。

 试试你的理解力

根据你对本章内容的理解完成下列题目。

第一部分：根据本章内容判断下列说法是否正确（T＝对；F＝错）。

T F 1. 态度受伤害会让你觉得自己整个人都受到了伤害。

T F 2. 态度受损时间越长，修复难度就越大。

T F 3. 当你不小心伤害他人的态度时，应该主动向对方道歉。

T F 4. 如果你的老板严重伤害了你的态度，那么你的态度将不可能修复。

T F 5. 如果某人伤害了你的态度，而你放任不管，那么你实际上在帮助那个人"偷走"自己的积极态度。

48

第二部分：阅读下列题目并选出正确选项。

6. 促进职业发展的黄金法则是：（a）保持积极的态度；（b）挣钱；（c）变成一个有创造性的人；（d）设置障碍使人们不能伤害自己。

7. 让别人尊重你、对你的需求敏感，需要你：（a）让他人知道到你的观点是最好的；（b）与他人多交流；（c）快速找到解决复杂问题的方案；（d）尊重他人的观点、看法和感受。

第三部分：请根据你对本章内容的理解完成下题。

8. 当你的积极态度受到损害时如何进行修复？

答案见书末。

> 如果你的态度需要进行"外科手术"，那就不要试图用药物代替手术。

 思考并回答

请用两三句话回答下列问题。

1. 现实生活中，每个人的态度都会或多或少受到伤害，为什么？

2. 态度受损时应及时修复，请你简单阐述两条修复策略。

3. 如何避免让同一个人再次伤害你的态度？

4. 为什么要学会尊重他人？

5. 如何看待"你的态度只由你决定"？

49

我的态度修复计划

　　现实生活中，你将怎样修复受损的态度，请在下面的横线上写出五条修复受损态度的策略，并在生活中加以运用。此外，请你在"总结"后面的横线上谈谈你对态度重要性的看法。

1. _____

　　_____

　　_____

2. _____

　　_____

　　_____

3. _____

　　_____

　　_____

4. _____

　　_____

　　_____

5. _____

　　_____

　　_____

总结：

_____

_____

　　经常回顾你对态度重要性及态度修复的观点和看法，积极练习使用你所提出的态度修复策略，从而保护和增强你的积极态度。

50 　案例 4　　　　　　　　　　　　　　　　　恢复

"我恢复很快。"

苏·艾伦是一名理疗师，就职于某医院的运动医疗诊所。她自律性高、专业能力出类拔萃，唯一的问题是对来自他人的评论和行为异常敏感，因此她很容易受到伤害。其中，来自上司、同事甚至病人的强烈要求，常常让她觉得特别受伤害。她通常需要经过一段非常艰难的时期，才能修复自己受到的这些伤害。很显然，苏·艾伦的这一问题严重影响着她的工作效率和人际交流。

弗兰克是诊所里的一名男护士，他是苏·艾伦的直接上司，非常了解她的人际关系敏感问题。事实上，随着接触次数的增加，弗兰克多次伤害了苏·艾伦。然而，弗兰克本人并不知情，他从来没有与苏·艾伦进行过深入交谈，所以对于她为什么如此敏感、如此容易被伤害也无从知晓。近来几周，弗兰克发现苏·艾伦整个人都表现得很退缩，好像更加敏感了。弗兰克认为他应该帮助苏·艾伦，让她认识到大家对她没有什么恶意。

A. 讨论：为什么弗兰克要帮助苏·艾伦，他应该怎样跟苏·艾伦引出人际关系敏感这个问题，他又应该怎样帮助苏·艾伦呢？

B. 拓展理解：请你为苏·艾伦制作一张清单，帮助她提高人际交往技能。你的清单需包括三部分：（1）敏感问题和建议；（2）人际互动中存在的问题和建议；（3）工作效率方面存在的问题和建议。利用文献、互联网资源等完成这张清单，并根据这张清单得出几条结论。

51　　　　　　　　　　　　　　　　# 致读者

恭喜你已经阅读完本书的第一部分。该部分旨在帮助你认识自己、了解积极态度的重要性。下面的第二部分将重点向你介绍如何借助积极的态度建立和维持良好的人际关系。

开始阅读本书第二部分之前，请你翻看并思考每章开篇的"每日箴言"以及每章练习题后面方框中的观点，它们是专为你而设计的。认真思考维持积极态度的这些重要内容，你将会成为一个更加积极乐观的人。

第二部分
与他人相处

第5章

纵向和横向的人际关系

"人际关系真的那么重要吗?"

每日箴言：努力使自己成为他人的朋友或盟友。

本章要点

■ 每种人际关系都有自己的特点。

■ 与小组（部门）同事和谐相处，建立平衡的横向职场人际关系非常重要。

■ 与顶头上司友好相处，建立稳定的纵向职场人际关系同样重要。

■ 有效沟通是建立良好人际关系的基石。

56   对自己的认识和了解积极态度的重要性有助于我们与他人建立良好的人际关系。通常，我们在与他人（如老板、同事等）初次见面时会不由自主地形成第一印象。好的第一印象会增加彼此的愉悦度，并且随着今后交往次数的增多和了解的深入，逐渐发展成为我们所说的"关系"。

  ## 人际关系的特点

人际关系不是实物，它存在于相互联系的两人之间

        我们看不见、摸不着，同样也闻不到、尝不了人际关系，只能从心理层面感受它。当我们选择了某家公司，被分配到某个部门，与某些人一起工作时，我们的职场人际关系就产生了。与其他人际关系相比，职场人际关系略有不同。在社会中，我们可以有选择地与人交往，而在职场中我们却没有选择。无论我们承认与否，职场人际关系都在我们的人生中扮演着重要角色。

        鉴于职场人际关系的这些特点，对它进行研究就具有重要的价值。职场人际关系的一大特点就是，没有什么东西可以像它一样，促使一个人和某些人长期共同工作在同一个场所。你喜欢或是不喜欢，工作关系都存在于你和周围同事、上级领导之间。也许你不愿意跟某个人共事，不愿意跟某个人交流，甚至不想接近他，但是你们之间的工作关系依然存在。

        无论我们采取何种方式企图抹杀自己和某个人的工作关系，事实证明这一切都只是徒劳。有时，当我们采取极端的方式，比如完全忽视某人的存在来破坏某些工作关系时，结果甚至可能与我们的期望完全相反。下面让我们来看一则例子。

        例如，你第一天上班时碰到了同事弗朗辛，于是你用很友好的方式向她打招呼，但是她却没给你任何回应。

        这是不是就意味着你们的关系就此终止了呢？

        当然不是。你也许会觉得弗朗辛不回应你是因为轻视你，这会令你很不舒服。因此，你可能决定以后再也不会主动跟她打招呼。不过你也可能因为此事记住这个人，并且对将来你们之间会发生什么事非常好奇。

> 你喜欢或是不喜欢，人际关系就在那里。

57   当然，向某人打招呼却没有收到善意的回应，这其中可能会有多种原因。也许对方已经意识到自己的不礼貌行为（那天她正好不舒服），并决定下次一定要给你更热情的回应。也许对方认为你向她打招呼仅仅是职场新人的寒暄，所以采取了冷处理的方式。

        你可以忽视她且避免与她进行任何言语上的交流，毕竟你们一周只见几次面。

在这种情况下，你们之间的工作关系还存在吗？

答案非常肯定，依然存在。你们供职于同一家公司，经常不期而遇，只要这些因素存在，你们之间的工作关系就不会消失。在这种关系面前采取回避态度如拒绝打招呼反而会强化该关系在你内心的情绪反应，但对解除你们之间的关系毫无用处。

没有工作关系，你和他人将很难经常一起工作或进行频繁的工作交流

当我们客观地审视工作关系时，就会发现它的另外一个特点：工作关系不是牢固的就是脆弱的，不是亲密的就是疏离的，不是健康的就是病态的，不是友好的就是冷淡的。它很难处于完全的"中间状态"，并且任何人际关系都会有积极面和消极面。

我们常常听到有人问"我是和她在一起还是离开她"。其实这句话隐含的意思是"有她无她都行，最好没有她"。即便这样，这也只是反映了说话者和那个"她"的关系冷淡而已，但是两人之间的关系依然存在。所以，尽管在职场中，工作关系有好有坏，但它始终都在那里。没有它，我们将无法和他人进行频繁的工作交流与对话。

每种人际关系都有自己的特点

人际关系还有一个特点：每种人际关系各有不同。和你交往的人可能在个性、年龄、性别、种族及宗教信仰方面各有不同，所以你和每个人的关系都是独一无二的，但又都是完整的。

> 别指望建立一种不偏不倚的人际关系。

如果仔细观察周围的同事与领导，你就会发现他们分别具有不同的人格特质。同时他们也会研究你的人格特质，那么他们对你的认识相同吗？

也许听起来有些奇怪，但是我们还是要说"不同"！不同的人在心目中对你有着不同的印象，因为每个人都有自己解读他人的方式。

当然也可以这样解释，每个人的个性表现是多元的，每个人的成长背景、人生经历及个人喜好也是不同的，所以人们理解、评价他人的方式也就有所不同。

为什么本书在这里如此强调解读他人的方式呢？它对于提高我们的人际交往技能有何帮助呢？因为每个人解读他人的方式不同，所以我们与不同的人建立和发展人际关系需要采用不同的方式。我们应该牢记：良好的人际关系需要用心打造，而不是自然形成的。

关注不同人际关系之间的差异

在下面的练习中，列举你与两位同事（两个朋友、家庭成员或者伙伴）之间的人际关系，并具体谈谈你和两人的关系有何不同之处以及为什么，你今后打算如何巩固与这两人的关系。

1. 我与（姓名 1 _____）的关系是： _____

2. 我与（姓名 2 _____）的关系是： _____

    A. 这两种关系之间的差别是： _____

    B. 产生这种差别的原因是： _____

    为了巩固与（姓名 1 _____）的关系，我打算： _____

    _____

    为了巩固与（姓名 2 _____）的关系，我打算： _____

    _____

在改善自我人际关系方面，你有什么行动计划？注意将你的计划付诸实施。

行动计划摘要： _____

_____

_____

一旦你的计划付诸实施，就要描述它的进展情况（如果你需要修改行动计划以便建立稳定的人际关系，请尽快行动）。

我的行动计划进展顺利，表现在： _____

_____

检查你的行动计划摘要，看看它是否包含"保持积极的态度"、"关注他人的需求"等重要内容。我们相信，只要你积极致力于发展良好的人际关系，你一定可以收获成功和喜悦！

■ 你很难以同样的方式分别与两个不同的人建立亲密、健康并稳定持久的人际关系

良好的人际关系不是偶然形成的，它需要用心打造。所以当你发展自己的人际关系时，你首先需要认识到有些人可能不太喜欢你的个性，对于这些人，你要做的就是发现他们并有意识地改善与他们的关系。其次，当你与某些人的关系过于冷淡时，你应该试着从多方面进行努力，不能任由这种不健康的关系自由发展。

> 与不同的人打交道需要充分考虑个体差异性。

此外，你必须充分认识到不同的人对你的看法不同，因此，千万不要企图以相同的方式与两个完全不同的人打交道。

 ## 纵向职场人际关系

■ 建立纵向职场人际关系是日常工作的一项重要内容

纵向职场人际关系是指你与顶头上司（通常是部门/小组主管）之间的关系。在企业中，一名员工通常只有一名顶头上司，不过在有些企业中，一名员工可能拥有两名或者更多的顶头上司。这里我们只讨论前一种情况，请看下图。

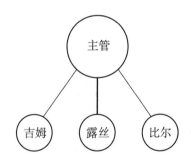

如图所示，在一名主管和三名下属组成的小型部门中，每位下属与主管间的关系都属于纵向职场人际关系。我们可以用图中的三条线代表这种关系，用三条线的粗细反映这种关系的亲密程度（例如图中第二条线相对较粗，这表示露丝与主管的关系要好于吉姆和比尔）。一般来说，主管很难与所有下属都维持着同等强度的关系（虽然越接近这个目标，企业的发展就越有利），毕竟主管不是圣人。所以在职场中，个体的纵向职场人际关系可能好于其他同事，也可能不如其他同事。

注意下图中的箭头。

图中的箭头非常重要，它表示主管与下属之间的信息交流畅通程度。当主管和下属不能进行有效双向交流时，他们之间将很难建立良好稳定的工作关系。以上图为例，当主管不能及时诚恳地指出吉姆工作中出现的问题时，他们之间的工作关系是不

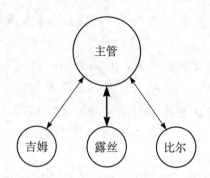

良的。同样，当吉姆不敢向主管透露自己对待工作的真实态度和看法时，这种关系也是不尽如人意的。

横向职场人际关系

建立横向职场人际关系也是日常工作的一项重要内容

  横向工作关系是指你与同部门（小组）同事之间建立的工作关系。请看下图。

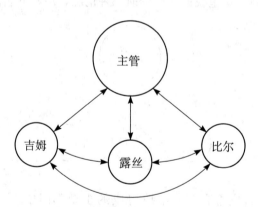

  图中吉姆、露丝和比尔之间的工作关系都属于横向职场人际关系，他们每个人只需要努力发展与另外两人的横向职场人际关系。但在现代企业中，每个工作小组（部门）平均有 9 名员工，这就需要我们同时与 8 个人建立并维持良好的横向职场人际关系——这对每个人来说都是一种挑战。

  在横向职场人际关系中，第一负责人是员工自己，小组（部门）主管是第二负责人。当下属之间出现问题时，小组（部门）主管需要及时介入，帮助下属修复他们之间的关系。不过修复同事关系这种事情，小组（部门）主管最好能让下属自己处理。

  现实生活中，很多人往往忽视了横向职场人际关系的重要性，不重视建立和维持良好的同事关系，结果错失很多向他人学习的好机会。

发展横向职场人际关系时，应注意把握平衡。

作为职场新人尤其要谨记这点。事实上，在个体职业生涯之初，发展人际关系的一项主要内容就是建立良好的横向职场人际关系。为此，本书介绍了许多方法和技巧，这里我们仅简单提出两条建议。

1. 不要只注重与顶头上司建立良好的工作关系，而忽视与周围同事建立和谐的工作关系。

2. 不要只重视与一两位同事保持良好的工作关系，而忽视与其他同事建立良好的工作关系。

违反以上两条建议中的任何一条都会给你所在的部门带来不和谐的因素，而你自己的职场人际关系也会变得岌岌可危。聪明的上司不会因与你保持超乎寻常的亲密关系而刻意疏远其他下属，因为这很容易导致小组（部门）其他成员产生不满情绪，同时严重影响着小组（部门）总绩效。

即便你与顶头上司有着亲密的关系也不见得就是件好事，因为它会影响你和周围同事的关系。此外，如果你只重视与一两个同事之间的横向工作关系，那么你与其他同事的工作关系必然会不断恶化，而你与主管之间的纵向工作关系也会受到影响。

沟通交流与人际关系的建立

开放自由的沟通交流是建立良好人际关系的基石

建立良好的人际关系离不开自由开放的沟通交流。所以我们要想与他人保持良好的关系，就要经常与对方交流思想，比如谈谈对某件事情的看法，排解一下心中的积怨，互相给对方提点建议等。在这个过程中，如果一方放弃沟通交流或者双方沟通交流较少，人们的关系就会越来越疏远。

在纵向职场人际关系中，责任与职位挂钩。换句话说，小组（部门）主管是纵向工作关系中的第一负责人。所以，当主管与下属的关系不良或出现裂缝时，主管首先应该采取措施修复这种受损的关系，这就要求主管组织小组（部门）会议，和所有下属进行有效的沟通交流。

当然，这并不是说小组（部门）成员在维护纵向职场人际关系方面不需要做任何努力。事实上，小组（部门）成员是纵向工作关系中的第二负责人，有责任与主管一起营造健康、和谐的工作氛围，那种认为小组（部门）主管应该对下属的快乐和高效工作全权负责的观点明显是错误的。

前面章节提到的要如何与顶头上司建立和维持良好的人际关系，便足以说明你不能指望由顶头上司来经营所有的人际关系。你必须努力工作以保持与顶头上司良好的工作关系，哪怕是遇到一个差劲的上司，你也不得不如此。如果想让部门效率提高，那么就必须使纵向职场人际关系健康发展。上司往往会发现这样做需要大量的智慧和高度的敏感。然而他们中的小部分人却会对企业因此对个人进行专门的培训感到惊讶。

63 　　小组（部门）内的所有横向职场人际关系都应该被给予同等的重视和关心。你不能以损失与其他同事的人际关系为代价，而加强与一些同事的人际关系，哪怕是与后者的相处让你感到更加有趣和舒服。记住在人际关系中保持平衡是重要的。

　　当你集中精力与周围的所有同事建立一种友好的横向工作关系时，你也会很自然地和上司之间拥有一种良好的纵向工作关系，因为所有上司（特别是洞察力强、敏锐度高的上司）都很欣赏那些善于维持良好同事关系的下属。

尽量与多人建立广泛良好的人际关系是你的一个目标

提高个人绩效，发展广泛良好的人际关系。

　　处理好与顶头上司和小组（部门）同事间的关系，并不是职场人际关系的全部内容。在职场中，我们还需要与许多其他人建立良好的人际关系。因此，你的人际交往活动不能仅仅局限于自身所在的小组（部门），还应在所在小组（部门）之外建立广泛的人际关系。

　　需要提醒的是，外围人际关系虽然重要，但不能本末倒置，忽视与自己所在部门的主管、同事建立良好的人际关系。

本章小结

　　在人际交往过程中，无论彼此是否联系频繁，是否互有好感，人们之间总是存在某种联系，这是人际关系的一个基本特性。同样，在职场中，即便员工之间、员工和管理者之间、管理者和管理者之间没有任何的沟通交流（当然这是不可能的），职场人际关系依然存在。有效的沟通交流是建立良好人际关系的基石，这就要求个体乐于与他人沟通交流并且善于在沟通交流中传递自己积极乐观的态度。

　　良好的职场人际关系需要一个人用心打造，努力与顶头上司建立健康的纵向职场人际关系，积极与部门同事发展和谐的横向职场人际关系，对于个体取得事业成功非常重要。

试试你的理解力

根据你对本章内容的理解完成下列题目。

第一部分：根据本章内容判断下列说法是否正确（T＝对；F＝错）。

T　F　1. 彼此之间没有工作关系，就很难长期共同工作或频繁进行工作交流。

T　F　2. 良好的人际关系是自然形成的，不需要努力。

T　F　3. 小组（部门）主管主要负责维护良好的横向职场人际关系。

T　F　4. 与部门同事建立和谐的工作关系是个体事业成功的重要因素之一。

T　F　5. 有效的沟通交流是建立良好人际关系的基石。

第二部分：阅读下列题目并选出正确选项。

6. 关于工作关系，指出下列哪些说法是正确的：（a）工作关系可以保持中立；（b）工作关系可以被看见；（c）工作关系可以被感知；（d）工作关系可以回避。

7. 建立良好的职场人际关系最重要的是：（a）致力于在部门中建立良好的人际关系；（b）帮助他人保持良好的工作关系；（c）与上司建立良好的横向工作关系；（d）与上司和小组（部门）同事建立健康稳定的工作关系。

64

第三部分：请根据你对本章内容的理解完成下题。

8. 如何发展良好的职场人际关系？

答案见书末。

> 如果不持续经营良好的人际关系，那么人生将缺少活力。

思考并回答

请用两三句话回答下列问题。

1. 什么是人际关系？

2. 不同的人际关系如何导致了类似的结果？

3. 纵向职场人际关系指什么？为什么它的建立至关重要？

4. 什么是横向职场人际关系？为什么需要建立良好的横向职场人际关系？

5. 有效的交流沟通是建立良好人际关系的基石，为什么？请简单阐述两点原因。

65

优化我的职场人际关系

    虽然所有的工作关系对一个人来说都很重要，但是有些工作关系对一个人的职业发展具有更加重要的作用。本练习旨在帮助你检查自己是否低估或忽略了某些重要的人际关系（即与重要他人的关系）。正如一位电话安装公司的职员写的："对我而言，这是一个非常有益的练习，因为从中我发现自己曾经忽略了对我个人发展很重要的人际关系。"

    如果尚未参加工作，你可以以你的个人关系（朋友、家庭成员，或者重要他人）为基础，填写该表格。在表格中列出 5～10 种对你目前工作最为重要的人际关系（按重要性由大到小排列）。分析你的作答结果，从中找出那些被你忽视的重要人际关系。

1.	6.
2.	7.
3.	8.
4.	9.
5.	10.

    所有的职场人际关系都很重要，只重视某些人际关系而忽视另一些人际关系对你的职业发展非常不利。

| 案例 5 | 做决定 | 66 |

"上司不重视我。"

伯尼是一名正在成长中的见习工程师，他原来在公司项目部工作，与该部门的同事相处得非常融洽。后来，由于人事调整，伯尼被调到了广告部。不过他对这次的工作调动非常不满意，因为他现在所在的广告部，除了部门主管外总共有 7 名员工，而且所有员工包括主管都比他年长很多，这就意味着他需要付出更多的努力来建立良好的职场人际关系。

在广告部工作一周后，伯尼发现新主管格洛里亚很难接近，因为她总是表现得高高在上而且还经常批评下属。此外，伯尼还发现，在周末的部门会议上，同事们都不愿意发言甚至对主管还有一些敌对情绪。

面对这种工作环境，伯尼感到很头疼，他不知道自己应该怎样与这位主管相处，也不确定自己是否应该先放下与主管的关系，一心专注于建立良好的横向工作关系。经过一番思考后，伯尼最终认为他还是应该致力于改善与周围同事的关系。

A. 讨论：对伯尼而言，这是个明智的决定吗？如果你是伯尼，你会怎么做，为什么？

B. 拓展理解：比较纵向职场人际关系与横向职场人际关系的区别与联系，探讨沟通交流和主观努力程度对于建立良好人际关系的重要性。

第**6**章

你的潜力和生产率

"能力不仅指专业技能。"

每日箴言：凡事尽力总不会错。

◆ **本章要点**

- 进行生产率评估对于组织发展很重要。
- 在工作中，我们的现实水平与我们的真实水平间总是存在一定的差距。
- 理解团队生产率的重要性和为什么它是个人生产率的扩展。
- 认识到缩小个人生产率与团队生产率的差距是部门主管与员工的共同责任。

68

制造企业要想战胜同行业竞争对手就必须努力降低生产成本，零售超市要想获得丰厚的利润，就必须努力提高超市的商品销售额。同样，航空公司要想吸引更多的旅客就需要不断提高服务品质，甚至消防局这样的政府机构也必须不断改进工作才能满足纳税人的要求。可见，在市场经济条件下，所有组织（企业、公司或政府机构）都必须努力提高效率，保持高效运作，否则就必须面临改革或被淘汰——这就是残酷的现实。

 生产率评估

劳动生产率[①]是组织的生命，为了提高组织生产率，组织管理者提出了很多方法来评估生产率。其中，评估流水线工人的生产率是最常见也是最简单的。首先，管理者精确测量出完成某道工序所用的时间，然后以此推算出单位时间内可能完成的总量，最后制定出一个生产标准（例如，每小时生产 85 件产品），并以此来评估工人的生产率。

> 生产率是绝大多数组织存活的关键。

不过这种评估生产率的方法主要存在于一些制造企业，而在其他一些行业和领域，如服务行业、文化行业则很难行得通。因为在这些行业中，组织很难量化评估员工的主动性、对待顾客或接听电话的态度等。

换句话说，有些领域可以采用科学客观的方法来评估生产率，有些领域则只能依靠组织管理者的主观评判。作为一名普通劳动者，无论你现在从事何种工作，个人生产率如何，了解所在的企业怎样评估生产率，领会上司如何解读生产率，对于你的职业前途非常重要。

生产率的类型

- 个人生产率。个人生产率是组织总体生产率的一部分，它指员工在一定时间内生产的产品数量，但是并非所有个人生产率都可以被测量。
- 团队生产率。团队生产率是指团队（如部门、小组等）所有成员在一定时间内生产的产品数量的总和，通常我们可以客观地测量团队生产率，也就是说它可以具体表示为图表和统计数据。

 个人生产率潜能

69

在企业生产中，员工的个人生产率有时会受身体、心理等的影响而有所波动，不过总的来说，每位员工的个人生产率基本上是稳定的。然而，员工在日常工作中保持的生产率是否代表了他们可能达到的真正水平呢？我们以下图为例来说明这个问题。假设下图左边玻璃杯里的液体代表简（某企业员工）当前的个人生产率（或称"个人现实生产率"），那么对于上面的问题，我们可以肯定地回答说："不是，因为简还有进一步提高个人生产率的空间。"

---

① 本书提到的"生产率"指的是质量指标。组织只有将注意力集中在生产更多的产品或提供更优质的服务上，才能达到优秀的水平。

和简一样，大多数人在工作中并没有完全发挥他们的潜力，所以他们的生产率并不能代表其可能达到的真正水平（或称"个人潜在生产率"）。

如下图右边玻璃杯所示，我们可用玻璃杯液体上方虚线的位置代表简的个人潜在生产率。然而在实际工作中，我们对此却无从得知，因为个体生产率不仅受智力的影响，还受许多其他因素的影响，所以科学评估某位员工的"个人潜在生产率"是不现实的。但从理论上，我们完全可以假设员工的"个人潜在生产率"一定高于他的"个人现实生产率"。

> 在工作中，大部分人并没有完全发挥他们的潜能。

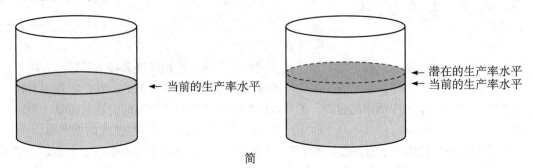

就像上图表示的一样，虚线的位置代表了简的"个人潜在生产率"，而实线部分则表示简的"个人现实生产率"，两者中间的部分，我们称为"生产率差距"（见下图）。

70

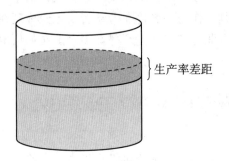

作为企业管理者当然希望员工能够尽可能缩小这种"生产率差距"，但是要完全消除这种"生产率差距"则是不现实的。

为什么要关注"生产率差距"

通常，企业管理者关注的不是个人生产率本身，而是"生产率差距"。为什么？因为"生产率差距"的大小为管理者开展工作提供了方向。还是以简为例。如果简的"生产率差距"较小，她的上司就会认识到她在用心工作，并且努力做到了最好。相反，如果简的"生产率差距"较大，她的上司会意识到可能某个环节出了问题，需要马上找到并解决。

当然，简的上司应当而且一定会尽其所能帮助简缩小她的"生产率差距"，特别是当这种"生产率差距"过大时，上司会给简提供一些额外的培训、特别的奖励或者建议等。一般来说，上司绝对不会允许这种现象长期存在，即简的现实生产率总是长期低于企业规定的标准。

事实上，上面例子中简所在的部门可能不止她一个员工，我们可以假设阿图罗和弗雷德是她的两名同事，并且他们在公司承担着与简相同的工作。

　　和简一样，阿图罗和弗雷德在工作中也存在个人潜在生产率，如下图所示。从图中我们还可看出，他们三个人的潜在生产率各不相同，有的高，有的低。这可能让你觉得有点费解，不过事实就是这样。因为每个人在智商、意志力、专业技能、创造性、内在动力、情商和态度以及其他的一些人格特质上都存在差异，而个体的潜能恰恰是由这些因素决定的。

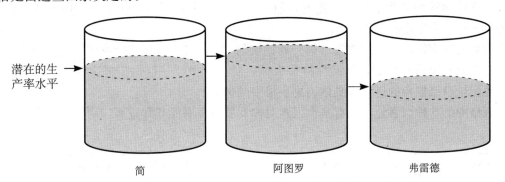

71

　　然而，我们也不能过分强调潜能。我们重视潜能，只是为了说明个体如果不断发掘自我潜能，就会越来越靠近"个人潜在生产率"。但是发掘个人潜能也不是一件容易的事情。此外，还需要指出的是，我们提到某人"拥有潜能"并不是说此人各方面都很突出，只是说他在某一两个方面超出平均水平。

> 每个人的潜能都是独一无二的。

个体的潜能差异

　　同样，我们也没必要过分专注于测量潜能（事实上，也没有一种方法能真正科学地测量人的潜能）。我们要做的就是正视这一事实：个体的潜能存在差异。此外，我们还应该了解，除个别极端情况外，我们很难完全发掘自我潜能，所以"个人现实生产率"和"个人潜在生产率"间总是存在一定的差距。

　　明确以上内容后，让我们一起来看下图。从图中我们不难发现：在个人可发挥的潜能方面，阿图罗最大，简次之，弗雷德最小（见下图被大括号标识出的深色液体部分）。

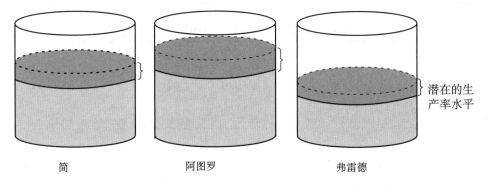

　　但是我们同样可以发现，尽管阿图罗比简的潜能大，但是他们在个人现实生产率方面并没有实质性的差异（见上图中浅色液体）。这在某种程度上是对简工作成绩的一种肯定，也说明了简可能具有更大的成就动机，所以她的表现更接近她的潜能。

　　同样，弗雷德也应该受到表扬，因为相比于简和阿图罗来说，他的"生产率差距"最小。这意味着弗雷德现在从事的工作非常适合他，他如果能够不断加强学习的话，就能提升自己的潜能，提高个人现实生产率。

72

为提高个人生产率而发挥潜能

虽然对潜能进行科学精确的测量几乎是不可能的，但是对你、对企业而言，你都有责任评估自我潜能，因为它与你的个人生产率紧密相关。

本练习旨在帮你发展自我潜能，请你围绕表格第一列提供的"有助于提高自我潜能的因素"，在表格第二列中就如何提高潜能拟定行动计划，包括你将怎么做以及何时做。一旦你实施这些计划后，请你在表格中第三列及时记录自己取得的进步（具体请见表格中的例子）。

如果你认为除了表格中的 6 种因素外，还有其他因素对你发展自我潜能非常重要，请你在表格中最后一行加以补充。

有助于发展自我潜能的因素	行动计划	实施计划后取得的进步
1. 智商	A. 增加每周阅读量（多阅读些与工作有关的休闲杂志） B.	非常棒，我的交往能力比以前好多了。
2. 忍耐力与持久力（对压力的忍耐能力）	A. B.	
3. 技能的熟练程度（或改善操作技能的能力）	A. B.	
4. 创造力（或改善创造性的能力）	A. B.	
5. 动机（或者促使行动实施的"内在需要"）	A. B.	
6. 态度	A. B.	
7.	A. B.	

积极实施你的计划，必要时修改你的计划，这样你一定会在生活中取得更大的成功！

73

团队生产率潜能

正如个体同时拥有"个人现实生产率"和"个人潜在生产率"一样，各个组织的分支机构、部门等同样也拥有"团队现实生产率"和"团队潜在生产率"，具体见下图。

从图中我们会发现，弗雷德、简、阿图罗以及部门主管的个人生产率都包括在团队总体生产率（在本例中指的是部门生产率）中。同样，我们还可以看出，部门主管的个人生产率在团队生产率中所占的份额低于他的每位下属（弗雷德、简和阿图罗），这是为什么呢？

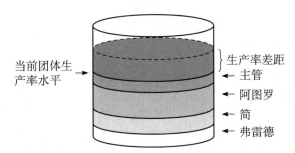

其实这个问题的答案很简单。在组织中，一位小组（部门）主管的首要责任是创造最优的工作环境，协助每位下属实现个人生产率最大化。其次（作为技术督导）才可能是亲自从事一些具体的工作。所以，我们无法期望主管在进行技术督导的同时还完成大量的具体工作。主管工作的重心在于提高整个小组（部门）的总业绩，这才是考核主管是否做好工作的重要指标。

> 优秀的管理者总是致力于实现部门生产率与个人生产率的双赢。

重视团队的"生产率差距"

如上图所示，部门现实生产率和部门潜在生产率之间存在一定的差距，我们把这种差距称为部门"生产率差距"，它类似于个人"生产率差距"。

实际上，我们很容易理解部门中存在的这种"生产率差距"。例如，一家电话安装公司本来可以在一定时间内安装 120 台电话，但是实际上他们只安装了 80 台。一家零售店在理想的情况下本来可以实现单日销售额 5 000 美元，但在大多数情况下，它每天的日销售额只有 2 000 美元。一家保险公司的理赔部门本来一天可能处理 50 起索赔案件，实际上却总达不到这个目标。

 缩小团队生产率差距

74

在缩小部门现实生产率与潜在生产率差距方面，部门主管承担着重要责任。通常来说，主管们可以通过两种方法来缩小这种差距。第一种方法就是主管让自己更加努力地工作，在工作中投入更多的时间和精力。由于主管一个人的努力毕竟是有限的，因此，这种方法对于缩小差距起到的作用是非常微小的。

第二种行之有效的方法就是主管协助每位下属减少他们的个人差距。

员工间的精诚合作非常重要

每位员工的个人生产率都非常重要，因为部门总体生产率靠的是部门全体员工个人生产率的贡献。这也同样提示我们，员工间的相互关系也非常重要。如果你只重视提高个人生产率，却因为不良人际交往能力影响了其他同事的个人生产率，那么你的个人生产率的提高对于部门总体生产率来说并没有太大的意义。

为什么？

下面我们以下图为例进一步阐述上述观点。如图所示，阿图罗的个人现实生产率与个人潜在生产率都很高。

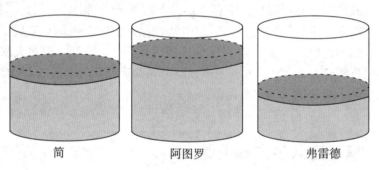

简　JANE　　　　　　阿图罗　　　　FRED　弗雷德

但是，假设阿图罗因此不屑于与简和弗雷德打交道，并且当他们出现问题时不愿意帮忙，此外还拒绝和他们合作，那么他的这些行为将激怒简和弗雷德，他们的部门主管也会因此对阿图罗很不满意。最后，原本正常的竞争环境开始充满自私和愤恨的情绪。

接下来会发生什么呢？

毫无疑问，简和弗雷德的个人生产率会受到影响，部门总体生产率也受影响。

反过来，假设阿图罗面对自己的"超前"不骄不躁，乐于跟简和弗雷德共同进步提高，在他们缺勤时，积极分担他们的工作，同时适时表示对他们的赞赏，最终阿图罗将会赢得简和弗雷德的认可和敬佩，整个部门也会因此变得更加和谐。接下来又会发生什么呢？

简和弗雷德的"生产率差距"将会缩小，如下图所示。

良好的人际关系有助于缩小生产率差距。

简　　　　　　　　　阿图罗　　　　　　　弗雷德

这个例子就提醒我们，一个部门中员工间的人际关系非常重要，此外部门总体生产率远比个人表现重要。

需要指出的是，不同的人在不同的情境甚至在相同的情境中可能出现完全相反的反应。有些人即使在人际关系不良的情况下也能保持高效工作，而被他嘲笑的同事往往为了"找回面子"，也会加倍努力工作。

本章小结

本章主要内容包含以下几个方面：

1. 在组织中，无论是部门主管还是普通员工都应理解组织为什么一再强调生产率问题，因为它决定着企业的命运。

2. 在组织中，员工的个人现实生产率与潜在生产率之间总会存在一定的差距。如果这个"生产率差距"非常小，说明该员工对待工作尽心尽力，应该受到顶头上司的认可和赞赏。

　　3. 在组织中，部门的"生产率差距"反映了该部门现实生产率与潜在生产率之间的差距，如果部门的"生产率差距"非常小，说明部门主管在工作中发挥了自己的重要作用，应该受到公司高层领导的认可和赞赏。

　　4. 在组织中，某位员工的不良人际关系可能会影响到其他同事乃至整个部门的生产率。

不论员工还是管理者都应该认识到：良好的人际关系与生产率之间存在正相关。换句话说，你的人际交往技能越强，就越有利于提高你以及你所在部门的生产率。毋庸置疑，积极的态度也将成为你努力工作的坚强后盾，拥有积极的态度，你将拥有更加满意的工作和生活！

 试试你的理解力

根据你对本章内容的理解完成下列题目。

第一部分：根据本章内容判断下列说法是否正确（T＝对；F＝错）。

　T　F　1. 员工现有工作水平与他在理想环境下能达到的工作水平之间的差异被称为"生产率差距"。

　T　F　2. 潜能与智力是同一个概念。

　T　F　3. 部门主管的首要责任是帮助下属实现个人生产率最大化。

　T　F　4. 在组织中，个人生产率与人际关系之间基本没有任何关系。

　T　F　5. 部门员工之间的相互合作对于保障部门总体生产率至关重要。

第二部分：阅读下列题目并选出正确选项。

6. 在职场中，个人对组织的贡献即：（a）部门生产率；（b）个人生产率；（c）部门潜在生产率；（d）个人潜在生产率。

7. 指出部门生产率指的是以下哪项的工作效能总和：（a）该部门重要员工；（b）该部门所有员工；（c）该部门重要员工与部门主管；（d）该部门所有员工与管理者。

第三部分：请根据你对本章内容的理解完成下题。

8. 论述个人生产率与团队生产率的关系。

答案见书末。

> 你的态度对你所在的团队是积极的吗？

 思考并回答

请用两三句话回答下列问题。

1. 企业通常采用哪两种方式评估员工的个人生产率？

2. 现实生产率与潜在生产率分别指什么？

3. 什么是生产率差距，生产率差距由什么所决定？

4. 个人生产率与部门生产率对组织总体生产率各有何影响？

5. 缩小团队的生产率差距有哪两种方法？

78～79

我的工作动力

组织采取的有些措施能够激发我们工作的动机，有些则不能。假设你目前从事的工作枯燥、缺乏活力，为此，你的上司准备采取一些措施（题目中的20条措施）激发下属的工作热情，不过这位上司对自己这些措施的有效性持怀疑态度，所以他想请你帮他评估一下这些措施。你可以根据自身的情况在下面的横线上打"√"：A 为该措施对你具有持续或者长期的激励作用；B 为该措施对你具有暂时的激励作用；C 为该措施对你而言，毫无激励作用。

激励措施	（A）具有持续激励作用	（B）具有暂时激励作用	（C）无激励作用
1. 提高工资	_____	_____	_____
2. 与同事建立融洽的关系	_____	_____	_____
3. 更好的退休保障	_____	_____	_____
4. 与上司建立更为融洽的关系	_____	_____	_____
5. 更加有力的工作安全保障	_____	_____	_____
6. 获得更多的认可	_____	_____	_____
7. 短途出差	_____	_____	_____
8. 被更多人所认可，包括本公司员工	_____	_____	_____
9. 改善照明设施、休息室等工作环境	_____	_____	_____
10. 从上司或同事那里获取更多的反馈	_____	_____	_____
11. 提高医疗保险的金额	_____	_____	_____
12. 在工作中保持轻松的心态	_____	_____	_____
13. 味美价廉的工作餐或丰富的娱乐设施	_____	_____	_____

14. 获得更多与经理
　　交流的机会　　　＿＿＿＿＿　　　　＿＿＿＿＿　　　　＿＿＿＿＿

15. 工作设备更新　　＿＿＿＿＿　　　　＿＿＿＿＿　　　　＿＿＿＿＿

16. 获得更多的参与
　　公司决策的机会　＿＿＿＿＿　　　　＿＿＿＿＿　　　　＿＿＿＿＿

17. 更加合理灵活的
　　工作时间　　　　＿＿＿＿＿　　　　＿＿＿＿＿　　　　＿＿＿＿＿

18. 在公司受到尊重　＿＿＿＿＿　　　　＿＿＿＿＿　　　　＿＿＿＿＿

19. 公司搬迁到位置
　　较好的商业楼盘　＿＿＿＿＿　　　　＿＿＿＿＿　　　　＿＿＿＿＿

20. 监管最好少一点，
　　信任最好多一些　＿＿＿＿＿　　　　＿＿＿＿＿　　　　＿＿＿＿＿

在做题过程中你可能发现，以上这些激励措施可以分为两类：题号为奇数的项目与客观工作条件的改善有关；题号为偶数的项目与心理因素、人际关系有关。为了明确哪方面工作条件的改善对于激发你的工作热情最有效，请你统计你所选择的奇数项题目总数和偶数项题目总数，并在下面的横线上标记出来。（仅针对答案为 A 与 B 的题目。）

奇数项题目总数（客观工作条件改善措施） ＿＿＿＿＿＿＿＿＿＿＿＿＿＿＿＿＿＿＿

偶数项题目总数（心理层面的改善措施） ＿＿＿＿＿＿＿＿＿＿＿＿＿＿＿＿＿＿＿

如果你的奇数项题目总数多于偶数项题目总数，说明客观工作条件的改善对你的激励作用更大。相反，如果你的偶数项题目总数大于奇数项题目总数，说明心理层面的改善措施对你的激励作用更大。一般来说，相比于客观工作条件的改善，心理层面的改善对大多数人具有更好的激励作用，这也表明保持和谐的人际关系对于大多数人而言至关重要。

了解这一点对于管理人员具有非常重要的启示作用。例如，作为主管，如果你能通过一些激励措施使员工更具活力，你的工作就会做得更好。也许你没有改善客观工作条件的权限（高层领导可能也不同意你给某位员工涨薪水），但是你完全可以使用一些心理层面的激励措施。

我们很多人都试图以自己特有的方式追求更加幸福的生活。当然，我们可以通过培训、健康计划甚至整容等来提高自己的生活质量。但是我们必须认识到，要真正改善自己的生活质量，就必须借助有效的沟通与良好的人际关系，而这一切首先有赖于积极的态度！

| 案例 6 | 信息 |

"请你现在告诉我……"

　　杰夫是一位优秀的室内设计师，他在一家小型的设计工作室工作。他与工作室的同事像一家人一样，相处得十分融洽。杰夫本人在室内设计上拥有不错的潜力，他平常也非常重视发展自己的这种潜力，所以他的绩效远远超过工作室中其他任何人。杰夫这个人比较喜欢独立工作，他很少主动帮助周围的同事。所以，跟他合作过的很多同事都觉得他有点傲慢，甚至有点讨厌。

　　杰夫的顶头上司为他的这个问题也很头疼，虽然杰夫本人的工作绩效是全工作室最高的，但是自从他加入工作室以来，整个工作室的绩效实际上却有所下降。杰夫的加入对整个工作室而言是否"弊大于利"呢？上司认为：作为个体而言，杰夫当之无愧是一位非常优秀的员工；但是作为团队中的一员，他的表现却令人失望。

　　不久，杰夫的顶头上司获得了升职，公司经理从工作室中选拔了另外一名同事做主管。对此，杰夫耿耿于怀，他认为自己理应升职为新的工作室主管。于是，他要求公司对此做出合理解释。结果，公司经理跟他说："虽然你的工作绩效是全工作室最高的，但是你的人际关系技能却不达标，如果你做主管，将很难服众。"

　　A. 讨论：你认同杰夫公司的做法吗，为什么？杰夫没能晋升为主管，你认为他个人负多大的责任？

　　B. 拓展理解：查阅文献或网络资源等，探讨组织进行生产率评估主要采取的方法和手段有哪些，分析这些方法和手段中的相同因素。此外，谈谈如何提高个人生产率和团队生产率，给杰夫和他的顶头上司（原来的主管）一些建议。

第7章

成功的要素

"生产率既要高又要有良好的人际关系?"

每日箴言：积极的心态＋聪明的大脑＋勤奋的双手＝成功

本章要点

- 人际关系好、工作满意度高，个人工作效率就高。
- 优化能力，提升业绩。
- 能否得到公司重用和提拔关键看你是否具备管理层强调的四大"加分"因素。
- 质量、客户服务态度和客户满意度都是生产率。
- 现代组织应树立四种"质量观念"。

82   关于人际关系与生产率，人们往往存在一个认识上的误区。例如，你可能根据本书其他章节的内容就推断出：建立和谐、稳定且健康的职场人际关系，个人、部门和组织就能产生强大的生产率。其实，这并不是必然的。

    某个部门所有员工之间关系和谐、相处融洽，但该部门的总业绩可能低于公司全部部门的平均水平；某位员工可能拥有不错的工作岗位、满意的工作环境与良好的同事关系，然而他却经常完不成指定的工作任务。

 ## 人际关系、 工作满意度与生产率

快乐的员工通常工作高效

    一个组织之所以强调员工的职场人际关系问题，绝不仅仅为了让员工能够快乐工作，而是为了让员工快乐并高效地工作。组织如果只是单纯为了让员工快乐工作的话，那么需要花大量的时间、物力和财力来提高员工的工作满意度，而这无异于让组织自掘坟墓。所以，准确地说，组织重视员工人际关系问题的根本目的是为了提高组织生产率，因为拥有良好人际关系的个体才能快乐地工作，而快乐工作的员工才可能创造最好的业绩。

> 有竞争，
> 才有进步。

    当然，我们也不能据此就偏激地认为组织关心员工、提高员工满意度只是为了提高组织生产率，增加组织效益。我们应该这样来理解：市场经济的激烈竞争，迫使组织不得不致力于提高员工与组织的生产率。

    此外，我们也应该认识到，那些一味寻求快乐、舒适与满意，却不认真工作的员工，只会拖累组织中的其他员工，成为寄生于他人劳动成果之上的寄生虫。他们似乎很乐意成为这样的人，但对组织来说却不需要这种人。为什么呢？

- 任何组织都需要完成一定的生产任务。
- 任何组织都需要控制劳动力成本。
- 任何组织都需要保证客户满意。

83   ### 组织的竞争在于生产率的竞争

    要想在充满激烈竞争（特别是存在劳动力成本很低的竞争对手）的市场经济中存活下来，任何组织都需要不断提高自身生产率。这就要求组织在不断更新设备、积极引进新技术的同时拥有一批生产高效的员工。为此，组织理所应当会选择聘用那些专业能力拔尖、人际交往能力出众的人。

第 7 章　成功的要素　　　　　　　　　　　　　　　　　　　　　　　67

 优化能力组合

最优组合

组织希望拥有什么样的员工呢？正如上面提到的，组织希望自己的员工不仅工作能力强，人际交往能力也强，并且二者最好能够达到一种最优组合。

为了进一步说明这一点，下面我们举例说明。假设某个部门由一名主管和三名下属组成，这三名下属分别是阿莱克西亚、理查德和黑兹尔。他们三个人的工作性质与工作量基本相同，但是阿莱克西亚和理查德在目前的岗位上已经任职一年，而黑兹尔才刚刚加入该组织，不过她在工作上的发展潜力远远高于其他两人。

> 优化能力，提高业绩。

阿莱克西亚和理查德更像是"混日子"，因为他们的工作表现与他们所具备的能力相去甚远。换句话说，他们对积极进取、充分发挥个人能力不感兴趣。黑兹尔和他们不一样，她在事业上很有抱负，一心想获得职位升迁。为了获得公司高层的注意，黑兹尔决心提高个人业绩，希望能够比阿莱克西亚和理查德做得更好。

黑兹尔要获得职业升迁，她可能有两种方式：

1. 黑兹尔尽一切可能的办法快速超越阿莱克西亚和理查德，不过这样有可能破坏她与阿莱克西亚和理查德的横向工作关系。

2. 黑兹尔可以采取一种循序渐进、不太张扬的方式超越阿莱克西亚和理查德，换句话说，她应该努力与阿莱克西亚和理查德建立和谐的同事关系，三个人共同进步提高。

如果黑兹尔选择第一种方式，忽视良好横向工作关系的建立，可能会发生什么呢？

黑兹尔的努力可能让阿莱克西亚和理查德感到一种威胁，于是他们开始认真工作，并试图与黑兹尔一争高下。这样，整个部门的业绩将得到大幅提高。

然而，阿莱克西亚和理查德也可能会对黑兹尔很愤怒并会以某种方式与黑兹尔对抗。由于他们更熟悉这个组织，更有经验，他们可能在工作上百般刁难黑兹尔，甚至设局陷害她。这样，三个人之间的关系将不断恶化，整个部门的总业绩也会大幅下滑。

当然，部门业绩大幅下滑的现象很少发生，但不是不会发生。一旦真的发生，这对黑兹尔的前程来说没有任何益处。可见，第一种方式对她来说不是一种稳妥的方法，反而可能给她带来很多麻烦。

> 工作业绩与人际关系——两手抓，两手都要硬。

相反，如果黑兹尔采取了积极的方式（第二种方式）超过了阿莱克西亚和理查德，同时她也努力与他们保持着和谐、稳定的同事关系，那么又可能发生什么呢？

黑兹尔在工作中会更顺心，阿莱克西亚和理查德也会给予她大量的支持，她的个人绩效将不断提高，部门主管和公司高层也会更加认可她。

绘制职场最佳路线图

我们当然希望黑兹尔能够选择第二种方式，不过如果她真的决定选择第二种方式

84

寻求职业升迁，她又该如何与阿莱克西亚和理查德建立良好的横向工作关系呢？这里有四条建议：

1. 黑兹尔可以牺牲一些时间，帮助阿莱克西亚和理查德提高工作效率，从而与他们建立良好的同事关系。例如，她可以在阿莱克西亚和理查德工作量大或者工作状态不好的时候，找机会帮助他们，也可以在他们某个人请假缺勤期间帮助对方完成工作。

2. 当黑兹尔的个人业绩超过阿莱克西亚和理查德的时候，她不应该骄傲也不能看不起周围同事，更不能因为自己取得了一点小成绩就希望部门主管经常表扬她。

3. 黑兹尔应该避免被阿莱克西亚和理查德孤立太久，即使偶尔被他们拒绝，也要努力与阿莱克西亚和理查德保持良好的同事关系。此外，他还应当试着了解阿莱克西亚和理查德，尊重他们，不要总是摆出某种高姿态。

85

4. 黑兹尔应该学会靠自己而不是靠抱怨或者打小报告解决她所面临的问题。她应该向阿莱克西亚和理查德证明，她知道自己正在做什么而且一定会取得成功。

毋庸置疑，与阿莱克西亚和理查德建立良好的人际关系，向公司证明自己出色的人际交往能力，黑兹尔还有很长的一段路要走。在这个过程中，她需要始终牢记：个人业绩与横向职场人际关系——两手抓，两手都要硬。

为了将来能够跻身公司管理层，黑兹尔是怎么做的呢？

这个我们不得而知，不过上周公司人力资源主管找黑兹尔谈话。在谈话期间，黑兹尔问这位主管："公司提拔员工有什么标准吗？"这位主管耐心回答说："公司提拔员工主要看员工是否具备四大'加分'因素。"那么这四大"加分"因素到底是什么？管理者要寻找的优秀员工是什么样的？

 ## 四大 "加分" 因素

管理者寻找的优秀员工如下。

1. 不受其他同事表现的影响，在工作中充分发挥个人潜能的人。尽管周围同事只是为了生存在工作中"混日子"，但这类人却力争在工作中充分发挥自己的能力，尽力缩小个人现实生产率与潜在生产率之间的差距。此外，他们注重发展自身专业能力，重视进行自我激励，工作对他们来说是一种享受，完成工作任务对他们来说是一种自我满足。

2. 对自己永不满意的人。这类人坚持能力增长观，认为凡事只要努力就能不断进步，能力也不例外。所以他们主张终生学习，私下广泛阅读大量书籍。此外，他们还善于充分利用公司提供的各种培训机会，积极到成人教育中心、青年学院或者大学里接受正规教育。虽然在目前的工作中，他们尚未拥有充分发挥自我能力的平台，但是他们相信机会总有一天将降临到他们身上，目前他们要做的就是继续学习，为迎接机会做好准备。

86

3. 重视人际关系的人。在这类人心目中，人际关系及其技巧的提高优先于业绩、工作流程或文凭等。他们认为建立良好的职场人际关系不仅是一种责任，更是一种挑战；他们知道人际关系同个人业绩一样，是个体为公司效力的另一种形式。他们重视与周围同事保持平衡的工作关系，始终表现得自信、幽默、真诚。他们为自己成为更多人喜欢与之共事的人而感到自豪。他们这样做的原因是明白自己可以通过以下两种方式给部门的生产率作贡献：个人的努力和与周围同事建立的良好关系。同时，在人际关系中，他们总是努力保持平衡，不会厚此薄彼。

4. 对组织忠诚的人。这类人对待组织忠诚，但他们同样明白忠诚并不意味着要对公司的所有政策和规定照单全收，所以他们也常常向组织提出自己的意见和建议。此外，他们认为组织值得自己为之奉献，他们总是试图避免出现任何人际关系问题，他们拒绝别人的消极态度影响自己，即使情绪不好时，他们也不会不努力。

黑兹尔用心记住了人力资源主管提到的这四大"加分"因素，她又问了这位主管第二个问题："有多少员工具备这四大'加分'因素呢？"

这位主管回答道："很难说，许多员工往往只在一个或两个方面表现不错，只有很少一部分人在这四个方面都做得很好。"主管还补充说："一旦某位员工具备了这四大'加分'因素，他很快就会获得认可和晋升。"

黑兹尔接着问道："公司怎么发现那些具备四大'加分'因素的员工呢？"

"很简单!"主管回答道，"这就好比你在人群中比周围人高那么一点点，别人一眼就会注意到你一样。你不必在管理者注意到你之前就使劲儿冲他微笑或招手，努力让自己在这四个方面冒出一点才是最重要的。"

> 只要高一点点，别人就会注意到你。

互 动

86～87

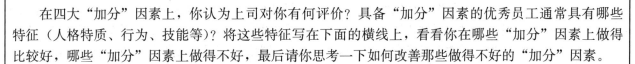

我如何在"加分"因素上取胜?

在四大"加分"因素上，你认为上司对你有何评价？具备"加分"因素的优秀员工通常具有哪些特征（人格特质、行为、技能等）？将这些特征写在下面的横线上，看看你在哪些"加分"因素上做得比较好，哪些"加分"因素上做得不好，最后请你思考一下如何改善那些做得不好的"加分"因素。

1. 我力争在工作中充分发挥自己的能力：

_____

2. 我对自己的发展永不满意：

_____

3. 我坚信人际关系很重要：

_____

4. 我忠于组织：

_____

现在，请你致力于改善自己在四大"加分"因素上的表现!

 ## 客户服务与生产率

▌客户服务也是生产率

当人们初入职场时，最关心的一件事情莫过于升职。当然，升职也是一种职业目标，是个人前进的动力，并且这种动力在很多时候无论对个体还是对组织都会带来积极的影响。但是，如果人们过分热衷于升职，在工作中的责任心就会减弱，其中最明显的就是员工对待客户的服务态度不良。

 所有人都能从积极的客户服务策略中受益。

积极的客户服务态度在为客户提供满意服务的同时也会帮助组织留住老客户，吸引新客户。所以每个人在工作中都应该思考这样两个问题：我服务的对象是谁？我怎样为他们提供优质的服务？优质的客户服务是一门艺术，它可以在客户、组织与员工之间打造一种"三赢"的局面。

各个岗位上的工作者都有自己服务的对象。其中某些岗位所要服务的对象非常明确，比如餐厅服务员、银行出纳员、医生以及销售人员等。当然，也有些岗位所要服务的对象并不是那么明确，例如机械师、软件工程师和医院营养师等。即使这样，这些人也需要培养积极的客户服务态度。

为什么？因为机械师也有自己的客户——机器制造商，他们将机械师们制造的机器零部件组装成成品机器，比如抽油烟机。这里机械师要提供的优质服务就包括设计耐用的机器零部件，遵守生产计划，对产品进行说明等。此外，该成品机器的终端使用者其实也是机械师的客户——间接客户。同样，医院营养师的客户是用餐者，软件工程师的客户是软件购买者。事实上，当人们在工作中树立一种积极的客户服务观念时，无论从事何种职业、处在哪种岗位，其中所有的人都会受益。

88

为了进一步说明客户服务与生产率的关系，请看下面一则例子。

锡德和利赛特的故事　锡德和利赛特两个人都是某金融公司的软件设计师，他们在工作中都很专业也很敬业，两人唯一不同的就是他们的客户服务意识。

锡德每次设计软件之前都会与老板和公司高层就他接下来要进行的软件设计工作进行商讨，不过他从来不会向软件的终端客户以及一线工作人员进行任何调查，即便这样，锡德仍然经常受到老板的赞扬，因为他总是按时或提前完成自己的工作。

和锡德不同，利赛特在设计软件之前常常会花大量的时间了解终端客户（如部门经理、新会计师、出纳员）对软件的要求等，然后根据搜集上来的资料设计软件。当然这种工作方式费时费力，而且不能很快得到老板的赞扬。但稍后的事实表明，他设计出来的软件往往更受消费者青睐，也给公司带来很多的收益——因为软件中包含了他的客户服务理念。

努力在工作中寻求平衡。

无论是否会收到夸奖和赞扬，我们每个人在工作中都应明确所要服务的对象，努力为其提供最优质的服务。

事业的成功需要我们在努力提高个人业绩的同时，积极与周围同事建立和发展良好的人际关系。其实，与周围同事建立良好的人际关系并不难，关键在于你是否真正意识到与同事建立良好人际关系的重要性。在工作中，像对待客户那样对待你的同事，尊重对方，了解对方的需要，那么你将会更好地认识自己、提升业绩。

质量管理

近年来，组织开始从各方面（如产品标准、生产流程、质量控制和产品安检等）加强质量管理，这是为什么呢？理由很简单，组织需要得到消费者的认同和满意，所以组织才在不断追加产品附加值的同时要求各部门各个岗位的员工严守质量关。

　　由于组织对质量管理的重视，越来越多的组织管理专家致力于研究质量管理问题，并提出了许多质量控制理论，其中很多理论在组织中得到了广泛应用并深刻地影响着员工的工作理念和行为。随着新理论的不断提出，尽管有些与质量管理相关的术语在慢慢淡出人们的视线〔如全面质量管理（total quality management，TQM）、持续质量改进（continuous quality improvement，CQI）、全面质量（total quality，TQ）等〕，但企业质量管理的主要着力点还是放在质量控制、技术革新、客户服务、组织运营几大方面。

保证质量

　　最初的质量管理常常是一种事后把关（产品检验），后来组织开始将质量控制的重点放在制造阶段，再后来组织开始重视产品设计质量标准。可以说这些早期的质量管理措施对于提升产品质量、保证顾客满意度以及增加组织效益来说具有重要的价值和意义。自 20 世纪 90 年代一些著名质量管理专家提出质量理念以来，质量管理已日渐成为一个完整的体系，甚至细化到组织内部各级员工的具体职责上。那么，现代组织的质量管理主要体现在哪些方面呢？

　　■ 责任：在现代组织的质量管理中，各级员工都承担着一定的质量职责。为此，每位员工在工作中都要严格按规定要求操作，努力改进自身生产技术。同时，组织要对员工的质量完成情况进行长期监督和检查。事实表明，哪里有监督，哪里就有提升和改进。

　　■ 关注客户：当今社会，许多组织坚持以"顾客为中心"，所以这些企业的质量提升工作常常是从进行顾客回访和处理不合格产品开始的。

　　■ 共同决策：现代组织多重视员工的共同参与和自主管理。事实表明，当员工亲身参与组织决策时，他们自身的责任感就会增强，因而在工作中也会更加认真。所以，组织要想严把质量关就要充分调动全体员工共同参与。

　　■ 承诺提升质量：持续提升产品质量需要组织和个人的长期坚持。坚守提升质量的承诺，不断提升自身产品质量和服务品质，组织将始终获得消费者的信赖和支持并在激烈的市场竞争中立于不败之地。

　　总的来说，质量管理是企业努力向学习型组织推进的一种态度，学习型组织会通过制订行动计划在各个方面全面提高产品质量和服务水平。

 本章小结

　　从本章内容中我们知道良好的职场人际关系有助于提升员工在工作中的满意度，而在工作中拥有较高满意度的员工通常能够创造出较好的业绩。

　　在工作中，优秀的员工通常表现为工作高效、拥有积极的客户服务态度。此外，他们通常还具备四大"加分"因素，是组织管理者寻找的人才。具备四大"加分"因素的员工通常是：力争在工作中充分发挥个人能力的人、努力达到更高水平的人、重视人际关系的人以及对组织忠诚的人。可见，任何想要获得事业成功的人都应该在努力提升个人工作业绩的同时发展良好的职场人际关系。

也许，我们可以创造性地运用爱因斯坦的质能公式 $E=mc^2$ 来表示所有对个人事业成功而言重要的因素（包括改善人际关系、提高个人业绩、保证质量以及培养积极的客户服务态度），其中：

E＝努力工作的能量和热情（energy and enthusiasm to work hard）

m＝营造良好人际关系的动机（motivation to build strong relationships）

c^2＝始终提升质量和自我的承诺（commitment to continuously strive for quality and self-improvement）

 试试你的理解力

根据你对本章内容的理解完成下列题目。

第一部分：根据本章内容判断下列说法是否正确（T＝对；F＝错）。

T　F　1. 管理者喜欢那些在工作中"随大流"的员工。

T　F　2. 提高个人业绩的同时不应忽视保持良好的职场人际关系。

T　F　3. 大部分员工都知道组织管理者喜欢什么样的下属。

T　F　4. 客户服务也是生产率。

T　F　5. 注重质量管理的组织通常重视"责任"和"提升质量的承诺"。

第二部分：阅读下列题目并选出正确选项。

6. 指出组织管理者通常喜欢聘用在以下哪项与个人生产率之间取得平衡的人：
（a）冒险；（b）人际关系；（c）创造力；（d）生产技能。

7. 那些重视人际关系的人通常认为最重要的是：（a）数据统计；（b）工作流程；（c）技能；（d）人。

91

第三部分：请根据你对本章内容的理解完成下题。

8. 如何理解"对自己永远不满意"？

答案见书末。

> 每天实践事业成功方程式 $E=mc^2$。①

 思考并回答

请用两三句话回答下列问题。

1. 为什么说快乐的员工通常工作高效？

2. 谈谈在工作中平衡个人生产率与人际关系的重要性。

3. 管理者提到的"加分"因素有哪些？说说其中的两种。

4. 如何理解"客户服务也是生产率"？

5. 现代组织的质量管理包括哪些内容？

---

① 关于 $E=mc^2$ 的解释见本章小结。

练　习

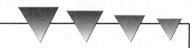

优秀员工工作中的特征

你知道管理者如何定义优秀员工吗？优秀员工具备哪些共同特征呢？事实上，大多数管理者认为优秀员工通常具备以下10个重要特征：

态度积极	人际关系好	自信
值得信任	富于创造性	有担当
责任心强	工作认真	工作效率高
注重细节和有恒心		

对于这10个重要特征，你认为它们孰轻孰重呢？你的上司呢？在下面的练习中，和你的上司分别对这10个特征进行排序（根据重要性由高到低排列，例如，将你认为最重要的特征排在第一行）。注意：将你的排序列在金字塔的左边，上司的排序列在金字塔的右边。

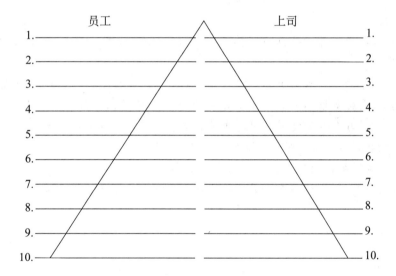

比较你和上司的排序，看看有什么不同，就这些不同和你的上司共同探讨一下。通过探讨，相信你会对上司和公司心目中的优秀员工有进一步的认识，接下来你只需朝着这些“认识”的方向努力工作，成功迟早属于你！

（如果你现在还未就业，你可以将自己的某位同学、朋友、老师或家人等作为你的“上司”。）

93

案例 7   **洞察力**

"好的，下次我会冷静的。"

    泰德是一家大型设备维修公司的空调工，他在这家公司已经任职九个月了。从他进公司第一天起，他就告诉自己一定要成为同事中的佼佼者，因为这样才可能获得升职。刚开始工作时，他还有些吃力。四个月后，他基本上已经达到了许多老员工的平均水平。又过了几个月，他的业绩已经是部门中最高的。不过，和他同一批进来的同事的业绩一直都很低。

    这让泰德感到特别高兴和自豪，但是高兴之余，他也有点恼怒。因为他的"成功"并没有得到周围同事的认可。事实上，他工作得越努力，周围同事反而越有意无意疏远他，就连他的上司也没有给他任何的奖励。

    不过这点小"恼怒"并没怎么影响他，由于他连续几周业绩都保持了部门第一，他反而变得越来越骄傲起来，经常对同事的工作指手画脚，甚至毫不掩饰地炫耀自己的工作经验，在全体职工大会上也毫不客啬地夸奖自己。

    终于有一天他跟同事的矛盾激化了。部门主管把泰德叫到办公室，严肃地对他说："你基本上满足了可以升职的条件，但是你如果不能和周围其他同事友好相处的话，那么永远都不可能升职。你人很聪明，工作绩效高，但是每个人的资质不同，你不能要求所有的同事都跟你一样。明白了吗？"

    A. 讨论：泰德的恼怒合理吗？部门主管的说法正确吗？

    B. 拓展理解：查阅报纸、杂志或网络等资料，谈谈取得事业成功通常需要平衡哪些方面的因素（如个人业绩与人际关系），根据这些重要因素，给泰德和他的主管提一些建议。

第8章

最重要的工作关系

"我完全理解我的上司。"

每日箴言：良好的人际关系基于有效的沟通交流。

■ 本章要点

- 理解你的顶头上司并善于向他学习。
- 了解由顶头上司营造的工作氛围以及如何与他共事。
- 理解顶头上司的两种基本管理风格以及你如何在不同环境中保持高效工作。
- 采纳本章的10条建议，拉近你与顶头上司的关系。
- 遵守职业道德，尤其是在经营你最重要的人际关系方面——尽可能努力地在顶头上司手下工作。

96

在职场中，对你最重要的关系就是你和你的顶头上司（小组或部门主管）的关系。它可以促进或阻碍你的职业发展，也可以增加或减少你的工作乐趣，此外，它还可以提升或降低你的工作热情。无论好与坏，它始终都在那里，你不得不直面你的顶头上司。

你的顶头上司可能会是哪种类型的人呢？

这个很难说。不过，他可能跟你一样，只是他现在需要承担更多的责任。他可能在未做主管前曾经接受了特殊的培训或学习，也可能没有。他可能很好相处，也可能不好相处。他可能善于觉察下属的需要，也可能对人际关系不敏感。他可能在职业发展中犯过许多错误，也可能富于经验、工作能力出色。

然而，不管你的顶头上司属于哪种类型，有三点是可以确定的：

1. 他个性很强并且很自信。
2. 作为管理人员，他肩上的担子很重。
3. 在下属面前他很有威信。

上司的角色

什么是上司？

■ 教师。他是一名教师，他不仅会教你如何安排新工作，也影响着你对工作、公司的态度。有时他就像一个装满知识、经验和技术的宝库一样吸引着你前进的脚步。所以，如果他是一个好老师，那么你很幸运。如果他不是，你就一定要学会区分对与错。

■ 顾问。他是一个顾问，他的工作是评估你的潜力是否得到了发挥。有时他可能需要纠正你犯的一些错误，给你提一些工作建议。有时他也会与你进行心与心的深入对话。

■ 领导者。他是一个领导者，他统领着你所在的部门，并且鼓舞着全体下属的工作激情。他值得你尊重，不是因为他随和的态度、温柔的语气，而是因为他可以保障你的事业长足发展。

97

我和顶头上司的关系

请在下面表格中的第一列至少填写三个你与顶头上司相处融洽的方法或领域，在表格的第二列填写为了维持与顶头上司的良好关系，你在这些领域（方法）上所做的努力。

我与上司相处融洽的方法或领域	为此我做的努力
1.	
2.	
3.	

　　现在，请在下面表格中的第一列填写你与顶头上司关系有待改进的领域，在表格的第二列填写为了在该领域改进你们的关系你应该怎么做。如果你完成该表格有困难，请通读本章后再完成。

我与上司关系可以改进的领域	为此我可以进行的努力
4.	
5.	
6.	

　　完成以上两个表格后，请在下面的空白处简要概括你如何与顶头上司保持积极、开放、稳定、良好的人际关系。

　　为了和我的顶头上司建立更好的关系，我应该：

避免先入为主

98

　　每个人都是独一无二的，每个人都有自己的风格。所以不要试图对你的顶头上司进行所谓的"分类"。

　　试着回忆你学生时代的老师，你可能会发现某位老师对你给予了更多的期望，但当时你并不怎么喜欢他，现在你才发现原来自己很多东西都是从他那里学到的。其实，同样的故事也可能发生在你和你的顶头上司之间。

　　如果你在工作上充满抱负，那么你可能不喜欢你的顶头上司过于随和、凡事满不在乎，因为这会阻碍你的进步。你可能需要一个关注你、对你要求严格的顶头上司，因为他能够帮助你发掘自我潜力。也就是说，和一个容易相处的主管共事，你可能形成一些不好的工作习惯并且会渐渐变得不快乐。而和一个强势的主管——一个会花时间培训你的人共事，你将不断进步，成长为一名出色的员工。然而，你无论遇到哪种顶头上司，都应该努力理解他，适应他的领导方式并保持高效的工作。

> 学会如何与顶头上司一起高效工作，是你应承担的责任。

　　同样你也要记住，必要时积极地做些调整，多给予上司一些理解，多付出些努力经营你和上司的人际关系。

 ## 团队氛围

　　每位领导都有其领导风格，但我们大体可以将其分为三种：专制型、放任型和民主型，这三种不同的领导风格会形成三种不同的团队氛围。

　　1. 专制型。在专制型团队氛围中，领导通常比较严厉，重视通过约束和控制等方式建立一个严密的团队。在工作中，这类领导希望下属能够做到准时、有秩

> 一个结构化的组织往往比较专制。

序并且有效率。只有当某些场合需要时，他们才允许下属开玩笑，而在其他 98% 的时间内，他们都保持着严肃的态度。

处在这种团队氛围中的员工，通常评价自己的顶头上司冷酷、高高在上，有时还很无情，一些新员工甚至对顶头上司存在畏惧心理。

事实上，有些工作性质（对安全和效率要求很高）迫使上司们成为专制型领导。例如，观众对电视品质的要求迫使一些电视节目的幕后工作人员不得不变得"专制"。此外，一些技术性要求较高的工作也要求该领域领导在工作中创建出一种完全不同于服务业的团队氛围。

99

尽管专制型领导看起来冷酷、无法接近，但这类领导也可能非常关注下属，并经常给予下属大量的帮助。

2. 放任型。放任型领导完全不同于专制型领导，这类领导主张营造轻松自由的团队氛围，所以很少在工作中干涉、约束或控制下属。

> 放任型团队氛围中，员工的工作效率普遍不高。

在放任型的团队氛围中，由于领导既不监督工作，也不检查结果，一切都有赖于个体自身的自制力，所以员工通常不能合理安排自己的时间，在工作中也表现得缺乏目标、意志消沉。

不管我们是否愿意承认，事实都证明，在专制型团队氛围中，员工的工作满意度、工作绩效更高。而面对放任型的团队氛围，除非个体的自主能力、自律能力超强，否则个体的职业生涯就会处于危险境地。

3. 民主型。现代企业提倡民主型管理，然而创建民主型的团队氛围并不是一件容易的事情，多数时候它只是人们的一个目标。

在民主型的团队氛围中，员工可以就团队中的事务畅所欲言，员工所从事的事情往往也是领导希望他们完成的事情，所有员工工作积极，融于团队内部而不是游离在团队之外。领导也是整个团队的一员，但同时也保持着自己的领导地位。众多案例证明，当领导营造并积极维持一种民主的团队氛围时，大多数下属都能提高个人生产率，并获得强烈的自我满足感。

创建理想的团队氛围很困难

民主型的团队氛围是最理想的工作氛围，但是创建民主型的团队氛围并不是一件轻而易举的事情。为什么？这里有三点原因：

100

> 民主型领导鼓励员工参与管理。

首先，相比其他两种团队氛围，民主型团队氛围最难创建，它不仅要求领导者有很强的专业技能，而且需要领导者具备很强的洞察力。（在现实中，企业很难找到一大批这样的人才。）即便领导者在工作中创设出这样的工作氛围，也很难长期维持。

> 形成何种团队氛围对于领导和员工来说都是一种挑战。

其次，并不是所有的员工都能积极响应民主型的团队氛围。也许你个人喜欢民主型的团队氛围，但部门里可能有些人更愿意选择专制型的团队氛围。当部门里大多数是经验丰富的老员工，但也有一批年轻员工时，这种现象就更为明显。你可能会听到有些员工这样说："我希望他别总开玩笑，而是明确告诉我们应该做什么"，或者"我希望他能抓紧业务，不然客户都被别人挖走了"，又或者"他太随意了，总是不能在工作开始时交代清楚全部任务，这让我忍无可忍"。

最后，那些渴望建立民主型团队氛围的领导者在工作中往往不能真正实行民主化管理。他们往往游走在专制和放任之间，他们可能会坚持实施一段时间的民主管理，但当他们发现很少有下属能够积极利用这一工作氛围时，他们就会采取措施强加管理，多加规范。

事实上，所有领导者都有必要在工作中制定一些行为准则，它们可以只是一个观念，也可能具体指向下属的某些行为。但是一旦被制定出来，部门（小组）中的人都应严格践行。关于践行这些准则，有些领导者形象地称："这就像走钢丝，容不得半点马虎大意。"

 ## 管理方式

X 理论和 Y 理论

你可能听你的大学教授或顶头上司提到过 X 理论和 Y 理论，道格拉斯·麦格雷戈（Douglas McGregor）把 X 理论和 Y 理论称为"管理行为的假设"，那么它们到底是什么呢？

学会与各种类型的上司打交道。

- X 理论（代表一种专制的管理方式）认为，大多数人都是懒惰的、缺乏抱负的，他们不喜欢承担责任，不善于克制自我，不会进行自我激励并且容易受到别人的影响。持 X 理论的管理者通常重视如何提高劳动生产率、完成任务。在工作中，他们赞成采取控制、引导和监督的管理方式。他们所管理的部门业绩通常在所有部门中位居前列，而且他们自己也常常因为善于管理而被组织的高层所认识。

- Y 理论（代表着一种民主/放纵的管理方式）认为，一般人对工作的态度视环境而定，相比外部控制和惩罚，人们更喜欢自我管理和自我控制。在适当条件下，人们能够适时将个人目标与组织目标相统一。持 Y 理论的管理者通常鼓励员工参与管理，给予下属更多的自主权，此外他们还重视下属的自我激励，主张通过创设一定的工作环境发掘下属的潜力，从而使员工在为组织贡献力量的同时，也能满足其自我实现的需要。这类管理人员常常因为高超的管理能力而受到组织高层的注意。

101

事实上，无论是赞成 X 理论的管理者还是赞成 Y 理论的管理者，他们在管理工作中都会慢慢摸索出一套属于自己的管理方式，或者介乎专制和民主之间，或者介乎民主和放任之间，不过我们可以将它称为"管理方式"。

学会在任何工作环境中使工作保持高效

面对顶头上司的领导风格，你可以赞同或不赞同——这些并不重要，重要的是你要学着适应他的领导风格，在工作上始终保持高效。凡事不要总是忙于下结论，当你试着理解你的顶头上司，试着适应他的管理方式时，你可能会发现他的管理方式其实很适合你而且对你的职业发展大有裨益。

尽可能拉近你和顶头上司的距离

在工作中，处理好与顶头上司的关系是你的责任，为了帮你尽可能拉近与顶头上司的距离，这里提供了10条建议。

1. 不要戴着有色眼镜看待你的顶头上司。生活中，我们可能因为父母、老师、曾经的上司等对权威人物产生偏见，并且我们还可能在不知不觉中将这种偏见带到自己和新顶头上司的关系中来。这是非常危险的，对新上司也是不公平的。为了避免这种情况，我们就要摘掉自己的有色眼镜，公平地看待新上司。这样不仅他会感受到你的尊重，你也会获得他的尊重。

2. 平常心面对你的顶头上司。每个人都会有状态不好的时候，你的顶头上司也不例外。在他易怒的时候，努力避免激惹他。如果他有段时间总是故意对你找碴，没关系，给他时间让他恢复，千万不要因此记恨他！有时候上司的某些行为让你费解，不过如果你能泰然处之的话，那么机会可能就会光顾你！

3. 不要"姑息"小抱怨。在工作中，有些小抱怨如果得不到及时有效的疏通，就会酿成你与顶头上司间的大冲突，严重破坏你们的关系。因此，当你的抱怨合情合理时，主动跟顶头上司倾诉才是最明智的做法，企图让顶头上司时时刻刻揣摩你的心思是不可能的。

4. 适时主动接近你的顶头上司。选择在合适的时机跟上司谈论你的抱怨或你的工作想法很重要。也许你的上司今天公务繁忙、压力很大，那么你可以改天等他事情不多、压力不大的时候跟他讨论你的问题。如果你贸然在他情绪糟糕的时候找他谈话并被拒绝了，那么请你换个时间跟他交流。如果你的事情很重要、很紧急的话，那么相信你的上司一定会给你"发言"的机会。

5. 不要越级汇报工作。破坏你与顶头上司良好关系最快捷的方式，就是越过他向高层领导汇报你在工作中遇到的问题或想法。任何时候你都应该先和你的顶头上司汇报，如果你对他的回复或处理不满意，那么这时你再向其他高层领导汇报。

6. 不要"畏惧"你的顶头上司。上司也不是圣人，有些时候他在面对下属时的"厚此薄彼"或者他的某些行为令你不满，但是不要因此就"畏惧"他。"畏惧"是种可怕的情绪，它可能让你不愿意接近上司，总是刻意回避他。事情如若真的是这样，你就要考虑向人力资源部门提出调动申请，或者必要的话，选择辞职。因为在"畏惧"的作用下，你将很难专心愉快地工作，而且你的顶头上司也不会重用你。

7. 不要妄图和上司成为"密友"。任何时候你都要提醒自己：你和上司之间终究是一种商业关系，所以在拉近你们距离的同时，与他的交往不要变得过于亲密。

8. 在第一时间向你的顶头上司承认错误。如果你的一次失误严重破坏了你与顶头上司的关系，那么为什么不跟他开诚布公地交谈一番，解决你们之间的问题呢？高高兴兴地面对工作和上级有什么不好吗？如果你因为太过冲动与顶头上司发生了争执，那么你难道不应该冷静地面对你的错误，主动跟他和好吗？这样做不是能让你和他彼此消除心中的芥蒂吗？

9. 你的顶头上司可能并不喜欢做领导。现实生活中，有相当一部分管理者自身并不喜欢担任"上司"这一角色。他们从事管理工作可能迫于上层领导的压力

> 与顶头上司多沟通、常交流。

或者生存压力（养家糊口）。作为下属，你应该充分考虑这种可能性。这样，你才能更加全面地理解"上司"这一角色，理解你的顶头上司。事实上，有些上司为了赢得下属的认可和尊重也做了一番努力，不过受其人格特质的影响，他们总是不能令下属满意。

10. 可能的话，让你的顶头上司成为你的"良师"。在工作中，努力让你的顶头上司认可你、关注你、成为你的良师，这非常重要。也许你的顶头上司正处于职业上升期，此时，如果你积极与他建立良好的关系，那么他可能成为你的职业发展顾问，给你提出一些建设性的建议，甚至你还可能借着他的"东风"大踏步前进。

103

这合乎职业道德吗?

遵守职业道德

如果你想与顶头上司保持稳定持久的关系，那么遵守职业道德无论对你还是你的上司来说都非常重要。以下将从下属的角度，谈谈如何在与顶头上司的交往中遵守职业道德。

■ 和顶头上司保持公开诚恳的沟通交流。当你和顶头上司之间出现问题时，跟他进行开诚布公的交谈，不要有任何的欺骗，因为那会使你们的关系受到永久的破坏。

■ 不要和同事在背后讲顶头上司的坏话。在工作中，"讲上司坏话"的员工通常被认为是缺乏职业道德与职业忠诚的。当然，这并不是要求你凡事都赞成顶头上司，只是说你在保留自己态度和观点的同时，不要诋毁你的顶头上司。

■ 不要受顶头上司或同事的影响做出违反职业道德的行为。在工作中，面对任何可疑的情境或工作要求，你都要勇敢地质问："这合乎职业道德吗?"

> 任何时候都应遵守职业道德。

本章小结

在工作中，你的顶头上司不仅是你的领导，同时也是你的老师和职业顾问，因此处理好与顶头上司的关系非常重要。然而很多时候与顶头上司建立持久牢固的关系也并非一件容易的事情。

在工作中保持积极的态度很重要（尤其当你所从事的不是自己喜欢的工作时），与一个积极的同事共同工作，你的工作会变得充满乐趣。同样，如果你积极地工作，你周围的同事也会积极地工作，那么你的顶头上司的工作将会变得轻松许多。

104

可能长期以来你已经习惯了某位部门主管的领导风格，突然有一天你被调到一个新的部门，面对一种完全不同的领导方式。此时，你要学会适应新主管的领导风格，继续保持高效的工作，这样你的职业生涯也会朝着正确的方向不断前进。

在工作中，处理好任何人际关系对你来说都是一种挑战，为此，在你和他人的沟通交流中保持积极的态度就显得尤为重要。当你在处理和顶头上司的关系时，试着采纳本章提出的10条建议，相信它们能够拉近你和顶头上司的距离。当然，在你和顶头上司建立和发展良好人际关系的同时，你需要遵守职业道德。

试试你的理解力

根据你对本章内容的理解完成下列题目。

第一部分：根据本章内容判断下列说法是否正确（T＝对；F＝错）。

　　T　F　1. 如果你和顶头上司的关系不好，那么你的职业发展会处于不利境地。

　　T　F　2. 领导者在工作中应该为工作团队制定一些行为准则。

　　T　F　3. 持X理论的管理者其领导风格为专制型。

　　T　F　4. 没有证据表明个体会将他们对权威人物的偏见带到与上司的关系中来。

　　T　F　5. 和同事在背后说上司的坏话通常被认为是一种违反职业道德的行为。

第二部分：阅读下列题目并选出正确选项。

6. 指出在以下哪种管理方式（领导风格）下，员工从事的事情也是管理人员希望他们做的事情：（a）专制型；（b）放任型；（c）民主型；（d）社会型。

105

7. 为了和顶头上司建立和发展稳定持久的关系，你不应该：（a）成为顶头上司的密友；（b）让顶头上司成为自己的良师；（c）主动接近上司，消除误会；（d）在与顶头上司和同事的交流中保持积极的态度。

第三部分：请根据你对本章内容的理解完成下题。

8. 为什么开诚布公的沟通交流有助于你和顶头上司保持良好的人际关系，并且有利于你遵守职业道德？

　　答案见书末。

> 积极人际关系的建立来自由积极态度传递出的积极行为。

思考并回答

请用两三句话回答下列问题。

1. 顶头上司对于下属来说，通常承担着哪些角色？请谈谈其中两种重要角色。
2. 指出两种由上司创建的不同工作氛围，并说说它们各自的特征。
3. 持X理论的管理者和持Y理论的管理者有哪些差异？
4. 如何与顶头上司建立稳定持久的关系？请你提出两条建议。
5. 遵守职业道德需要注意什么？

106～107

人际关系自我评估

你最重要和微妙的关系莫过于你与顶头上司的关系。下面设计好的练习将帮助你通过自我评估评价和改善这种极其重要的关系。当你私下进行自我评估而没有和你的顶头上司交流沟通时，请忠实地评估自己的优点和需要改善之处。

请你认真阅读下面每一项的两种陈述，并根据自己的真实情况进行 10 级评分。

1. 为了保持和顶头上司的良好关系，我做了所有可能的努力。	10　9　8　7　6　5　4　3　2　1	在发展和顶头上司的良好关系方面，我承认自己并没有做任何努力。
2. 在与顶头上司沟通交流时，我会积极表现自己。	10　9　8　7　6　5　4　3　2　1	我认为和顶头上司面对面交流没什么了不起的，也不需要注意什么。
3. 即使我对有些权威人物有偏见，我也不会用这种偏见来看待我的顶头上司。	10　9　8　7　6　5　4　3　2　1	我无法保证自己不会把对其他权威人物的偏见带到与顶头上司的交往中来。
4. 为了提高我的工作业绩，我认为自己非常有必要同顶头上司友好相处。	10　9　8　7　6　5　4　3　2　1	我没必要非得追求什么工作业绩。
5. 和顶头上司保持良好关系的同时，我也非常重视发展同事关系。	10　9　8　7　6　5　4　3　2　1	我没有为改善同事关系做任何努力。
6. 我从来都没在背后讲过上司的坏话。	10　9　8　7　6　5　4　3　2　1	我和同事几乎每天都会调侃一下上司。
7. 在工作中有抱怨，我会适时向顶头上司倾诉一下。	10　9　8　7　6　5　4　3　2　1	即使对顶头上司有很多抱怨，我也不说。
8. 我认为和顶头上司之间应该保持正常的工作关系。	10　9　8　7　6　5　4　3　2　1	我的顶头上司总是高高在上，让人觉得很难亲近，我最讨厌这种人。
9. 顶头上司很尊重我，我也经常和他进行沟通交流。	10　9　8　7　6　5　4　3　2　1	我会找一切机会在背后诋毁我的顶头上司。
10. 我非常乐于接受顶头上司的"主动示好"。	10　9　8　7　6　5　4　3　2　1	在工作中，我总是试图回避顶头上司。
总分_____		

统计你在全部项目上的总分，如果总分在 80 分及以上，那么表明你正在努力与顶头上司建立良好的关系。如果总分在 50～80 分之间，那么表明你需要采取一些行动改善你与顶头上司的关系。如果总分低于 50 分，那么表明你目前尚未认识到与顶头上司关系的重要性，你需要正视这一最重要的职场人际关系。

虽然在下属对顶头上司的关系中，顶头上司（第一责任人）负主要责任，但是作为下属（第二责任人），你也不能忽视自己的责任。如果因为某些个性原因或缺乏交流，你尚未采取任何行动与你的顶头上司建立良好的关系，那么你需要注意：你在破坏自己的职业前途！

　案例 8　　　　　　　　　　　　　　　　抉择

"我自己是个 Y 理论者。"

　　卡罗尔是某电子商务公司的客服代表。两个月前，公司进行人事调整，她收到了人事调令。但是公司并没有直接安排卡罗尔到新部门上班，而是先安排她接受了为期两个月的新岗位培训。

　　培训结束后，卡罗尔去公司人事部报到。人事助理说："有两个部门都想要你，就看你个人选择哪个小组。"人事部经理还告诉她："这两个部门工作性质完全一样，不过部门主管领导风格迥异。"

　　其中，部门 A 的主管持 X 理论，他对下属要求非常严格，希望所有的下属都能努力做到工作高效、对企业忠诚。不过这位主管是公司的"元老"级人物，公司许多高层领导都是他一手带出来的。

　　部门 B 的主管持 Y 理论，她常常鼓励下属积极参与部门管理，并且非常重视创设一种民主自由的工作氛围。她虽然还很年轻，不过在下属当中很有威信。此外，这个部门绩效较高，人员流动率在公司所有部门中也是最低的。

　　A. 讨论：你认为卡罗尔应该选择哪个部门，为什么？

　　B. 拓展理解：采访三四位部门主管或经理，看看他们在工作中采用哪种管理方式，他们的管理方式是否受 X 理论和 Y 理论的影响。采访之后，请你重新考虑一下卡罗尔应该选择哪个部门，为什么。

第9章

理解人际关系的本质

"人是很容易塑造的。"

每日箴言：固执、偏见、成见会阻碍你与他人建立良好的人际关系。

本章要点

- 理解互惠理论在建立、维持和修复人际关系中的重要性。
- 意识到每个人都有自己的价值体系。
- 理解在日益变化的国际工作环境中多元化和多种族的人员结构。
- 认识到职场中性吸引和性骚扰的危害。
- 与各年龄层同事建立良好人际关系好处多。
- 学会忍让，学会放弃会破坏人际关系的不良习惯和怪癖。

110 　　随着我们对职场人际关系的进一步探究，我们就会发现建立良好的职场人际关系受到几个因素相当大的影响，从某种意义上来说，它们是关系的构成要素或成分，甚至是关系本身。其中第一个因素是互惠理论，接下来五个因素分别是价值观冲突、种族差异、性吸引和性骚扰、年龄差异以及容忍限度。在你了解了职场人际关系的本质之后，它们将成为你的挑战。

 ## 关系是双向的

　　撇开具体的个人，我们可以把两个人的关系比作一条"无形通道"，如下图所示。

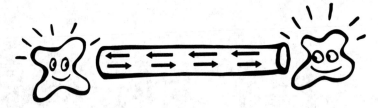

　　图中两个变形虫之间的双向箭头提示我们言语交流是人际交往中的"生命线"，所以保证交流双方良好的信息输出与信息接收非常重要。为了真实模拟现实生活中的职场人际关系，我们在通道附近标注了本章谈论的六大职场因素（见下图）。

　　当然，在职场中，不可能每个人都同时面临这六个因素所引发的问题，有些人可能只面临其中的一两个问题，有些人则可能面临其中的四五个问题。然而，深入了解这六个因素，对于任何想拥有良好职场人际关系的人都是大有裨益的。

 ## 互惠理论

111

　　在现实生活中，我们只要稍加注意就可以轻松建立互惠的人际关系。互惠理论（mutual-reward theory，MRT）认为，在人际关系中，双方的互惠性越高，双方的关系就越稳定。拥有良好的互惠人际关系，能使双方都受益。

> 互惠是双赢的基础。

　　事实上，在职场中，我们若想与某人保持长期稳定的关系，就需要保证双方在这种关系中都能获益。当其中一方总是付出与收益不成比例时，这种关系就会迅速弱化。当然，要想修复这种关系，我们就需要及时建立一种平衡的互惠机制，满足彼此的需要。下面我们来看两则案例。

　　吉娜的故事　吉娜工作认真而且经验丰富，不过她性格内向，总是表现得很害羞。和她不同，同事乔性格外向，开朗又自信，不过他刚刚参加工作不久，缺乏经验。

　　如上所述，两人在很多方面存在着很大的差异，但出人意料的是，两个人在工作中始终保持着一种非常友好稳固的关系。

　　这是为什么呢？原来，吉娜常常在工作上帮助乔，有时还偷偷帮乔处理他工作中出现的失误。而乔呢，为了让吉娜变得更加自信乐观，总是鼓励她、赞扬她，还经常把她介绍给他认识的其他同事。慢慢地，吉娜开始越来越接纳自己。由于他们双方努力在交往中保持互惠，所以他们的关系变得友好又稳固，并且他们后来都晋升为公司主管。

　　莫莉的故事　在接管公司部门经理这个职位前，莫莉在冈萨勒斯女士手下工作了3 年，这期间，她工作认真、忠诚、高效，并深得冈萨勒斯女士的信赖。作为她的上司，冈萨勒斯女士为莫莉提供了许多培训机会，并积极把她引荐给公司的高层领导。显然这些都成为莫莉后来升职中的优势。可以说，莫莉和冈萨勒斯女士的相处充分体现了互惠理论。

　　我们经常用"联系"一词来描述一种亲密的情感关系。实际上，这种"联系"也可能存在于员工与员工之间、员工与顶头上司之间甚至员工与职业顾问之间。不过，任何带有这种"联系"性质的职场人际关系都应具备以下两个特点。第一，交往双方关系不能太过私密以至于影响到另一方的工作绩效或未来职业发展。第二，交往中双方应始终坚持互惠互利。

112

关照他人

　　在人际交往中，如果双方都能始终关照另一方，那么这种互惠的关系就会变得更加稳固和持久。当然，如果只有一方一味地付出，那么双方的关系就会不断恶化。所以，当建立新的人际关系或维持已有的人际关系时，我们需要努力"关照他人"，让对方在付出的同时也获得幸福和成功。事实上，当我们在人际交往中付出时，我们也会时常收到"别人的付出"，从而建立更加广泛良好的人际关系。

112

互 动

互惠理论——我的看法

　　互惠理论对人际交往有何指导意义？如何在人际交往中运用该理论？请你在下面的空白处简单谈谈自己的看法。

价值观冲突

价值观体系、生活方式不同都是正常现象

不同的人拥有不同的价值观与人生中重要事物的优先排列顺序，不同的人会寻求各自不同的生活方式。因此，在工作中，"被迫拴在一起"的两个人之间存在价值观冲突再正常不过了，以下就是两个典型的例子。

托尼的故事　托尼是某公司的一名员工，他向来追求高品质的生活，外国跑车、时尚服饰都是他的最爱。此外，他还热衷于参加各种社交活动并且他讨厌过早承担任何家庭责任，所以到现在他还保持单身。他总是跟别人说："我要拥有一种完全不同于我父母的生活方式。"

亨德森先生是托尼工作中的合作伙伴，他的年龄几乎是托尼的两倍。和托尼不同，亨德森先生热爱家庭并且笃信宗教。

很显然，他们两人的价值观及生活方式大不相同，然而他们是怎么做到在工作中和谐相处的呢？回顾两人共同工作的经历，刚开始时他们的交往仅仅停留在工作层面。亨德森先生工作经验丰富，且乐于跟托尼分享，所以托尼很尊敬亨德森先生并试着去了解亨德森先生；托尼谦虚好学并且工作认真，所以亨德森先生也很尊重托尼并试着了解托尼。以这样的方式相处 6 个月后，两个人居然成为忘年之交，他们甚至开始在私底下讨论彼此的价值观问题。

113

贝尼费的故事　贝尼费从小家教很严，父母总是告诉他凡事要遵守规则，所以跟同龄人比起来，他总显得有些"中规中矩"。然而，他的同事崔西则是一个不折不扣的乐天派，基本没有任何组织观念意识，并总是声称自己是超前于这个时代的。当两个人被迫要作为合作伙伴共同完成一件工作时，他们是如何相处的呢？不难想象，开始时他们的冲突非常激烈，但是基于两人需要合力完成公司交代的任务，他们慢慢建立起友好的合作关系。虽然他们没有成为亲密的朋友，在工作之外也没有更多的接触，但是他们在工作中学会了尊重对方，正视彼此间存在的价值观差异，所以他们出色完成了公司交代的任务。

> 不要把你的价值观强加给别人。

现实生活中，尤其在工作中，将自己的价值观强加给他人或者侵犯他人隐私都是不值得提倡的。一个同事私下如何打发时间是他的事，与你和他的工作关系毫无干系，所以不要一心想着"纠正"他的价值观与生活方式。任何时候你都应该提醒自己：在工作上的共同利益足以令你和他人建立良好的职场人际关系。尊重他人的价值观和生活方式，试着理解他人，你就会对自己的职场人际交往能力吃惊不已。

113

价值观冲突——我的看法

　　在和同事、上司的相处中，如何避免价值观冲突带来的不利影响？请你在下面的空白处简单谈谈自己的看法。

种族差异

　　国际金融业、电子商务的迅速发展，以及对促进多元化工作环境的必要性意识的日益增强，使整个世界成为一幅多元文化组成的多彩图画。面对这一形势，越来越多的企业开始"不拘一格广纳人才"。于是，很多机会和职位向女性和少数群体开放，尤其是一些过去在传统上为男性所占据的权威职位。随着越来越多的公司参与国际电子商务活动，它们也越来越关注雇用有着不同文化背景的人和满足他们的需求。

　　如今，不仅有更多的女性和年轻人被雇用，亚裔、非洲裔、拉美裔的员工数量也得到极大提升（这一现象在美国和跨国企业中尤为明显）。

　　根据你所在组织的情况，你可以参考以下三条建议。

114

　　1. 在组织中，假设你是主流文化群体中的一员，如果你用消极的方式对待来自非主流文化群体的同事，你就可能失去向他们学习的重要机会，并且你的职业发展也可能因此受到不利的影响。

　　2. 在组织中，假设你是非主流文化群体中的一员，如果你想尽一切办法融入主流文化群体，你就可能失去自己本来的身份，并且你的积极态度和工作绩效也可能因此受损。

　　3. 无论你在组织中身居何位，如果你努力适应并接受来自不同文化的同事，那么你将成为一个更优秀的人，你的工作将更加高效，而你的事业也会大踏步前进。

　　总之，努力适应和接纳各种文化将使你在今后的工作中与各种类型的人建立稳定持久的人际关系，同时你也将拥有更加积极乐观的态度。

尊重他人

　　人际交往中的一个基本要求就是尊重他人，将他人视为独一无二的个体。不要因为外貌，就把某个"他"与你不喜欢的人（可能你和这个人曾经有过矛盾冲突）画等号。你要记住他只是他，不是其他人，其他人也不能替代他。

如果我们每个人都能够认真地实践这一原则，那么无论怎样的文化背景或种族，人与人之间的交往都将有如一首和谐的交响曲。可惜的是，在现实生活中，真正实践这一原则的人并不是很多。让我们一起来看看两则案例。

尊重他人
是人际交往中
的基本要求。

琼的故事　琼是一个中年英国人，她在一个种族多元化的社区长大，所以一直坚信自己没有种族偏见，不过她从未与来自其他种族的人真正一起工作过。有一天，她所在的部门调过来一名非洲裔美国人霍巴特，琼觉得自己和霍巴特交往时有些不自在和焦虑。

由于霍巴特为人友好并随和，所以有一段时间琼和霍巴特在工作中很合得来。后来，霍巴特在工作中频频出现失误，还总爱问一些在琼看来很愚蠢的问题，所以琼对霍巴特开始变得不耐烦起来。对此，她感到很头疼，打算找主管谈一谈。

寻找对方
的闪光点。

当考虑到与主管讨论些什么的时候，琼意识到自己可能对霍巴特期望值太高了，所以才总对他的工作百般挑剔，而不是试着理解他。想到这些，琼决定修复她和霍巴特的关系，于是她主动约他出来，跟他表明了自己的态度。而霍巴特呢，其实已经意识到了琼的"不友好"，也一直在思考如何改善与她的关系。

115

姚的故事　姚是一个年轻聪明的亚洲人，从社区学院毕业后，他在一家搬家公司找到了工作，成为该公司的一名搬运车驾驶员，不过他一直希望自己将来能够跻身公司管理层。

和他搭档开一辆搬运车的是同事约瑟，约瑟高中毕业后就入了这一行，到现在已经有三年的时间了。两个人接触不久，姚就发现约瑟驾驶技能非常出色，不过他一般不说话，偶尔才因为工作和自己交流一下。

这样工作两个月后，姚再也无法忍受约瑟的沉默了。在多次尝试与约瑟交谈未果后，姚得出一个结论：约瑟不喜欢自己，并且对亚洲人有着根深蒂固的偏见。想到这些，姚感到非常苦恼，他甚至考虑自己是否应该向公司申请工作调动或是辞职。

最后他认为还是应该找机会跟约瑟聊一下。于是，一天下班后，他邀请约瑟到一家拉丁小酒馆喝酒。那晚，姚听约瑟讲了许多事情。原来约瑟曾经被人欺负过多次，所以他不轻易就信任他人（这说明他的沉默更多是为了避免被伤害）。当姚问约瑟是不是讨厌亚洲人、讨厌他时，约瑟说："没有，我还一直以为你对我有敌意呢！"

交流增进
理解。

经过这次交流，姚和约瑟对彼此都有了新的认识，之前工作中的火药味儿也没了。两个人学会了如何交流，合作也越来越有默契。虽然他们私底下并没有成为亲密的朋友，不过他们都非常尊重对方以及对方的文化。

不要触碰他人的敏感"神经"

面临来自不同种族、不同文化的同事，与他们建立和保持良好的人际关系并非一件容易的事情。我们不仅需要做出更多的努力，而且我们也需要具备很强的洞察力。当然，如果我们始终以开放、真诚的态度对待他们，我们就有机会和他们建立平等互惠的人际关系。然而，我们也要时刻提醒自己不要触碰来自其他种族（民族）同事的"神经"，例如我们可以讨论不同国家或民族的宗教、政治和经济，但是不能借此贬低我们的同事。

种族差异——我的看法

　　面临来自不同种族、文化背景的同事，如何与他们保持良好的人际关系？请你在下面的空白处简单谈谈自己的看法。

性吸引和性骚扰

　　在职场中，人与人之间免不了存在性吸引。在大多数情况下，性吸引是正常的，不会对个体、周围同事或组织产生不利影响，但事情也并非全部如此。请看下面一则例子。

　　朱迪的故事　朱迪调入她所在部门的第一天，她就对自己的顶头上司一见倾心。有心的同事一定能发现，朱迪越来越注重穿衣打扮，而且为了获得上司的青睐、争取和上司更多的接触机会，朱迪在工作上也比以前更加卖力。

　　同部门的一位女同事很快发现了朱迪与上司间的暧昧关系，这件事很快就在部门中传开了。于是，大家对朱迪的态度开始变得冷淡起来，几个走得近的同事跟她也越来越疏远了。当她在工作中出现困难时，同事们都不愿意帮她。此外，对于她工作中出现的失误，同事们也往往横加指责。一时间，整个部门的气氛变得异常紧张，部门的总业绩也开始呈现下滑趋势。

　　朱迪的案例使我们不得不思考这样一个问题：你和公司同事约会会带来什么影响？

　　一般来说，只要你约会的对象不是你的上司，你们不在同一个部门而且你能够平衡自己的工作和感情，就不存在任何问题，即便是公司也不会反对你。

▎注意工作中的私人关系

　　当工作关系存在性吸引时，下列几种情况会比较危险：（1）上司与女下属约会，整个部门将绯闻四起，个人、部门业绩均会出现下滑。（2）同一部门同事约会且两人不能将工作和私人感情分开，部门其他同事就会受到影响，同时个人和部门业绩也会出现下滑。（3）以上两种情况中当事人一方或双方各有配偶，部门内部将流言漫天，个人和部门工作绩效均会严重下降，有时甚至需要公司经理出面才能制止流言飞语。

　　当你准备在工作中发展恋人关系时，你应该充分考虑到你们分手的几率。分手往往会给当事人和周围同事带来不好的情感体验，即便是友好分手，当事人双方在今后

> 工作中的私人关系可能会影响工作业绩。

的工作中也会面临许多不便。

除了性吸引，在职场中还存在一种现象——性骚扰。工作场所中的性骚扰是指以性欲为出发点的骚扰，以带有性暗示的言语或动作针对某个同事，引起对方的不悦感。它常常会给个人、同事及部门造成不良影响，并且在大多数情况下，性骚扰并不是一个偶然事件，而是在一段时间内持续出现的有意行为。

117

性骚扰通常有三种方式：

- 言语方式。比如讲荤段子，谈论某些性敏感部位，性求爱或性要求等。
- 视觉方式。比如穿性感火辣的服装，盯着某个同事的敏感部位，刻意摆弄挑逗姿势等。
- 身体方式。比如假装不经意地触碰，故意站得太近，礼节性握手时紧抓对方的手不放和过度拥抱等。

性骚扰是严禁的行为

在很多国家，性骚扰被认为是不法行为。在工作中，性骚扰会造成严重的不良影响，不论男士、女士、上司、下属、生产商、客户，都有可能成为骚扰的对象。所以，当个体认为自己正在遭受性骚扰时，需要采取以下措施：（1）告诉顶头上司。（2）提供性骚扰的证据（具体细节和时间）。（3）在上司查证期间继续搜集性骚扰的证据。（4）必要时，告诉公司人力资源部门或公司高层。（5）如果性骚扰的来源不幸恰好是自己的顶头上司，及时告诉公司高层。

117

 互　动

性吸引和性骚扰——我的看法

在工作中，如何避免出现性吸引或性骚扰现象？面对性吸引或性骚扰现象又该怎么做？请你在下面的空白处简单谈谈自己的看法。

年龄差异

一个年轻、有能力、充满斗志的新职员在工作中往往会面临（或很快面临）以下情况：

"如果我资历够老的话，上次升职肯定有我的份儿！"

"除了我，这个公司的每个人都比我资历高、年纪大、经验丰富。我在这里没有任何机会。我在浪费我的青春和精力，或许直到 30 岁我才能有机会展示我自己。"

"我想我应该留起胡子，那样至少我会看起来更加成熟一点。"

118

年轻员工有时会感觉受到了歧视

许多年龄在 18 到 30 周岁的年轻员工认为年龄对他们来说是一种劣势（尤其当他们看起来比实际年龄还要小时）。因为在他们看来，只有到了一定年龄，他们才可能拥有充分展示自我的平台。

事实上，当我们置身于这样一群年轻员工中间时，我们完全可以体会他们所谓的"年龄歧视"。试想一下你现在是一位刚刚工作几年的年轻员工，在你所任职的公司放眼望去，满目所及都是比自己年长、有经验的"元老"，这时候你可能会觉得公司的代沟问题远比社会中的代沟问题严重，你会感到很有压力，因为一方面你迫不及待想要成功，另一方面你又不得不慢慢等待。

不过，年轻上司手握重权，管理年长职员的现象在现代社会也比比皆是。对这类年轻人来说，出色的人际交往能力弥补了他们年龄上的"劣势"。

下面请看两则例子。

劳约尔的故事　劳约尔是一个时尚店的部门主管，去年这个店的营业额超过了 100 万美元。虽然劳约尔刚刚才过完她的 20 岁生日，但是她手下有 9 名下属，并且这些下属们的年龄最小的也是她的两倍。虽然在工作中问题一直有，压力也一直存在，但是这些年长的职员们都评价劳约尔是一名优秀的主管，就连劳约尔的老板也认为这个姑娘将来一定大有前途。

李奥纳多的故事　李奥纳多今年才 23 岁，是一家知名饭店的经理。在他手下的部门主管年纪都比他大得多，有的甚至是他父亲辈的人。事实上，这家饭店很多普通职员的年纪也比他大。由于这家店 24 小时营业，所以工作压力特别大。即使这样，李奥纳多还是保持着高水平的工作效率。一次，这家连锁店的董事长在提到李奥纳多时说："小伙子的事业才刚刚起步而已！"

像劳约尔和李奥纳多这样的年轻人是怎样做到这一步的呢？他们可能很早就在工作中证明自己可以而且愿意承担更大的责任，他们也可能很早就在工作中证明自己善于合理决策，他们还可能在工作中一直表现得很自信。不过大多数的时候，他们主要是因为拥有杰出的人际交往能力，即善于和同龄人、经验丰富的年长职员以及人事经理在互惠的基础上建立持久稳定的人际关系。事实上，如果你也能够做到这点的话，那么那些经验丰富的年长职员绝不会成为你升职路上的"绊脚石"。

> 良好的人际交往能力是跨越年龄代沟的桥梁。

欣赏和尊重年长职员

如果你对个人事业充满了雄心壮志，那么剩下的就只是选择的问题了。你是选择慢慢等待"年龄增值"呢，还是希望通过建立良好的职场人际关系加速升职的脚步？如果你决定现在就开始努力，那么撇开其他因素，在你和经验丰富的年长职员建立良好的人际关系时，你必须努力做到两个方面：欣赏和尊重。

119

不管年龄多大，每个人都希望自己被关注。特别是那些年长职员，他们喜欢从别人那里收到赞扬和崇拜（即使那些赞扬大部分是恭维的话），他们希望自己作为职员和任何其他社会角色来说都是非常重要的，他们需要别人的欣赏和尊重，他们希望得到应有的信任与奖励。

而且他们年纪越大，往往越希望别人夸自己年轻，所以任何可能会让年长职员感到他们落伍或过时的做法都是错误的。正确的做法是尽量使他们感到自己是必不可少的，是当今时代的一分子，而不是停留在"那个时代"的人。不要将他们排除在你的视野之外，经常和他们沟通交流，听取他们的建议和意见。在与工作相关的社会活动中，把他们也囊括进你的计划之内。此外，你还需牢记：你如果现在不能和年长职员建立和谐的横向工作关系，那么也不要指望将来会与他们保持稳定的纵向工作关系。

欣赏和尊重没有年龄限制。

与年长职员建立良好的人际关系，最重要的方面可能就是努力获得他们的认可。这就要求你充分展示自己的才能、脚踏实地地工作并对公司忠诚。任何时候，相比口头承诺和溜须拍马，行动和数据都更有说服力。

在与年长职员的相处中，你还应该努力向他们学习。他们拥有丰富的工作经验和人生阅历（这些你只有切身经历过才可能拥有）。单从这方面来说，你就应该谦虚地向他们学习。这样，但凡有机会，相信他们都会把你"推到"他们的前面去，那时你要做的就是让他们心甘情愿接受你做他们的顶头上司，让他们因为你的成功而感到骄傲。

需要指出的是，在他们给你明确的信号——希望你们的关系更加随意和私人化之前，保持正常的同事关系才是最明智的选择。

年龄差异带来的挑战

在组织中，提携年轻职员是年长职员的重要责任，然而年长职员如何与年轻职员建立良好的关系呢？这个问题很难回答，因为两类群体的生活年代、成长环境与价值观、目标和兴趣方面存在着很大的差异。例如，25岁以下的年轻职员往往主张发展自我个性，更倾向于为自己设置短期的职业规划；而50岁以上的年长职员往往强调家庭责任，更倾向于为自己设置长期的职业规划。

虽然年代的差异造成了不同年龄群体之间的代沟问题，但是年长职员们还是可以采取一些有效措施缓和这种问题，从而与年轻职员建立良好的人际关系。这里我们仅简单介绍三种措施：（1）对年轻职员在工作中出现的问题要宽容。（2）向年轻职员学习，也让他们向你学习。（3）主动和年轻职员沟通和交流，让他们信任你。

120   **互 动**

年龄差异——我的看法

面临年龄差异，年轻职员应如何与年长职员建立良好的关系？年长职员又如何与年轻职员建立良好的关系？请你在下面的空白处简单谈谈自己的看法。

容忍限度

120

如果个体的某一习惯或行为令他人感到生气、恼火甚至忍无可忍，那么他的人际关系将会受到极大的消极影响。通常，这些习惯或行为包括：

- 尖锐或刺耳的声音。
- 令人厌烦的大笑。
- 令人难以忍受的举止。
- 永远记不住别人的名字。
- 无休止地谈论金钱。
- 无休止地谈论与性有关的话题。
- 讲黄色笑话或无聊的故事。
- 滥用某些词语或表述方式。
- 长时间谈论与自己有关的私人话题。
- 一直夸耀工作之外的成功或者自己孩子的成功。
- 对每件事情都指手画脚。
- 控制话题，特别是在开会时。

当然，某一习惯或者行为是否会令人感到生气、苦恼，取决于对方的容忍限度或者说包容度。如果对方的容忍限度很高，那么对其他人来说难以忍受的习惯或行为，他也不会放在心上。不过，如果对方的容忍限度很低，那么任何不良的习惯或行为都会破坏你和他的人际关系。

戴安的故事　戴安是一位年轻的职员，拿她咯咯笑的行为来举例再合适不过了。平常她讲完每句话后都会咯咯地笑上一阵，不知不觉间这种行为就引起了其他同事对她的厌烦。可悲的是，戴安根本不知道发生了什么——她从未留意到自己的这个习惯，也并不知道这些习惯惹得同事们讨厌她。

一天，她的同事因为再也无法忍受她的这一行为就跟顶头上司抱怨了几句。于是，上司把戴安叫到办公室就她的问题和她进行了一番谈话。

121

这次谈话之后，戴安努力改掉了自己这一令人讨厌的行为。

一般来说，只要当事人意识到自己的不良习惯或行为，那些坏习惯和不良行为就会得到纠正或被彻底改掉。但是这往往也需要一定的时间和努力，所以，对于那些曾经遭受不良行为和习惯折磨的人来说，与其苦等别人改掉他们的坏毛病，不如提高自己的容忍限度，学着与别人和平相处。在人际关系中，每个人都可能存在令他人生气或愤怒的行为或习惯，所以容忍从来都不是单向的。即便在工作中，别人的某种习惯或行为可能令你反感，别人也有权保持自己的这种行为或习惯，你无权干涉。所以，努力提高自己的容忍限度是人际交往中必须掌握的技巧之一。

> 忍让是一种重要的人际交往技巧。

121

容忍限度——我的看法

如何看待人际交往中的"容忍限度"问题？请你在下面的空白处简单谈谈自己的看法。

本章小结

在职场人际交往中，人们往往面临着许多挑战。这些挑战在很大程度上与常见的六大职场因素有关。事实上，这六大职场因素从某种意义上来说也反映了职场人际交往中应该掌握的六大基本技巧，它们包括：

1. 在建立和发展良好的人际关系时，我们应该注意遵守互惠原则。

2. 不同个体的价值观不尽相同，所以我们在与他人交往时应该学会尊重他人的价值理念。

3. 当我们以真诚开放的态度与来自不同文化、种族的个体进行交往时，我们就能与他们建立稳定持久的人际关系。

122

4. 性吸引和性骚扰可能会对良好的人际关系造成损害。

5. 正确看待职场中的年龄差异问题，积极建立良好的职场人际关系。

6. 如果你存在某些令人生气或愤怒的行为或习惯，采取必要的措施纠正它们。

从长远来看，坚持互惠原则有利于个体建立和保持良好的人际关系。此外，学会欣赏和尊重他人对于个体建立和保持良好的人际关系也非常重要。为此，当别人与自己在价值观、种族、年龄等方面存在差异时，个体应该努力理解、接纳对方，因为关系是双向的："你怎么对待别人，别人也会怎么对待你。"

试试你的理解力

根据你对本章内容的理解完成下列题目。

第一部分：根据本章内容判断下列说法是否正确（T＝对；F＝错）。

　　T　F　1. 撇开人际交往中双方的个性特征，我们就能够更加清楚地认识关系的本质。

　　T　F　2. 在互惠的关系中，双方都不能从对方那里获益。

　　T　F　3. 随着全球化经济的发展，世界俨然成了一幅多元文化组成的多彩图画。

　　T　F　4. 在工作中存在性吸引现象很正常，通常这种现象也不会影响到个人、组织的绩效。

　　T　F　5. 当同事间约会（特别是上司和自己的下属约会）时，他们的职场人际关系就有可能受到消极影响。

第二部分：阅读下列题目并选出正确选项。

　　6. 建立良好的人际关系应该基于：（a）共同的兴趣；（b）把个人的价值观强加给别人；（c）讨论生活方式；（d）和对方有共同的文化和政治观点。

　　7. 指出为了和年长职员建立良好的人际关系，年轻职员应该做到下面哪一方面：（a）和年长职员喜好完全相同；（b）谈论个人兴趣；（c）恭维年长职员；（d）从年长职员那里获得认可。

第三部分：请根据你对本章内容的理解完成下题。

123

　　8. 当你的某位同事存在某种令你讨厌的行为或习惯时，你应该怎么做才能和他保持良好的关系？

答案见书末。

> 态度就像蜡烛上的火苗，虽然微弱但仍带给人们光明。

思考并回答

请用两三句话回答下列问题。

1. 说说互惠理论的重要性。

2. 说说在所有人际交往中的基本技巧。

3. 说说性骚扰中的两种形式。

4. 怎样和年长/年轻同事保持良好的人际关系？

5. 举一个例子说明什么是容忍限度。

124～125

人际关系评估测试

在人际交往中，评价双方的关系通常比想象的还要难。为什么呢？这是因为：（1）双方需要充满自信才可能有勇气评价彼此的关系。（2）评估人际关系往往会涉及彼此的个性问题。（3）评估人际关系可能会引出双方比较敏感的问题。（4）如果双方或一方将过多责任归因于自己，那么彼此的关系就会受到破坏。

选择一位与你有着良好人际关系的重要他人（密友、配偶或孩子最合适），和他（她）分别完成该人际关系评估测试。

人际关系评估测试表

请根据自己的情况，进行 10 级评分。

1. 两人在交往中都很幽默。	10 9 8 7 6 5 4 3 2 1	两人都不幽默。
2. 保证了百分之百的沟通交流。	10 9 8 7 6 5 4 3 2 1	基本没有任何交流。
3. 彼此的交往很轻松。	10 9 8 7 6 5 4 3 2 1	交往中充满了紧张的气氛。
4. 彼此均不存在对方讨厌的习惯或行为。	10 9 8 7 6 5 4 3 2 1	存在令彼此或对方讨厌的行为或习惯。
5. 可以很轻松地与对方讨论彼此的问题。	10 9 8 7 6 5 4 3 2 1	现在还不能开诚布公地与对方讨论彼此交往中存在的问题。
6. 始终遵守互惠原则。	10 9 8 7 6 5 4 3 2 1	自己在该关系中付出更多。
7. 在信息交流的准确性上不存在任何问题。	10 9 8 7 6 5 4 3 2 1	在信息交流的准确性上存在一些问题。
8. 最近彼此的关系得到了大大改善。	10 9 8 7 6 5 4 3 2 1	最近彼此的关系有所恶化。
9. 不存在代沟问题。		有代沟。
10. 双方曾经的误会都消除了。	10 9 8 7 6 5 4 3 2 1	两人之间还存在误会。

总分_____

当你和他（她）都独立完成该评估测试后，两个人坐下来一起好好聊聊。相信通过评估和交谈，你们之间的关系将会大大改善。事实上，许多人在完成该练习后均表示："我们加深了对彼此的了解。"

欣赏就像是一张保单，需要持之以恒地续签。——阿农

案例 9	金钱	126~127

"这对我有什么好处？"

提到事业，山姆只关心一件事，那就是金钱。他今年才 20 多岁，不过他满脑子想的都是怎么快速赚大钱，人际关系、同情之类的事对他没有一点吸引力。由于山姆非常自信，而且又懂得在恰当的时机表现自己，所以在工作中他得到了很多好机会，这点让他的同事和朋友都嫉妒不已。

拉尔夫今年 40 多岁，他是山姆的同事兼好朋友，不过他并不赞成山姆的价值观和生活方式。他认为金钱固然重要，但是人际关系也很重要，默默工作为他人奉献的人同样能够赚到钱，没必要一门心思地为赚钱而赚钱。昨天，拉尔夫对山姆说："照你现在的方式，我相信你一定能够赚到钱，不过对我来说，觉得做自己更开心，我不想为了赚钱而赚钱，没准儿我这样的人将来也能成为有钱人，谁知道呢？我觉得你现在就像个赚钱机器，为了赚钱不惜牺牲人际关系，有什么意思呢？"

山姆回答说："拉尔夫，现实就是丛林，你那样活着是你的事，也许你按照你的方式能够发财致富、生活幸福，但是你的方式对我来说太不现实了。只要有钱，我觉得价值观什么的都不重要，赚到实实在在的钱才是关键。"

A. 讨论：如果你参与这个对话，你会如何回答？你支持山姆还是拉尔夫？你将怎样在坚持自我价值观的前提下，努力增加个人的物质财富？

B. 拓展理解：找出两个分别代表山姆和拉尔夫观点的成功人士，研究他们的人生经历，指出哪些因素促成了他们的成功。此外，探讨他们是如何发展自我人际交往能力的，他们生活的时代对其价值观有何影响。

第三部分
拓展人际关系

第10章
与团队成员一起成功

"我与每个人都合得来。"

> **每日箴言：** 相信自己、信任他人，你才有可能实现你的目标。

◆ **本章要点**

- 作为一名团队成员需要满足三项基本要求。
- 面对来自不同文化背景的团队成员，与其友好相处，打造和谐团队。
- 坚持互惠理论，打造高效团队。
- 作为一名团队成员，树立正确的态度。

131

132

在上一章中，我们详细介绍了职场人际交往中常见的一些问题，例如：价值观冲突、易激惹他人的行为、性吸引、年龄差异和种族差异等。我们还介绍了互惠理论。根据该理论，在任何情况下，我们只要坚持互惠原则，就能与他人建立并保持良好的人际关系。

在本章中，我们将在团队关系中继续探讨以上这些问题。如下图所示，在传统的部门组织结构中，部门主管位居金字塔的顶端。他管理或者控制着整个部门的运行，并且要对部门和部门成员负责。一方面他可能鼓励下属参与部门决策，另一方面他又必须时常监督下属的工作。

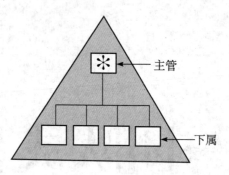

在一个以团队组织形式运作的部门中，部门主管管理着整个工作团队，他会用大量的时间和团队成员共同制定整个部门的工作目标。他在部门中是权威和责任的象征，但是他和每位下属都保持着频繁的沟通和交流。他相信，每位下属都是喜欢或者至少能够进行自我管理的。这类部门的组织结构如下图所示。

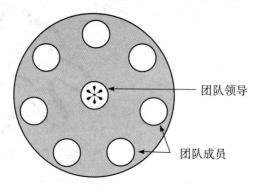

任何参加过团队训练项目的人都应该知道，在这种项目上能否成功取决于团队中每位成员的共同努力。同样，采用团队组织形式的部门要想比其他部门更加出色，那么部门中全体成员都要共同努力。这时，提高部门业绩的压力不是来自部门主管，而是来自其他部门。为了比其他部门表现得更加出色，团队成员间将会精诚合作。当真的超过其他部门时，任何一名优秀的团队成员又会毫不吝啬地推举其他成员成为"明星"。相比传统部门，可以说，在采用团队组织形式的部门中，互惠理论得到了最充分的展示和应用。

133

现在，"团队"开始受到越来越多组织的追捧，市面上也出现了大量关于"团队"的书籍，一时间整个社会似乎都在谈论"团队"。于是，许多组织纷纷致力于将传统的部门主管培训成"团队领导"。为什么？因为事实证明，团队组织形式比传统组织形式具有更高的生产率。

团队组织形式与团队精神对于组织的发展非常重要。

团队成员应该满足的基本要求

作为一名团队成员或者准团队成员，你应该怎样做才能成为优秀的团队成员呢？首先你需要满足三方面的要求。

坚持"四项原则"

一个成功的、令人信服的团队成员应遵守以下四项原则。

■ 尊重团队成员共同做出的所有决定。作为一名团队成员，你不仅需要积极参与团队管理与部门决策，也需要积极实践团队讨论通过的各项决定。当然，任何团队成员都不可能时时处处赞同团队做出的每一个决定，但是优秀的团队成员应该善于遵守团队做出的最后决定。

■ 与其他团队成员精诚合作，避免不必要的冲突。合作并不意味着没有冲突，但是为了整个团队的成功，优秀的团队成员应该懂得"求同存异"，在积极贡献自己力量的同时努力与其他团队成员建立和保持良好的关系。

■ 将自己的所有才能无私地奉献给团队。也就是说，你应该在内心深处将团队的成功作为自己的成功。事实上，当你在团队中不留一点私心、贡献自己的全部力量与才能时，不仅团队会成功，你也会成功。这就是双赢！

■ 为了将某个有价值的想法变成现实，积极配合其他团队成员的工作，不要计较个人得失。当团队成员共同分享和讨论彼此在工作中的建议和想法时，团队的协同效应就产生了。所以，优秀的团队成员应该大方地与他人交流和讨论自己的工作想法，并和其他成员一起努力，共同将那些有价值、可行性强的想法付诸行动。

"四项原则"提醒我们，作为一名团队成员，时刻都应以团队的利益为先。不仅如此，我们还应该积极、自愿地遵守"四项原则"。当然，即便我们严格执行这"四项原则"，我们的工作也未必变得高效，但是至少我们为了成为一名优秀的团队成员尽了自己最大的努力。

> 团队成员间的精诚合作对于提高团队生产率至关重要。

134

关心团队其他成员的需求

为了保持团队的高效，团队领导必须对团队成员的需求敏感，努力创设一种良好的团队工作氛围，使全体团队成员都乐于为团队工作。而团队成员呢，应该学会理解团队领导，即使他在工作中出现失误，也应该全力配合。你如果不理解团队领导，一味抱怨团队领导，那么就会对整个团队不满，这意味着你对自己也不满。

理解并非所有工作都适合团队组织形式

并非在所有的工作环境中都应严格采用团队组织形式，而团队组织形式也并非在任何时候对于所有工作都适用。例如，快餐店工作人员流动性大，所以很难形成一个稳定的工作团队。相反，在一个需要高度创新的科研部门采用团队管理模式则再适合不过了。当然这也不是绝对的。在快餐行业，如果不同岗位间分工明确，那么每个岗位上员工的工作完成情况都会影响到整个团队的工作表现，所以员工间应该以一种团队的模式精诚合作。然而，如果一个科研部门中，有太多的有创造性想法的人（在同一个团队）都想让所有人欣赏自己的行动方案，那么这个部门的工作效率将大大下降。所以在这种情况下，则不适合采用团队组织形式。

对组织而言，无论采用传统的组织形式还是团队的组织形式，或是两者的某种组合形式，生产率最大化才是关键的。为此，管理者需要在充分评估组织性质和发展情况的基础上，选择最适合组织的管理模式。

对于员工而言，你需要多多了解不同的组织形式。但是，不管作为个体还是团队中的一员，你都应该努力提高个人生产率，而学习如何成为一名优秀的团队成员将促使你在工作中表现得更加出色。

如果你所在的组织采用的是团队管理模式，那么作为团队中的一员，你该如何定位自己呢？完成下面的互动，它会给你提供一些方向和思考。

135  互动

把自己当做团队的一员

"我是一名优秀的团队成员吗？我能成为一名优秀的团队成员吗？"回答这两个问题，请你先认真阅读下面的每一项，并根据自己的情况在题目后面的相应空白处打"√"。

题目	非常符合	一般符合	不符合
1. 我能够接受其他团队成员在某一个领域比我更优秀。			
2. 无论面对何种组织形式（团队组织形式、传统组织形式或其他），我都能保持积极的态度。			
3. 当与他人发生争执时，我会尽快想办法解决彼此的问题。			
4. 即使他人在工作中获得的回报更多，我也会积极地与其合作。			
5. 当我的工作伙伴效率很低时，我仍然会耐心地与他合作。			
6. 即使我的提议没有被团队所采纳，我也会积极执行团队最后通过的提议。			
7. 我能与来自不同文化与种族的同事友好相处并保持高效。			
8. 即使同事和我就某个问题的观点不一致，我也会尊重他的观点和选择。			
9. 我认为团队领导鼓励团队成员参与决策与管理是件好事。			
10. 我会努力避免做出任何有损于团队利益的事情。			
总分_____			

统计你在本练习中的得分，其中，"非常符合"为5分，"一般符合"为3分，"不符合"为1分。如果你的总分为40分及以上，表明你是（将来是）一名机敏、高效的团队成员，并且你非常喜欢团队组织形式。总分在30~40分之间，表明你能够适应团队组织形式。总分低于30分表明你更适合在传统组织形式中工作，或者你更适合单独工作。但是鉴于合作精神对工作生产率的重要性，你需要积极提升自己的团队合作技能。

适应人员结构多样化的团队

136

当一个团队集合了所有成员的聪明才智时，这个团队就会发生协同效应。换句话说，当团队成员在一起精诚合作时，团队的总业绩将远远大于各位成员单独工作的业绩总和。

良好的人际关系促进团队的和谐

团队成员间友好相处、关系融洽，团队才有可能实现绩效最大化，这点对于那些具有多民族、多种族人员结构的团队来说更为明显。

随着现代社会经济的发展，各种文化交织、碰撞着，就连我们日常的生活环境也发生着这样的变化。这些你是否留意到了呢？你如果还没有，那么下次走在校园里或是在快餐店就餐、到银行排队的时候，可以认真观察一下。没准儿你在银行排队的时候就会发现，队伍里有一位带小孩的拉美裔妇女、一名非洲裔中年男人、一位安哥拉男青年、一位亚裔女孩还有一位印度老妇人。也许你的这一发现会令你吃惊不已，不过这在你周围的其他环境甚至在世界各地都已经不足为奇了。

> 人员结构多样化的团队通常有着远见卓识。

现在让我们假设同样的情境发生在某个工作团队中（如下图所示），从下面的图中可以看出在这个工作团队里，既有性别差异，又有明显的种族差异。

如果你即将加入这个团队，你会作何感想？你想从这些来自不同文化背景的团队成员那里学些什么？

或者假设你是某团队主流文化群体中的一员，现在有一名来自其他文化背景的新同事要加入你所在的团队。

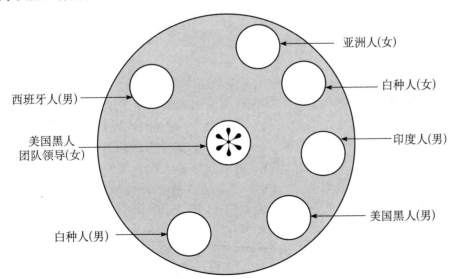

你将如何帮助这位新成员适应团队的主流文化呢？下面提供了一些选项，请在你可能采取的选项前打"√"。

☐ 向新成员解释团队主流文化中一些常见的俚语、行话或俗语。

137

☐ 以恰当的方式告诉新成员某些行为（拥抱和握手）在团队主流文化中的含义。

☐ 告诉新成员一些小细节，使他能够更好地适应整个团队并高效工作。

☐ 让新员工了解在团队主流文化中下属应该如何与上司相处，比如下属应该在哪些情况下请求上司给予指导和帮助。

☐ 帮助新员工了解团队的员工协议，在他工作取得进步的时候，给他鼓励和支持。

将重心放在团队工作上

在人员结构多样化的团队中学会如何保持高效工作。

帮助团队中的新成员，特别是那些来自其他文化背景（非团队主流文化）的新成员是好事，你在他们需要的时候"雪中送炭"，他们当然不会忘记感激你，同时你的人生也会变得更有意义。需要指出的是，你不能因为过分专注于帮助新成员而忽视了自己的本职工作。你的重心应该始终放在团队工作上，而不是仅与新成员建立亲密的人际关系。当你对新成员的事情过于上心时，还可能导致以下结果：第一，新成员越来越依赖你，不重视与团队中的其他成员建立良好的人际关系。第二，你和新成员走得过近，其他团队成员可能会与你对立，或者与那位新成员对立。

⊙➜ 实践互惠理论

在任何条件下，实践互惠理论都有助于人们建立和维持良好的人际关系。同样，当团队成员真正理解并坚持互惠理论时，团队就会取得更大的成功。许多案例显示，有时团体成员可能并不能获得同样的机会或回报，例如当一个人加入团队最初的那段时间，主要就是辅助那些经验丰富的老成员的工作。这时候你应以团队的利益为先，服从团队的安排，在工作中尽心尽力。这样，当团队成功时，你也会获益。下面请看一则例子。

戈里哥的故事　在人事调动中，戈里哥很幸运地被调到一个绩效非常高的工作团队。在他加入该团队之初，团队中一些经验丰富的老成员给予了他大量的帮助和支持。但是没过多久，团队中的其他成员发现戈里哥只关心自己的想法，喜欢一意孤行，不喜欢帮助周围的其他团队成员。于是，周围人开始慢慢疏远他。

138

有一天，一位资历较老的团队成员邀请大家一起吃饭（戈里哥也收到了邀请）。吃饭的时候，一位团队成员对戈里哥说："我们这个团队好比球场上的一支足球队，我们都是球队的成员。而你的任务呢，就是在我们球队抢到球时帮助主力队员拦截后方。换句话说，作为团队的一名新成员，你首先要做的就是多听取老成员的建议，协助老成员工作。这并不是说你没有机会做主力队员，实际上，当你成为主力队员时，周围团队成员也会尽心尽力地协助你的工作。但是你现在最重要的工作就是帮助团队取得成功。要知道，团队成功后，每个成员都会收到应有的回报，它跟你所担任的工作无关。"

坚持互惠理论，实现团队与团队成员的双赢。

你怎样对待别人，别人也会怎样对待你。然而，很多团队新成员往往直到自己需要其他团队成员的帮助时才意识到这一点。

团队成功个体也会获益

毋庸置疑，团队形式具有很多优势。每位成员的能力在团队中不仅能够得到充分发挥甚至可能得到增强，所有成员间彼此相互了解、友好合作、和谐相处，工作就好像一首和谐的交响曲。于是，所有成员都心情舒畅、工作满意度高，而团队的业绩也会节节攀高。

事实上，当团队在组织中表现出色时，团队中的每位成员都会获益。因为每位成员都是团队的一分子，团队的成功离不开每位成员的努力。一个为团队尽了自己最大努力的成员会为自己团队的成功而感到骄傲，自我满足感也会随之而来。

所以，从长远角度来看，互惠理论是非常重要的。

> 高效的工作团队能给组织带来额外的价值。

团队应该保持高效

在体育团队（如足球队、篮球队等）中，团队成员通常非常清楚哪些因素对于团队成功起着重要的作用。当团队成员越重视这些因素时，团队就越可能获得最后的成功。在这一点上，体育团队与工作团队非常相似。但二者的相似点仅此而已。体育团队通常围绕某个具体的赛事进行运作，而且它几乎每个季度或一段时间都会更换一批新的团队成员。与之不同，工作团队通常需要具备稳定的团队成员，由他们来共同完成一些工作项目或组织任务，不断提高生产率。

139

在工作中，每位员工都需要承担一定的职责。同样，在工作中，每个团队也需要承担一定的职责。一个不履行自身职责、生产率不高的团队将很难在组织中长期生存下去。为此，组织中的每个团队都应该为自己的发展设置合理的目标，建立完善的奖惩机制。"命运掌握在自己手中"，任何团队能否在组织中"显山露水"，关键在于团队自身能否实施科学的自主管理。

团队中的态度因素

积极的态度促进团队的成功

团队成员的成功与其态度紧密相关。换句话说，每个团队成员对待团队的态度决定着该团队能否取得成功。

每个工作团队的性质不尽相同，有些团队的工作指向信息，有些指向产品或服务，但是任何性质的团队无一例外都需要团队成员具备积极的态度，因为即使有一名团队成员陷入消极态度的陷阱中，整个团队都将很难维持高水平的生产效率。所以，撇开团队工作的性质、团队人员的构成以及团队领导的素质等，任何团队成员首先应努力树立以下态度。

> 团队的成功能让每位团队成员获益。

■ 积极认同团队这种组织形式。作为一名团队成员，当你接受并积极认同自我管理、无私奉献这些观点时，你在团队中就会自主自发地认真工作，并力争做到最好。

■ 坚持做到"遵守"、"合作"、"奉献"和"配合"。作为一名团队成员，当你能够做到以上四点时，你将创造出更高的业绩（相比你独立工作时创造的业绩）。

■ 挑战自我管理。当你在团队工作中善于进行自我管理时，你会发现团队领导相比传统组织形式中的领导更加民主，也更具有人情味。

■ 保持积极乐观的态度。当你以积极的态度面对工作时，你周围的其他团队成员就会被你的积极态度所感染，进而也会变得更加积极，于是你们整个团队将形成一种积极向上的团队精神，而这种积极向上的团队精神将引领你们创造不俗的业绩。

■ 乐于将你的职业生涯暂时交给你的团队负责。在团队中，你的职业发展在某种程度上取决于其他团队成员的表现。然而，也许他们的表现不是特别优秀，但你不用过分担心，因为许多职业运动明星和你一样也都曾经因为一个表现不佳的团队拥有过一段晦暗的职业生涯。

140

■ 每位成员在团队中的贡献可能有差异，你应该接受这一事实。在团队中，每位成员的资质和能力各有差异，贡献有大有小，这没什么好诧异的。重要的是，团队成员之间应该取长补短，尽可能地提高团队生产率。

■ 以开放的心胸与来自不同文化背景的团队成员友好相处。无论你与其他团队成员是否存在种族、文化差异等，都不要对他们抱有任何偏见，学会尊重彼此，努力理解彼此，你们就能建立和维持良好的人际关系。

■ 你要认识到一名优秀的团队领导很多时候就像一位成功的教练。团队领导是团队中的核心人物，你对他的态度至关重要。

团队合作有助于团队成员保持良好的人际关系

当个体努力为团队贡献自己的一份力量时，他的能力就会得到拓展和增强，因为团队合作为每位团队成员提供了大量接触、交流和学习的机会，这是其他任何组织形式都无法比拟的。在团队中，所有成员可以共同制定出一些基本准则，团队成员之间也可以取长补短，为建立一个高效、和谐的团队而努力。在团队中，所有成员还可以经过交流、讨论、商议，最后拟定出一个具体的工作计划。他们也可以通过一个项目或者一系列工作任务的完成情况，来评估团队的进步和发展。所以我们说，团队合作为团队成员发展稳定持久的人际关系提供了绝佳的平台和机会。

团队成员
间需要友好相
处。

不过我们也不能过分夸大团队合作对于团队成员保持良好人际关系的作用。为什么这么说呢？因为每个团队形成之初，团队成员间可能就已经存在某种特定的关系（不适应关系），当然他们也可能彼此不认识，需要建立一种新的关系。此外，良好人际关系的保持可能还与团队成员间彼此相处的方式以及他们在团队工作中的态度有关。

本章小结

现代企业越来越重视团队组织形式，一再强调团队合作，这是因为在团队组织形式下，组织或部门通常能够实现高水平的生产效率。为了提高团队生产率，团队成员必须了解以下三项基本要求：（1）坚持团队合作的"四项原则"；（2）关心团队其他成员的需求；（3）理解并非所有工作都适合团队组织形式。

141

在团队中（特别当团队成员具有多样性的文化背景时），无论是团队领导还是团队成员都面临着很多挑战。然而，如果所有团队成员始终实践互惠理论的话，那么无论是整个团队还是每个团队成员都将从中获益。此外，当员工拥有良好的人际关系和积极的态度时，无论作为个人还是团队的一员，他都将在事业上取得成功。事实上，一个人努力成为一名优秀团队成员的过程也将收获良好的职场人际关系。毋庸置疑，良好的人际关系来源于积极的态度，而积极的态度促使个体成为一名优秀的团队成员。

 试试你的理解力

根据你对本章内容的理解完成下列题目。

第一部分：根据本章内容判断下列说法是否正确（T＝对；F＝错）。

　　T　F　1. 提倡传统组织形式的人通常认为大多数员工需要并且必须长期接受监督，这样组织或部门才有可能实现最高的生产率。

　　T　F　2. 管理者利用团队组织形式的目的在于获得更高的生产效率。

　　T　F　3. 通常来说，相比传统的组织形式，员工在团队组织形式下面临更多的挑战。

　　T　F　4. 曾经参加过团队训练项目的人通常知道如何促使团队取得成功，所以他们更有可能成为一名合格的团队成员。

　　T　F　5. 相比人员结构单一的团队，人员结构具有多元文化特点的团队眼光更长远。

第二部分：阅读下列题目并选出正确选项。

6. 成功的团队成员应当做到四点，它们分别是遵守、合作、配合以及：（a）惩罚；（b）全神贯注；（c）奉献；（d）控制。

7. 任何一个团队都不能保持最高水平的生产效率，如果团队的每个成员都有下列表现的话：（a）有持续的消极态度；（b）关注团队与个人的工作效率；（c）来自不同的文化背景；（d）比其他团队成员效率更高。

第三部分：请根据你对本章内容的理解完成下题。

8. 作为一名团队成员，应该树立哪些态度？

答案见书末。

> 态度是构建团队精神的基石。

 思考并回答

用两三句话回答下列问题。

1. 优秀的团队通常具备哪些基本特点？试着谈谈其中的两个特点。

2. 试着向自己提出两个问题，看看你是否是一名优秀的团队成员或者你能否成为一名优秀的团队成员。

3. 为什么你需要帮助那些来自其他文化背景的团队新成员？

4. 试着从团队的角度解释一下互惠理论。

5. 作为一位团队成员，应该树立哪些态度？简单谈谈其中的两种态度。

帮助来自其他文化背景的团队新成员

假定你所在的公司高层非常认同团队组织形式，并且重视招揽来自不同文化背景的人才。你是公司某部门的一名工作人员，你所在的团队共有 8 名成员，你们的主要工作就是通过面对面和打电话的形式与客户进行交流。最近，一名成员被调走了，接替他工作的新同事来自日本。虽然这位团队新成员的学历背景和专业技能都相当出色，但是他的英语很差。为了帮助他在 90 天之内迅速适应团队工作并获得大家的认可和信赖。请你思考一下应该如何帮助他，将你的想法写在下面的横线上并与本页下方提供的参考建议进行比较。

1. _____

   _____

2. _____

   _____

3. _____

   _____

4. _____

   _____

5. _____

   _____

以下是 5 条参考建议，它们能够让你帮助新成员尽快适应团队工作。

1. 在合适的场合把他介绍给其他团队成员，并且提醒他进行自我介绍时不要忘记简单谈谈他的文化背景和各项技能。

2. 直到他与其他团队成员非常熟悉前，每周安排一位团队成员辅导他。

3. 每天与他交流他在工作中（可能）遇到的问题。

4. 鼓励他参加英语学习班（或者你参加日语学习班，因为你可能将来与其他日本同事共同工作）。

5. 根据公司的员工考评标准对他进行评价。例如让他知道团队会定期考评他的表现（说明考评的目的和时间），在 30 天的时候评估他取得的进步，可能的话，让其他团队成员也参与对他的评估。

案例 10	争论	144～145

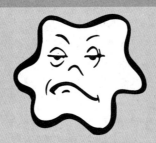

"我尊重每个人的个性。"

　　贾斯廷和齐克是某大学组织管理专业的两名学生。两个人都很聪明，而且都很有想法。他们总是在课堂上就某个问题争论得面红耳赤。就拿昨天的例子来说吧。

　　昨天某节课堂讨论中，贾斯廷提出这样一个观点：良好人际关系的本质就是充分尊重每个人的个性。他说："每个人都值得受到他人的善待和尊重。无论种族、宗教信仰、性别、年龄以及教育程度，每个人都应受到同等对待。如果我们每个人都能坚持'个体都是独一无二的'这一原则，那么世界就会变得更加美好。当你对某人以礼相待，他却对你嗤之以鼻时，你该怎么办？首先你应该想想自己是否哪里做得不对，当你确定自己没有任何不对的地方时，礼貌地走开。"

　　面对贾斯廷的观点，齐克不慌不忙地回应道："我认为贾斯廷是一个理想主义者，他企图通过'每个人都是独一无二的'这样的前提就让世界变得更加美好，这显然并不现实。当然我非常赞同他所说的'不能根据肤色、种族、宗教、性别等差异就采取不同的方式对待他人'。但是我认为，我们不能这样做的根本原因是，我们应该根据某个人的生产率，以及对人类、对世界的贡献来决定对待他的方式。"

　　A. 讨论：假设你想对贾斯廷或者齐克的观点做一些补充，你想说些什么？

　　B. 拓展理解：查阅文献，探讨优秀团队通常具备哪些要素或特征，作为优秀团队的一名成员又应该具备哪些特征、满足哪些要求，你在哪些方面还存在不足。

第11章

情绪智力：应对压力、挫折和侵犯

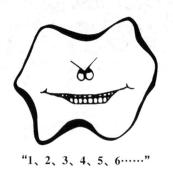

"1、2、3、4、5、6……"

每日箴言：*学会调节你的情绪，不要让自己陷入焦虑、沮丧、愤怒等消极情绪的陷阱中。*

本章要点

- 压力、挫折不可避免，所以每个人都应拥有一套自我减压的方案。
- 直面挫折和压力，拒绝侵犯行为及其陷阱。
- 学会正确运用挫折—侵犯行为的假设。
- 重视培养情绪智力（情商）。

毫无疑问，压力减少了，我们的幸福感就会有所提高，因为压力与积极态度间存在负相关。换句话说，压力越小，我们越容易保持积极的态度。当然，压力大时，我们也可以采用一些小方法或小技巧来调节一下自己的压力和情绪。我们如果能够识别生活、工作中那些给我们带来压力的因素，采取适当的措施积极应对，那么就可以成功地避免许多筋疲力尽的情况出现。

本章将主要介绍压力、挫折以及侵犯行为，阅读本章内容，你将了解到如何释放压力和挫折带来的紧张焦虑情绪，避免出现侵犯行为。你还将了解到"挫折—侵犯行为"的假设以及高水平情绪智力的重要性，学习它们将有助于你更好地理解自己和他人的行为。

 被压力压垮？　肯定不是我！

压力影响着每一个人

在这个快节奏的世界里，每个人都随时面临着紧张与压力。压力就像感冒一样，当我们拼命工作，努力同时达到多个目标，与难缠的同事和上司一起工作时，它就会不请自到。

因此，学会舒缓紧张焦虑的情绪，就是在释放压力，预防"感冒"。举个例子，假如你现在的压力非常大，该怎么办？你可以通过运动、娱乐或者休息等形式释放压力，因为释放压力能够降低"感冒"发病率。此外，这种让身体暂时放松的形式也会帮你恢复积极的态度。换句话说，我们完全可以在自己筋疲力尽前采取某些措施释放紧张情绪、缓解压力，当然这并不会影响我们的工作效率。

挫折很常见

每个人在生活中都会遇到挫折，很多时候我们可以积极有效地应对这些挫折，并且不会伤害到我们和他人的关系。然而，有些时候，当我们面临一个大的挫折或一系列挫折时，我们的消极情绪可能会不断升级以至一时失控，于是我们苦心经营的人际关系就会毁于一旦。

> 压力和挫折在所难免。

在工作中，我们都曾经有过一些烦恼的经历。事实上，我们遭遇的大部分挫折都与工作有关。例如一位汽车维修师傅爬到车底下维修汽车时，却发现自己拿错了扳手，这时他会很窝火。一名主管着急回家赴宴，却必须在下班之前完成一份工作报告，此时他必须处理好自己因此而产生的消极情绪。当你需要全身心投入工作时，你的手机却一直响个不停。当你正忙得焦头烂额的时候，却被要求完成另外一项任务。最后期限马上就要到了，你的打印机偏偏这时候坏了，诸如此类的挫折在我们的生活、工作中总是层出不穷。

那么到底什么是挫折呢？从上面的例子中，我们可以将它概括为个体在实现目标的过程中暂时遇到障碍而由此产生的紧张、焦虑等不良情绪。

目标受阻
会产生挫折。

目标对我们越重要，我们就越容易产生紧张情绪。当一些事情阻碍我们达到对自己而言非常重要的目标时，挫折和挫折感就产生了。当然轻微的挫折感很快就会消失，但强烈的挫折感可能使我们苦恼几天甚至几个星期，直到我们能够坦然地面对挫折。然而，这往往也意味着我们可能需要改变之前设置的目标。

舒缓紧张的技巧

有许多可行的办法可以帮助我们调整缓解由挫折造成的焦虑紧张情绪，下面就有一些小建议。

工作中	生活中
重新整理自己的思绪（例如从长计议）。	做一些运动（例如去健身房锻炼、打扫一下房间或者院子）。
深呼吸让自己放松，努力回忆一些快乐的事情。	玩电脑游戏。
清空办公桌。	去逛街，即使不需要买什么东西。
到办公楼下的餐厅吃点东西或喝杯饮料，休息一下。	做一桌可口的饭菜。
向一位同事诉说自己遇到的问题。	重新摆放一下家具。
把需要的办公用品列成一个清单。	看看以前的照片。
重新整理办公桌，以防再被别人破坏。	打电话和朋友聊天。
工作时听一些古典音乐或者舒缓的轻音乐。	修剪一下室内或院内的花草。
	浏览一些杂志或图书。
做一些简单的工作。	打球或者跑步。
	洗衣服。
把想做或者需要完成的事情都列出来。	计划下个假期。
	遛狗。

很多时候稍微让自己"放纵"一下，紧张、压力就会烟消云散。例如，我们可以停下来休息一下，顺便想想自己的亲人（孩子或其他家人），也可以想想那些令自己兴奋的事情（喜欢的运动或绿茵茵的草坪）。此外，有些人还发现深呼吸（特别是闭着眼睛感受自己的吸气和呼气）也是释放压力的好办法。坚持每天做一些类似这样的活动，焦虑、紧张等不良情绪就会远离我们，同时我们也可以缓解压力，避免压力过大、乱发脾气而伤害别人。

合理释放
个人压力。

当然，找到合适的方式排解工作中产生的压力相对来说并不容易。例如，一位职员在工作上遇到了挫折，所以他的心情很不好，甚至还对其他同事发脾气。这样的举动不仅不利于他缓解自己的工作压力，还会严重破坏他和同事的关系。相反，如果他能够找到一种恰当的方式排解自己的压力，比如去外面走走，让自己平静下来，那么他的心情可能就会平复下来。缓解高度紧张的情绪或者严重的挫折感并不是一个自动化的过程，所以每个人都应根据自身的特点找到最适合自己的排解紧张和焦虑的办法并逐渐形成一套适合自己的压力应对机制，这样每当我们面对压力时，不但能够很好地调节自己的情绪，也能长期保持积极的态度。

我的减压策略

　　在工作和生活中，我们往往会面对各种压力，那么你平常如何应对这些压力以及与它相伴随的紧张情绪呢？可能你会说："为了舒缓我在工作和家庭生活中产生的压力和紧张情绪，我会暂时停下手中的事情，让自己微笑（不管有多勉强），并默数 10 到 20 个数字，当我确信周围没人时，我甚至会低声（或高声）喊出这些数字。"除此之外，你是否还有其他的应对方法呢？在下面表格中的第一列填写你平时排解压力的方法。在表格第二列说明你会在什么情况下（工作中、生活中、压力较大的场合或其他）使用这些方法。

舒缓压力、紧张情绪的策略或方法	在哪些环境中使用这些方法
1.	
2.	
3.	
4.	
5.	
6.	
7.	

　　你可以将自己在表格中列出的一些策略和方法制作成一张"减压表"，每当自己遇到压力时就按照这张表中罗列的方法帮助自己释放不必要的紧张和焦虑情绪。

 侵犯行为及其陷阱

不要乱发脾气

　　管理压力不是一件容易的事情，因为不是每个人都能有效应对工作和日常生活中出现的各种挫折。所以，现在我们必须认真思考这样一个问题：面对挫折，当我们"不能自已"时，可能会发生什么？

> 挫折容易诱发多种侵犯行为。

　　可以说，挫折常常会诱发个体的侵犯行为，尤其当个体不能有效地应对挫折时，压力和挫折感就会不断升级。这就好比高压锅，当锅内气压过高时，就必须释放出一些蒸汽。然而，如果安全阀门坏了或者忘记打开，那么这个高压锅就会爆炸。人也一样，当压力达到某个水平而又没有合理的途径释放时，我们通常就会做出一些侵犯行为。

侵犯行为有多种形式，下面我们通过一个例子进行说明。在高速路上行驶着两辆大货车，前面一辆货车行驶速度非常慢，后面的货车司机可能会生气地骂几句（侵犯言语），然后超过前面一辆车。但他也可能继续跟在前面那辆货车的后面不停地按喇叭（肢体侵犯），他还可能因为非常窝火，回到公司后对周围同事不理不睬（负性侵犯）。

同样，我们也可以在父母身上看到他们对孩子的侵犯行为。例如，一位母亲在教育孩子时不顺心，她可能会因为望子成龙心切而打孩子，以此排解自己内心的生气。当然这种行为非常不值得提倡，因为父母在教育孩子上产生的挫折感完全可以通过其他的方式，例如打扫房间、修剪花草等进行排解。

> 侵犯行为将严重破坏良好的人际关系。

事实上，侵犯言语的"杀伤力"非常大。责骂他人（尽管你是无心的）将严重破坏我们和他人的良好关系。不分时间、地点在工作中向同事或上司抱怨，将严重破坏我们的职场人际关系，并危害我们的职业发展。

肢体侵犯行为也不例外，尤其当个体与他人发生争执和搏斗时，我们可能还会留下一次被警察拘留的记录。可见任何侵犯行为都可能带来严重的不良后果，所以学会以恰当的方式避免过激行为，防止伤害我们与他人之间的关系非常重要。

> 沉默是指向自身的负性侵犯行为。

为此，面对挫折和压力，我们应学会适时放松自己的身体，不然健康就会亮红灯。此外，我们还应该学会向自己的朋友、家人等倾诉，以避免在工作中出现侵犯言语。

152 避免自我伤害

学会应对挫折并不容易，但至少我们应该尽力避免出现侵犯言语或行为，以免破坏苦心经营的人际关系。此外，我们也不应该伤害自己。

由内心冲突和敌对情绪诱发的侵犯行为，并不仅仅表现为外显的言语攻击或肢体攻击。它也可能以一种内化的形式出现，例如沉默。遭遇挫折却保持沉默的"杀伤力"往往更大。对于你的同事来说，再没有什么方式比你的沉默更让他们难以忍受了。他们不知道你为什么沉默，所以大家能做的只有远离你，等待你"打破沉默"。很显然，这样会影响你和同事间的关系，也会影响彼此的工作效率。

沉默从实质上来说，是个体指向自身的侵犯行为，是一种自我伤害。面对挫折，不仅青少年可能采取沉默态度，就连成熟的个体也会以这种方式来表达自身的挫败感。可以说，沉默会对个体的人格造成极大的危害。当一个人在工作中以沉默来表达内心的挫折感时，谁将会是最后的受益者？同事？主管？都不是，这些人可能都是潜在的受害者，而我们自己则是实实在在最大的受害者。

不要诋毁公司

除了上面提到的一些侵犯行为，还有一种指向公司的侵犯行为。这种行为非常微妙，它悄悄影响着个体对待公司和工作的态度，破坏着个体的职业发展，即使那些对未来充满抱负的人也"在劫难逃"。然而，具有这种侵犯行为的个体在工作中与同事和上司相处得很融洽，只是我们可能经常听到他们这样说：

"这个公司只会摧残员工或者把员工当出气筒。"
"这个公司如此之大，能够把所有人联系起来的恐怕只有电脑。"

"我想申请换岗，不过等到公司所有相关部门批准后，我早就辞职不干了。"

从某种意义上来说，为任何一家组织工作都是一件令人沮丧的事情。因为在任何组织中，我们都需要遵守一些规章制度，与组织中的其他人在某些方面保持一致。然而，如果我们过分放大自己这种沮丧，并以某种形式针对所在的组织，那么我们就是在跟自己过不去。并且，由于我们的这种无端的"针对"，我们的职业忠诚度会减弱，而我们的工作效率也会受到影响。慢慢地，我们对待工作、公司的态度会发生某种潜移默化的改变，而这只会阻碍我们的职业发展。

> 任何针对公司的侵犯行为都将严重影响人们对待工作的态度以及今后的职业发展。

 ## 挫折—侵犯行为的假设

153

提高自控能力

从上面的内容中，你可能对挫折—侵犯行为的假设有了一定的了解，但这里我们还是简单介绍一下。根据挫折—行为的假设，如果我们让挫折感失控，那么侵犯行为就会随之而来；当我们纵容这种侵犯行为时，我们的职业生涯就会受到严重的破坏。

为了加深对该假设的理解，请看莎内卡的例子。她很聪明，事业心也很强，但是突如其来的挫折打破了她的平静生活。

莎内卡的故事　莎内卡是一位受过高等教育的年轻人，现在她是一家大型通用公司的人力资源师。她很喜欢这份工作，并且两年以来一直保持着不错的业绩和良好的职场人际关系。平常她非常重视公司提供的各种培训机会，因此，两年中她曾经得到了四次加薪。

一天，在与人力资源主管谈话时，莎内卡告诉主管自己非常想成为公司人才招聘中的一名面试官。人力资源主管一直非常欣赏莎内卡在工作中的表现，因此鼓励她为此努力。同时，主管还告诉莎内卡，如果有机会，公司一定会考虑她。听了主管的话，莎内卡下决心明年一定要成为公司人才招聘中的一名面试官。为此，莎内卡在工作中更加认真和努力了，表现也越来越出色。

但是两周后，公司另外一名同事获得提拔，成为公司的一名面试官。莎内卡刚开始并不知道这一情况，当她知道后，她无法说服自己接受眼前的现实，一时间，莎内卡陷入了极度的恼怒之中：

"至少他们应该和我打声招呼！"

"为什么提拔那个人？"

"这就是他们遵守诺言的方式？"

实际上，在莎内卡与主管谈话之前，公司的人事调动方案就已经形成了。然而，面对突如其来的打击，她没能让自己冷静下来好好思考事实，而是一再放任自己的挫折感。她在工作中开始不停地抱怨，甚至在每周一次的员工大会上闹情绪。然而，她所有的这些侵犯言行都被公司人事部门看在眼里。结果呢？很明显，莎内卡的侵犯言行暴露了她的坏脾气与不成熟，并且也损害了之前她与同事建立的良好的人际关系。6 个月之后，公司又有了一个面试官的空缺，然而莎内卡被淘汰了。

莎内卡在不了解真实情况的条件下，一味放纵自己的挫折感，结果造成了不良的后果。如果时间可以倒退，重新回到当时（她刚知道公司另一名同事得到提拔，成为一名面试官），她应该怎么做呢？她可以在工作之外发泄自己心中的愤怒和不满，直到她了解整个事情的来龙去脉。她也可以在工作之外做一些自己喜欢的运动项目，或者向好朋友倾诉自己遇到的问题。她还可以将想法、情绪和挫折感通过日记的形式表达出来。以上这些方式都不会损害她与周围同事的关系，也不会影响她的工作表现。如果她当时能够采取这些方式的话，相信结果会大不一样。

作为一个成熟的、心理健康的人，我们必须要找到发泄自己不良情绪、侵犯行为的方式或途径。这种方式应当有利于降低我们的挫折感，重建我们的积极态度和情绪。

<!-- 154 -->

正确运用挫折—侵犯行为的假设

通过上面的讲解，我们进一步了解了挫折—侵犯行为的假设，那么在实际生活中，如何运用这一假设，避免发生一些不良后果呢？

1. 承认挫折感可能会诱发一些侵犯行为，警惕这些侵犯行为。一旦我们意识到自己的挫折感可能已经诱发了自己的某些侵犯行为，我们就应该及时采取措施发泄自己的不良情绪和侵犯行为。当然我们在发泄时应该注意时间和场合，千万不能在工作中随意发泄，这样只会破坏我们和周围同事的关系以及我们的职业发展。

2. 了解他人（包括上司）的侵犯行为。始终记住一点：他人的侵犯行为可能并非针对你个人，你只是比较倒霉，在错误的时间、错误的地点成为他人发泄的"最佳对象"。不幸成为他人的"发泄对象"时，我们应该试着理解对方的行为，不要过分计较。因为他的行为只是个体遇到挫折时的一种自然反应或暂时失控。事实上，当我们以一种包容的态度看待他的"冒犯之举"时，彼此之间更容易维持之前的友好关系。

> 采取合理方式发泄不良情绪，避免做出任何侵犯行为。

3. 时刻警惕侵犯言语，在集体会议或员工大会上特别注意小心措辞。当我们想要抱怨时，向好朋友倾诉，不要向公司里的其他同事抱怨，否则我们的职场人际关系就会受到破坏。

4. 不要让侵犯行为阻碍了目标的实现。走路免不了绕道和拐弯，同样，当我们的计划受阻时，我们也应该"绕弯"。当我们遇到挫折时，我们应该学会发泄压力、排解不良情绪，然后重新出发。千万不要让侵犯行为阻碍了我们前进的步伐。

 # 情绪智力

<!-- 155 -->

> 情绪智力（情商）与人际交往能力密切相关。

了解自己、保持积极的态度有利于个体进行有效的压力管理。换句话说，我们对自己了解得越多，就越善于控制和引导自己的情绪，而我们管理自我情绪的能力反映了自身的情绪智力（EI），或称"情商"（EQ）。

简单来说，情绪智力（情商）就是指个体如何认识自己以及如何与他人相互作用。也可以说情绪智力是指个体有效管理自我情绪以及在社交方面的能力。因为我们对自我的认识以及我们和他人的交互作用与我们的行为密切相关，而我们的行为反映我们的态度，所以能否拥有积极的态度对于我们能否建立良好的人际关系发挥着重要作用。

情商比智商更重要吗？

你可能会惊讶，如今许多公司都认为情商比智商和工作经验更重要。为什么情商如此重要，并且备受组织以及组织管理者的重视呢？因为情商影响着一个人的幸福感，而且同个体的人际交往能力密切相关。

仔细观察几十年来组织考核员工的标准，不难发现：一个人是否被某组织聘用、提拔或解雇，关键要看该人的人际交往能力，而这种人际交往能力实际上反映着个体的情商。相关研究还表明，情商能够有效地预测一个人的成功。事实上，由于挑选并培训人才是一件困难且耗时费力的事情，所以现在许多组织在招聘新员工时，都会对应聘人员进行情商测试。通过这种测试，招聘单位挑选并聘用那些高情商的应聘人员，这样组织一方面可以保证所招人员的质量，另一方面又能在今后的人才培养方面省下不少事情。

现实生活中，高情商的人不仅勇于正视挫折和压力，相比那些不注重提高人际交往能力的人，往往也更加善于应对挫折和压力。当然，情商是可以培养的，而且高情商能令我们的人际交往能力如虎添翼。此外，高情商能够抑制我们偶尔的一时冲动，能够帮我们避开可能的压力，也能够帮我们冷静分析导致挫折的原因，同时还能帮我们管理自己的情绪，避免出现侵犯行为。

> 提高你的
> 情商。

重视你在人际交往方面取得的成功

提高情商还能帮我们改善形象，同时使我们对他人的需要更加敏感。无论在工作中还是在工作外高情商都能帮助我们建立和发展良好的人际关系。高情商还有助于我们提高工作效率，因为工作效率高的个体通常表现为自我满意度高、态度积极并且善于管理自己的情绪。

156

因为人际交往技能与情商密切相关，所以我们需要努力提高自己的自我认知。自我认知良好的个体通常能够进行有效的自我管理，而有效的自我管理有助于我们在面对挫折时采取合适的方式缓解自己的压力，避免对周围他人造成伤害，从而维持良好的人际关系。良好的人际关系反映高水平的情商，它最终能帮助我们占领事业和生活的"高地"。

本章小结

本章重点介绍了压力管理以及采取合适方式缓解紧张焦虑情绪的重要性，此外，本章内容还涉及以下四点：

1. 压力与挫折是每个人日常生活中的一部分。

2. 采取合适的方式排解紧张焦虑情绪，我们就能保持积极的态度和良好的人际关系。

3. 正确运用挫折—侵犯行为的假设大有裨益。

4. 培养良好的情绪智力应该成为我们生活中首要的或者是最基本的目标，因为它有助于我们从容应对各种日常压力。

坚持实践并且定期回顾你的"减压策略清单"（参见本章互动"我的减压策略"）。思考更多适合自己的减压策略，特别是那些能够帮我们有效避免侵犯行为的策略。如果我们能够尽自己最大的努力避免可能的对他人和公司的侵犯行为以及自我伤害，那么我们的情绪智力将会为我们建立并且保持良好的人际关系发挥作用，而良好的人际关系又将促进我们的职业发展。

试试你的理解力

根据你对本章内容的理解完成下列题目。

第一部分：根据本章内容判断下列说法是否正确（T＝对；F＝错）。

T　F　1. 任何时候每个人都需要承受一定程度的压力和紧张情绪。

T　F　2. 当个人目标实现受阻时，我们所体验到的困惑与焦虑就是挫折。

T　F　3. 相比在家中，我们更容易在工作中找到适合自己的减压方式（或者发泄侵犯行为的方式）。

157

T　F　4. 自我伤害常常发生在你受到他人不公的对待时。

T　F　5. 理解挫折—侵犯行为的假设可以避免一个人将某些不好的结果过多地归咎于自己。

第二部分：阅读下列题目并选出正确选项。

6. 指出某位同事产生的紧张焦虑情绪，可以通过下面哪种方式得到合理释放：（a）长时间不与他人交流；（b）对部门主管发脾气；（c）变得更加偏激；（d）做一些体育运动。

7. 指出一个人出现下面哪些行为时，会破坏与周围同事的关系：（a）对他人的需要比较敏感；（b）努力寻找消除挫折感的方法；（c）言语上的侵犯行为；（d）帮助同事完成工作。

第三部分：请根据你对本章内容的理解完成下题。

8. 什么是情绪智力（情商）？

答案见书末。

> 压力、挫折与侵犯行为的敌人是积极的态度。

思考并回答

用两三句话回答下列问题。

1. 比较挫折和压力的异同点。
2. 简单说说工作时间内外如何缓解压力？
3. 什么是侵犯行为，如何避免侵犯行为？
4. 如何在现实生活中正确运用挫折—侵犯行为的假设？简单说两点。
5. 为什么情绪智力非常重要？

158～160

选择恰当的方式减轻挫折感

　　面对突如其来的挫折，你的内心产生了强烈的挫折感，并且你极有可能做出一些侵犯行为。此时，你会采取哪些方式来减轻挫折感呢？（前提是这些方式不会伤害到你自己以及你和他人的关系。）

　　为了帮助你发现那些适合自己的方式，本章分别就工作场合与非工作场合（家里或其他地方）罗列一些可能的挫折应对方式。请你根据自己的看法从三个维度对这些方式进行评价，这三个维度分别是："可能会对人际关系造成破坏"、"不会对人际关系造成破坏"以及"比较适合我"。

　　例如，如果你认为某种方式很危险，那么请你在"可能会对人际关系造成破坏"上打"√"。如果你认为某种方式并不危险，那么请你在"不会对人际关系造成破坏"上打"√"。当然，如果你认为某种方式并不危险而且还比较适合你，你可以在"不会对人际关系造成破坏"和"比较适合我"上同时打"√"，这说明你已经找到了适合自己的减轻挫折感的方式。

　　完成下面这个练习后，回顾你的答案并总结出那些有助于你减轻挫折感的方式，写在下面的横线上。

_____

_____

　　现在，积极实践这些适合你的减轻挫折感的方式吧！

工作场合

缓解方式	(1) 可能会对人际关系 造成破坏	(2) 不会对人际关系 造成破坏	(3) 比较适合我
在别人可以听得到的地方摔门。			
在别人听不到的地方摔门。			
向主管抱怨。			
跟同事发脾气。			
从一默数到十。			
到外面四处走走。			
停下来休息 30 分钟。			
请病假回家。			
诅咒并且让其他人听见。			
私底下诅咒。			
破坏公司财产。			
打私人电话。			
逢人就讲自己过去的美好时光。			
去休息室。			
喝杯咖啡休息一下。			

续前表

缓解方式	(1) 可能会对人际关系 造成破坏	(2) 不会对人际关系 造成破坏	(3) 比较适合我
跟主管说你感觉很虚弱，然后回家休息。			
在上班时间写日志。			
去酒吧喝酒。			
把办公桌清理干净或者做一件自己不喜欢的事情。			
一个人闷闷不乐。			
想想那些让自己高兴的事情。			
自己鼓励自己。			
哼支歌。			
玩猜字游戏。			
向某个人发脾气（该人也经常向你发脾气）。			
要求主管加薪。			

非工作场合（家中或其他场合）

缓解方式	(1) 可能会对人际关系 造成破坏	(2) 不会对人际关系 造成破坏	(3) 比较适合我
听音乐。			
把音响的声音调到最大，并大喊几声。			
咒骂。			
摔门。			
做一桌可口的饭菜。			
酗酒。			
向邻居发脾气。			
向好朋友诉苦。			
向某人发火。			
慢跑。			
吃东西。			
打扫房间。			
想入非非。			
去购物，疯狂刷卡并买些自己平常不舍得买的东西。			
给某人打电话诉苦。			
修剪花草。			
帮助别人。			
跟朋友聚会。			
出去散心。			
跟好朋友见面。			
喝杯茶，看本好书。			
抓狂。			
照顾宠物。			
弹琴。			
向家人发脾气。			

案例 11　　　　　　　　　　　　　　　　　挫折　　　　　　　　　　　　　　　　161

"瞧，我这张嘴！"

　　每当艾伦想到自己近两年来的生活，就气不打一处来。他总是感到很疲惫，实际上，每天他从早上开始就一刻也闲不下来。现在的他，讨厌做任何工作计划，讨厌假装博学多闻的老板，讨厌自己的同事。对他来说，找个朋友听自己诉苦都是一件非常奢侈的事情，因为离婚，他现在根本没什么朋友。

　　有一天，艾伦坐公交车去上班，想到下班需要应付的事情，他就很心烦。原来他和妻子离婚时，两个孩子归他抚养，所以他现在每天下班还要赶着回家给孩子做饭。这样真的很辛苦！更辛苦的是，他的两个孩子一点也不懂事，不仅学习不好，而且在家里一点家务事都不做。正当艾伦自怨自艾时，坐在他前面的一个小女孩不小心将橘子汁洒到了他的衣服上。艾伦一下子暴跳如雷，冲着那个小女孩和她的妈妈就破口大骂。小女孩顿时吓哭了，她的妈妈也一个劲儿地向艾伦道歉，但是艾伦还是不依不饶。

　　小女孩哭喊着："我要外婆，我要外婆……"她的妈妈也不住地掉眼泪（这位妈妈看上去非常悲伤，似乎她肩上的担子特别重），但她还是不断地安慰女儿不要哭。也许艾伦永远也不会知道这位小女孩上周刚刚失去最疼自己的外婆。事实上，小女孩之前的 6 个月（正好她的妈妈处于手术恢复期）一直都和她的外婆住在一起。

　　A. 讨论：艾伦该不该对小女孩和她的妈妈发怒（无论他是否知道这位妈妈和小女孩的实际情况）？除了离婚之外，还有什么因素加重了他的挫折感？他应该做些什么让自己的心情好起来？

　　B. 拓展理解：查阅相关资料进一步学习和了解情绪智力（情商），特别是丹尼尔·格尔曼（Daniel Goleman）的情商理论，探讨该模型与自我认识、自我管理以及人际交往的关系。搜集企业招聘员工时常用的情商测验，看看这些测验反映了情绪智力的哪些内容。最后，根据你对情绪智力的理解，给艾伦和你自己提一些建议。

第 **12** 章
修复人际关系

"一些人际关系并不值得挽回。"

每日箴言： 消极思想和行为就像有毒的废品，除非得到回收利用，否则会对你和周围他人产生非常不利的影响。

◆ **本章要点**

- 沟通对于修复人际关系非常重要。
- 人际关系受损时应该尽快采取行动修复。
- 修复人际关系需要遵循四项原则。
- 修复人际关系时难免会面临风险和挑战。

164

即使某人非常善于建立和维持良好的人际关系，他在人际交往中稍不留神也会面临人际危机。因为人际关系非常脆弱，一旦遭到破坏，修复人际关系就像赤脚走在碎玻璃上一样艰难——这对任何人来说都是一个很大的挑战，但是这并不意味着受损的人际关系不可能修复。

很多情况下，职场人际关系都很容易受到破坏。例如，领导滥用权力，一位同事对另一位同事不诚实，同事间沟通有障碍或者其他原因等，都会破坏职场人际关系。然而很多情况下，这种破坏往往都是人们的无心之失。面对遭到破坏的人际关系，无论是工作关系还是其他的社会关系，我们首先要做的就是采取一切可能措施在第一时间修复受损的人际关系。

 ## 沟通在修复人际关系中的重要作用

沟通是人际关系的命脉，所以修复人际关系的第一步就是重建沟通渠道。从某种意义上来说，沟通就像愈合伤口用的药膏一样，药膏本身并不能直接解决问题，但是它可以促进伤口愈合。面对受损的人际关系，如果双方都不愿意使用药膏，那么伤口就可能不断溃烂，最终双方将很难重归于好。

> 主动修复受损的人际关系。

无论是哪一方的过错（通常双方都有责任），尽快恢复彼此之间的关系才是明智之举。虽然时间似乎能够模糊那些伤痛的回忆，但是时间也会让修复关系变得难上加难——最终可能无法修复。事实表明，那些留下一大堆受损人际关系就跳槽的人，往往会在新工作的很多方面付出更大的代价。

当人际关系受损需要修复的时候，如果你什么都不做，将会受到损害。这就是为什么你要主动修复受损的人际关系的原因，尽管有时候你并不是导致关系受损的首要责任人。下面请看两则例子。

娜迪亚的故事　上周五，娜迪亚情绪很糟糕，无意间向她最要好的同事琼发了火。琼很生气，在接下来的几天里赌气不理娜迪亚。娜迪亚呢？她很后悔自己那天乱发脾气，所以整个周末都过得很不开心，不过直到这周一她也没有采取任何行动来修复她们之间的关系。到了周二早上，琼主动和娜迪亚谈论起上次发生的那件事情，这意味着她给了娜迪亚向自己道歉的机会。可想而知，她们又和好如初了。虽然在这个例子中琼并没有错，不过因为她并不想在尴尬的气氛中工作，所以她主动采取行动修复了她和娜迪亚的关系。

吉伯特的故事　上个星期，哈利在工作上犯了一个小失误，上司吉伯特一时失控就朝哈利发了火。哈利知道上司吉伯特可能不好意思向他道歉，所以第二天他主动对上司吉伯特说："吉伯特，我非常重视和你的关系，所以我希望我们能够始终友好相处、积极沟通，这样我们就能尽量避免出现分歧。而且我一直都认为你是一位优秀的领导，我非常想在你的领导下快乐地工作，你看好吗？"

165

为什么要尽快修复人际关系？

人际关系受损的危害

两个人吵架后，为了避免受伤害，双方都会有意避开彼此。然而，双方的这种冷处理方式往往会带来一些消极影响，例如两人的关系会不断恶化，周围的其他人可能受到牵连等。

吉利恩的故事　与杰西关系的破裂一度让吉利恩很伤心，而他与周围其他人的关系也受到了他的消极态度的影响。面对自己糟糕的人际关系，吉利恩一边非常苦恼，一边却想："为什么我总要付出更多？""为什么我要受别人的气，而别人却无所谓？"由于吉利恩这种不正确的想法，他开始回避他人，甚至将自己封闭起来，以免受到更多人的伤害。在工作上，他也不像以前那样尽心尽力了，周围同事对他的评价也越来越差。很明显，吉利恩如果当初尽快修复和杰西的关系的话，那么后来也就不会面临一系列消极连锁反应了。

> 沟通有助于修复受损的人际关系。

人际关系受损却不及时修复，你有能力为可能造成的后果买单吗？

人际关系受损却不及时修复会带来哪些不良后果，你知道吗？这里列举了一些：

- 劳心费神。人际关系破损时，出于自我意识本能，我们会刻意避开彼此，但是双方发生冲突的场景却会像放电影一样始终在我们的脑子里晃来晃去，而这无异于自我伤害。在工作中，当我们和自己的顶头上司关系不好，而我们又不能主动修复彼此的关系时，那么和顶头上司的朝夕相处对我们来说无异于精神折磨，受此影响，我们的事业将裹足不前或者处于危险的境地。

- 加重压力。相比高强度的工作项目和工作要求，人际冲突会给我们带来更大的压力。此外，人际冲突会破坏人们的良好情绪和积极态度，从而导致我们在工作中处处不顺心、事事不如意。因此，为了保证心情舒畅和工作高效，当人际关系受损时，我们应该及时采取主动措施进行修复。如果受损的人际关系得不到及时修复，那么可想而知，不仅我们的压力会不断升级，事业和生活也会频亮红灯。相关数据表明，50%以上的辞职都源于人际冲突。

- 极有可能成为受害者。在工作中，很多时候我们往往在无心间破坏自己和他人的关系，并成为这种不良关系的受害者。例如，你原来和公司的某位同事关系很要好，但是随着你业务能力的提高，他开始感到威胁，总是担心你比他做得更好，于是他故意制造一些麻烦来影响你的工作。这时候，如果你的顶头上司没能及时洞悉这一情况，或者你没有采取措施制止这种情况再次发生，那么事实上你的"不作为"助长了那位同事的错误行为，最终你的顶头上司会因为误解你而去重点培养其他同事。总而言之，如果我们不能及时采取措施，和对方进行真诚的沟通交流，那么我们就会成为不良人际关系的受害者。

这些消极后果看起来似乎离我们很遥远，但是我们每个人都应该清楚地了解这些可能的后果，重视建立和发展良好的人际关系，及时修复受损的人际关系。因为在很多情况下，我们的事业发展取决于我们的人际交往能力。

修复人际关系的四项原则

修复人际关系时请遵循下面四项原则。

1. 认识人际关系与事业成功的关系，重视修复人际关系。在工作中，当我们与同事或顶头上司的关系受到破坏而我们又未能及时采取行动修复受损的关系时，我们将很难在工作中得到他们的全力支持，而这无异于截断我们自己的职业升迁之路。

2. 分析冲突背后的原因。冲突发生后，当我们能够静下心来好好思考一下冲突背后的原因时，我们往往会发现对方可能当时压力比较大，所以才会无意中拉起冲突的导火索。一旦我们认识到这一点，我们就能很快谅解对方当时的冒犯之举。试着找到冲突的原因，解开彼此间的误会，是修复受损人际关系的好方法。

> 积极的态度有助于修复受损的人际关系。

3. 要有修复人际关系的意愿。面对人际冲突，当我们纵容自己的抱怨和不满时，我们将很难主动去修复受损的人际关系。良好的意愿和积极的沟通交流对于修复受损的人际关系非常必要，然而，如果一方抱着老死不相往来的心态执意回避任何沟通交流的机会，那么这段受损的关系将永远得不到修复。

167

4. 掌握修复人际关系的一些技巧。当我们准备修复与他人的关系时，许多现实的问题就摆在了我们面前，例如："我怎样保全彼此的面子？""如果对方现在还很生气，对我还有敌意，我应该怎么向他表达我的歉意？"此外，我们可能还要考虑：

- 我怎样以一种幽默的方式化解彼此间的不愉快？
- 我是不是应该多听听他的想法？
- 我能尽自己最大的努力修复彼此的关系吗？
- 虽然不是我的错，不过为了保全对方的面子，我能不能甘心接受责备？

破冰体验

修复人际关系，主动出击很关键。假如昨天你和一位要好的同事因为一点小误会闹得很不愉快，为了尽快和他冰释前嫌，你决定先主动伸出橄榄枝，那么你准备如何向那位同事表达你修复彼此关系的意愿呢？

本练习列举了一些可能的表达方式，请你从这些表达方式中选出你最中意的三种表达方式并在该表达方式前面的方框内打"√"。如果你还有其他自认为不错的表达方式，请把它们写在下面的横线上。

□ "嗨，玛吉，我为昨天发生的事情向你道歉。"

□ "嘿，罗尔夫，我只是想让你知道，我很乐意原谅你并且忘掉昨天发生的那件事。那件事情对我来说真的没什么大不了的。"

□ "玛吉，咱俩之间的关系对我来说很重要，所以我不想让昨天发生的事情破坏咱俩之间的关系。"

□ "罗尔夫，我对昨天发生的事情已经不再生气了。咱俩别再这么僵下去了。走，一起去喝杯咖啡怎么样？"

□ "玛吉，我们之间的关系不像以前那么好了。我想我们应该坐下来好好谈一谈。"

□ "玛吉，我们关系一直那么好，昨天的事情只是个小插曲而已。中午我请你吃饭，咱们忘记那些不愉快好不好？"

□ _____

□ _____

□ _____

168 ## 修复人际关系的策略及风险

对你来说，人际关系很重要吗？以至于在人际交往中，不管谁是过错方，你都能够主动修复受损的人际关系？

修复人际关系的策略

当你愿意主动修复受损的人际关系时，你可以考虑以下列出的人际关系修复策略：

策略 1　如果你在受损的人际关系中负有全部或部分责任的话，那么请放下架子立即采取行动弥补你的过失。除了向对方说"对不起"之外，你还需要说："我想让我们俩的关系尽快回到从前的样子。因为你以及我们俩之间的关系对我来说非常重要，我以后一定会多加注意。"

每个人在人际关系中都会犯错，所以当人际关系出现裂痕时，我们需要及时采取行动修复受损的关系，否则就会失去一些重要的朋友。

> 个体差异以及变化给建立和发展良好的人际关系带来挑战。

策略 2　如果你对受损的人际关系不负有任何责任，那么请你给对方一些时间和空间让他修复你们的关系。换句话说，如果错在对方（原因并不重要），那么你应该学着宽容些、大度些，给予对方向你道歉的机会。如果对方在相当长的一段时间里没有主动向你道歉，那么你应该主动采取行动修复彼此的关系。这对于你来说可能并不是件容易的事情，不过你要记住，虽然错在对方，但如果你任由彼此的关系这么僵持下去，那么你将使自己沦为受害者。你愿意成为受害者吗？你不愿意拥有良好的人际关系吗？如果你既不想成为受害者，又想拥有良好的人际关系，那么请你走到对方面前，告诉他："米娅，上周发生的事情真的让我很苦恼，所以我想和你好好谈一谈，从而避免以后再发生类似的事情。我认为我们应该尽快修复我们的关系，否则我们就真的成为陌生人了。"

> 要有主动修复人际关系的意愿。

策略 3　如果双方在受损的人际关系中责任不明晰，那么请你和对方进行一个MRT（互惠理论）式沟通，探讨一下彼此从这段关系中获得的收益。MRT式沟通可以促使你和对方认识到你们之间的关系对于彼此来说有多重要，当然前提是你们在这段关系中利益均衡，都是赢家。

面对受损的人际关系，虽然错不在你，但你仍然积极修复和对方的关系，这本身意味着你已经具备了一项重要的人际交往技能。此外，愿意主动修复人际关系中出现的裂痕也说明你非常重视建立健康稳定的人际关系。反过来，拥有健康稳定的人际关系说明你更容易修复可能出现的关系裂痕。

主动修复人际关系并不意味着没有风险

　　修复一个受损的人际关系并不意味着没有挑战和风险。例如，你鼓足勇气决定修复和一个重要他人的关系，但是你的主动换来的却是对方的断然拒绝，就像下面例子中的维贾伊一样。

　　维贾伊的故事　两周前，维贾伊和上司伊尔琳发生了一些冲突，此后两周内两人谁也不理谁。终于有一天，维贾伊再也坐不住了，他主动找到上司伊尔琳进行沟通，希望能够消除彼此之间的误会，没想到伊尔琳却径直走开了。这让维贾伊感到很尴尬，一时间不知道怎么办才好。好在第二天上午，伊尔琳主动邀请维贾伊一起吃午饭，这之后两人的关系就完全恢复了。这中间发生了什么吗？其实什么也没发生，只是伊尔琳认识到维贾伊是真心要和自己和好，所以她第二天改变了之前的态度。可见，冒险修复受损的人际关系也是值得的。

为什么会有如此多的挑战？

　　为什么说建立良好的人际关系可能会面临许多挑战呢？因为每个人都不一样而且每个人都在不断变化，还因为良好的人际关系可以以多样的方式建立起来，也可以以不同的方式被轻易破坏。不同的人可能拥有不同的个性、价值观和兴趣爱好，不同的人也可能拥有不同的目标、需求和优缺点，不同的人还可能存在年龄、代际以及种族和文化的差异，这些差异都会对人际关系的建立产生重要影响。此外，撇开学历、技能、经验，还有许多其他方面的差异影响着我们在人际交往时的沟通和行为表现等。总而言之，个体间的种种差异促使我们从不同角度来看待问题。幸亏如此！否则这个世界该多么单调啊！

　　从这个意义上来说，建立良好的人际关系以及修复受损的人际关系，对于维护我们整个社会乃至世界的多样性起着至关重要的作用。然而，偏偏有些人看不见这种作用，宁愿选择辞职跳槽也不愿意修复受损的职场人际关系。当然，也有很多人重视人际关系的质量，格外强调修复受损人际关系的价值，这些人无一例外都非常了解人际关系方面的知识并且时常保持着积极的态度。

　本章小结

　　每个人都会从稳固健康的人际关系中受益，没有什么方法能够比沟通更好地维持良好的人际关系了。沟通在修复人际关系方面也起着重要作用，谁主动修复人际关系并不重要，重要的是修复受损的人际关系越快越好！

　　如果人际关系受损却不尽快采取行动修复，那么个体就会面临一些不良后果。例如，劳心费神、压力增大或者成为人际关系中的受害者。能否遵循四项原则对于修复受损的人际关系很重要，从这四项原则中我们可以知道，学会原谅和宽容大有裨益。

　　此外，修复人际关系的意愿也很重要，它是实施本章人际关系修复策略的前提。

最后，请记住：一个专业的技师只有使用正确的工具才能维修精密的仪器。修复受损的人际关系并不意味着没有挑战和风险——没有人能够保证自己一定可以修复受损的关系，也没有人能够保证自己在修复受损的人际关系时采取的全部措施都有利于关系的修复。我们唯一可以保证的是，有效的沟通交流是修复人际关系的唯一正确工具。当我们试着与对方进行真诚的沟通交流时，我们就应该相信自己能够与对方冰释前嫌、和好如初。

 试试你的理解力

根据你对本章内容的理解完成下列题目。

第一部分：根据本章内容判断下列说法是否正确（T＝对；F＝错）。

T　F　1. 所有人际关系都很容易遭到破坏。

T　F　2. 员工之间的小冲突几乎不会影响到个人、团队的生产率。

T　F　3. 事实上，很少人能够主动采取行动修复受损的人际关系。

T　F　4. 为了让对方找回面子，甘心接受对方的指责是修复人际关系的重要策略之一。

T　F　5. MRT 式的沟通不利于人们修复严重受损的人际关系。

第二部分：阅读下列题目并选出正确选项。

6. 在工作中，人际关系的破坏通常并不是因为：（a）领导滥用权力；（b）良好的人际交往；（c）同事间彼此不真诚；（d）缺乏沟通。

7. 如果人际关系的受损并不是你的错，但是你想主动采取行动修复受损的人际关系，那么，你的做法就是：（a）判断力不强；（b）拥有了良好的人际交往技能；（c）树立了一个反例；（d）不现实的。

171

第三部分：请根据你对本章内容的理解完成下题。

8. 如何理解沟通在修复受损人际关系中的作用？

答案见书末。

> 如果你目前的态度被四处传播，你将会得到什么？

 思考并回答

用两三句话回答下列问题。

1. 沟通在修复人际关系的过程中起着什么样的作用？

2. 哪些因素容易破坏良好的人际关系？为什么遭到破坏的人际关系应当尽快得到修复？

3. 修复人际关系需要遵循哪些原则？简单阐述其中两项。

4. 修复人际关系可以采取哪些策略？简单阐述其中两条。

5. 修复人际关系可能面临哪些挑战？为什么说修复人际关系也会有风险？

172

修复人际关系的过程

修复人际关系有时更像是一个过程而不是一次性的交易。换句话说，修复受损的人际关系同样可能面临挑战和风险（例如对方拒绝你的道歉或者回避与你交谈等）。因此，为了能够顺利修复一段受损的关系，我们在行动之前需要认真权衡各方面的情况，多问自己几个问题，例如："我以什么样的方式向他道歉好呢？""我怎样做才能既保全双方的面子又让我们冰释前嫌呢？"

除了以上两个问题之外，你认为还应该思考哪些问题才能确保万无一失呢？请把你想到的其他方面的问题写在下面的横线上。加油！

1. _____

_____

2. _____

_____

_____

3. _____

_____

_____

4. _____

_____

_____

5. _____

_____

_____

6. _____

_____

案例 12   修复

"如果你愿意，那么我也愿意。"

诺琳和克里斯托都是非常优秀的主管。在电脑操作能力、工作效率方面两个人不分伯仲，并且两人各自所带领的团队成员也个个都是精英。然而却有一个问题：作为主管，需要密切配合的两个人却相处得不太融洽。

诺琳是单身贵族，自信、时尚而且能力强。她的工作节奏非常快，只要上层领导一发话，她和所带领的团队马上就会以饱满的热情投入工作。和诺琳不一样，克里斯托是两个孩子的母亲，而且她是一个看重家庭的人。可想而知，她的工作方式和生活方式都很传统，但是她手下的员工同样具有很高的工作效率。

拉吉女士是她们的上司，对她们之间的冲突感到非常头疼，她非常担心两人的冲突会影响到她所管理的部门的总业绩（拉吉女士管理着 9 名主管）。昨天，拉吉女士把诺琳和克里斯托都叫到她的办公室，对她们说："我很欣赏你们，并且感谢你们在工作中付出的汗水和努力。但是，很明显，你们之间的矛盾冲突已经开始影响到我们部门的总业绩了。为了大家的共同利益，我现在只给你们午饭时间的 3 个小时来解决你们之间的问题。在下午 3 点钟之前你们必须向我汇报你们沟通的具体结果。如果你们解决不了，那么我将把你们中的一个人调到其他部门去。"

A. 讨论：诺琳和克里斯托应该如何解决彼此的分歧而和谐相处呢？

B. 拓展理解：采访 3 名主管（经理）和 3 名普通员工（这些人最好来自不同的组织：民营企业、国有企业和政府机构），并向他们咨询以下问题：（a）同事间的冲突有哪些类型；（b）解决人际冲突（或消除误会）的办法有哪些（你可以从网上或者其他渠道查阅一些资料来佐证你的调查结果）。最后，总结那些你认为能够有效解决人际冲突或者修复受损人际关系的方法或策略，并给诺琳、克里斯托和拉吉女士提几条建议。

第13章

与不同背景的同事相处

"越多样化，越好。"

每日箴言：你如果无法公平地对待他人，那么也无法真诚地面对自己。

本章要点

- 在有多种族、多文化人员结构特点的组织中实现团队协同效应，需要全体员工精诚合作、共同努力。
- 面对来自其他文化背景的同事，有三种方法改善你的态度。
- 人们常常在认同本民族文化的同时贬低他民族文化。
- 人员结构多元化有助于增强组织效益。

176　随着全球化经济的迅速发展，多元文化对我们生活的方方面面都产生着重要影响。以美国为例，经济的发展、民族的融合造就了人们的不同价值观、兴趣、成就、信念、宗教、传统、生育观念以及职业观等，然而这些差异共同组成了美国独一无二的文化。同样，在组织、部门或工作团队中，不同员工间的差异共同组成了组织（部门）特有的文化和团队精神。

 你对多元文化的态度

■ **实现团队协同效应**

　　健康的组织文化或团队精神源于全体组织成员的积极思想和行为。换句话说，打造优秀团队、形成积极向上的团队精神离不开全体团队成员的协同努力，它要求全体团队成员能够做到精诚合作、积极沟通交流。

　　从前面章节的内容中，我们已经了解，个体对组织的贡献不仅仅体现为个体的工作绩效，也与个体和周围同事的合作密不可分。这种合作的程度，反过来又与个体对待工作的态度以及对待其他同事的态度息息相关。

　　当组织具有多种族、多文化人员的结构时，个体的贡献对于提高整个组织的绩效就更为明显。当然，此类组织要想实现团队协同效应，同样离不开每位团队成员的个人努力，以及文化背景不同的团队成员间的精诚合作。

　　你如何看待多元文化？假如你所在的组织具有多民族、多文化人员的结构，你能够与来自不同文化背景的同事和谐相处吗？为了回答这两个问题，请你完成下面的互动。

177　

我对多元文化的态度

　　认真阅读下面表格中的每个问题，根据自己的实际情况，选择"是"或"否"，并打"√"作标记。

多元文化因素	是	否
1. 你是否在不经意间更喜欢和具有某种文化背景的同事一起工作？	☐	☐
2. 休息时间或午餐时间你是否经常和与自己有着同一文化背景的同事在一起？	☐	☐
3. 相比具有一种文化背景的同事，你是否需要更长的时间来接受具有另一种文化背景的新同事？	☐	☐
4. 当你发现自己的新上司具有不同的文化背景时，你是否感到有些泄气或者觉得自己可能不会被该上司重视？	☐	☐
5. 和具有不同文化背景的同事一起工作时，你是否表现得"外冷内热"？	☐	☐
6. 对于与你语言不同的同事，你是否总是表现得很生气？	☐	☐

续前表

多元文化因素	是	否
7. 相比那些保持自身文化传统的同事，你是否更愿意和那些完全接受你的文化传统的同事相处？	☐	☐
8. 如果你希望公司某人在你休假期间接手你的工作，那么你更希望与你有同一文化背景的同事接手你的工作吗？	☐	☐
9. 了解你的人是否认为你存在文化歧视？	☐	☐
10. 相比接受有不同文化背景的同事，你是否认为他们更容易接受你呢？	☐	☐

　　如果你回答"否"的题目数相对较多，说明你比较适合在那些具有多种族、多文化人员结构特点的组织工作。尽管如此，你仍需要关注自己回答为"是"的那些题目，在今后的工作中多加注意。相信本练习可以帮你了解你是否能在具有多种族、多文化人员结构特点的工作环境中保持高效工作。

 调整态度

178

　　态度能改变吗？面对来自其他文化背景的同事，如何改善对他们的态度呢？这里有三条建议：

　　1. 与所有同事建立稳固的人际关系。作为一名员工，从一开始我们就应该努力与周围所有同事建立平等良好的关系，特别是那些来自其他文化背景的新同事。面对来自其他文化背景的同事，我们要展示出东道主的热情和友好。与此同时，我们也不能过分热衷于和他们交往，而忽略那些与自己有着相同文化背景的同事。

> 你对所有同事的态度决定着你能否与他们建立良好的人际关系。

　　雪莉的故事　雪莉十分友善而且乐于助人。然而，每当有新同事调来时，她的热情总是让整个部门的气氛顿时变得很怪异。为什么会这样呢？原来每次部门进来新同事时，雪莉总是过分热情地帮助新同事，弄得周围其他同事只能望而却步，有同事这样说道："你看，雪莉又来了，总是热衷于一个人搞新同事欢迎会！"

　　凡事过犹不及，所以如果你想让周围同事和自己在一起时感到舒适，那么在面对新同事（特别是来自其他文化背景）时，你就不能表现得过分热情，而应该让新同事与团队中的所有同事都能建立友好稳定的关系。

　　2. 学会欣赏每位同事。应为来自不同文化背景的同事提供展示自我才能的机会，因为对于每位新人来说，最重要的事情莫过于向组织和周围同事证明自己是有能力的，获得周围同事的认可。需要指出的是，有些新同事可能因为害羞或其他原因在工作之初未能充分展示他们的能力，这是很正常的现象。面对这种现象，作为组织的一名"老人"，你应该对新同事多点耐心，多点欣赏。

　　苏林的故事　苏林是土生土长的韩国人，她毕业于韩国某高校，并且拥有超强的计算机技能。大学毕业后，她来到澳大利亚的一家大型公司工作。

刚进入这家公司时，为了和周围同事建立良好的人际关系，苏林刻意避免让自己"冒尖儿"。尽管这样，她的上司还是发现了她在计算机方面的出色表现，并以一种比较合适的方式让苏林在工作中发挥她的强项。这样，苏林既拥有了展示自我能力的平台，又因为良好的个人品质赢得了周围同事的认可和赞赏。

179

马蒂诺的故事　一家大型的加拿大投资公司从墨西哥雇用了刚刚大学毕业的马蒂诺。事实上，虽然马蒂诺大学期间主修的是会计，但是他有着非比寻常的艺术天赋，这对他在公司广告部的工作十分有利。另外，马蒂诺的双语交流能力对公司拓展墨西哥市场也很有帮助。可惜的是，马蒂诺的上司没有发现马蒂诺的这些能力和天赋，给他分配了其他的工作任务，结果很多同事都认为马蒂诺能力不足。多亏同事珍妮试着了解马蒂诺，发现了他的特殊才能，否则马蒂诺早就心灰意冷地离开这家公司了。

毋庸置疑，当一名新员工加入组织中的一个团队时，团队中的其他成员都需要做一些调整。特别是当全部团队成员源自同一种文化，而新同事来自其他文化背景时，整个团队面临的挑战更大。

例如，你现在就职的部门具有多民族、多文化的人员结构特点，其中大多数是男性，包括非洲裔美国人、安哥拉人和西班牙人。尽管同事间有着不同的文化背景，不过你们整个部门相处和谐，工作效率也很高。突然有一天，部门中新来了一位日本女同事。此时，无论是这位女同事，还是整个部门原来的同事都需要做些调整。当然，相比这位新同事，整个部门面临的挑战要比较小。

> 如果所有同事间都友好相处，那么互惠理论就会彰显它的作用。

3. 坚持互惠理论。互惠意味着关系中的所有个体都能受益。事实证明，人际关系中每个个体受益越均衡，关系就越趋向于稳定和持久。当关系中的个体来自不同的文化背景时，互惠理论的作用就更加明显。因为相比那些人员结构单一的关系，具有多种族、多文化人员结构特点的关系更有利于不同个体间相互学习，共同进步。

加荷的故事　加荷是个土生土长的印度人，大学毕业后，他只身一人来到英国一家出口贸易公司工作。这家英国公司急切希望打开产品在印度的市场。刚开始工作时，加荷非常不适应周围的陌生环境。工作一个月后，加荷在工作中的主动性不断增强。而这多亏了市场部同事索亚的帮助，原来他私底下帮助加荷尽快熟悉了公司的日常工作。鉴于加荷在工作中的出色表现，公司奖励他回印度旅行休假，并且公司批准索亚也可以一同前往。这样，加荷也算报答了索亚当初对自己的帮助。后来，加荷和索亚两个人都因为出色的工作表现得到了公司的提拔。可以说，互惠理论在他们身上得到了最佳印证。

> 要帮助新同事尽快融入团队工作。

对于两个来自不同文化背景的员工来说，没有什么比和谐稳定的同事关系能够更快地消除他们彼此之间的分歧和偏见了。对于有着和谐稳定同事关系的他们来说，互惠理论迟早给他们带来双赢的结果。

相互理解和接纳

180

我们有时并未察觉，对于那些来自其他文化背景的同事，我们内心深处可能始终存有偏见。为了消除这些有意无意的偏见，我们需要走近他们，和他们朝夕相处，一起工作。

芬南的故事　芬南高中毕业后来到一家家具公司工作，他工作非常努力，所以不到两年就从一名仓储人员晋升为高级送货员。看起来，他似乎与每个人都相处得非常融洽。一天，他的那位菲律宾助手辞职了，公司给他新派了一名助手，这位新助手是名非洲裔美国人，名叫塞德里克。这让芬南突然感到很有压力，因为他想起了高中时许多白人学生和黑人学生打斗的场景。塞德里克呢？面对芬南这位白人上司也感到有点紧张，总担心自己不能受到公正、平等的对待。

两个人就这样战战兢兢地合作了一个月，结果怎样呢？刚开始时他们很少沟通和交流，后来他们慢慢试着了解对方并努力理解对方的文化。在这期间，芬南还给塞德里克讲了许多他的家庭故事。而塞德里克也谈论了自己在体育方面的兴趣以及他上夜校的原因。最终，两人建立起了和谐稳定的同事关系。而且当芬南晋升为运输部门的主管时，他强烈推荐塞德里克接替他原来的职位。

个体对待文化的态度是许多心理活动的集合，最明显的表现就是认同本族文化，贬低他族文化。贬低他族文化又称为"文化偏见"，这种文化偏见或是源于传统的价值观，或是受媒体负面报道的影响。事实上，当我们真正接触那些来自其他文化背景的个体时，我们就会发现自己原来的文化偏见有多可笑。

如何避免刻板印象？

如果某个人的母语是英语，那么他很有可能对墨西哥人持有这样的刻板印象，即墨西哥人英语水平低。然而，如果该人能够多接触一些英语水平高的墨西哥人并与他们建立亲密的关系，他就能消除自己之前的刻板印象。同样，如果个体具有性别刻板印象，认为女性工作能力不如男性或者女性工作责任心不强，那么他就需要在生活中有意识地寻找一些工作表现出众、责任心强的女性。可见，寻找反例能够帮助我们消除刻板印象，此外，换位思考也有助于我们避免刻板印象。我们如果不甘心仅仅因为同事的文化偏见就被定义为交往技能拙劣、人际关系糟糕、死板、华而不实、冷漠、懒惰或者不热心的人，那么对待来自其他文化背景的同事时，就应该学会换位思考，做到己所不欲，勿施于人。

> 学会换位思考。

 ## 树立正确的文化观

公平看待所有文化

在经济全球化时代，我们应该学会根据他人的工作表现而不是文化背景来公平地评价周围同事。我们如果不能这样做，那么将很难在工作中建立互惠的同事关系。事实上，当我们与来自不同文化背景的同事友好相处时，我们也会在事业上不断取得进步。

> 具有多种族、多文化人员结构特点的工作团队不容小觑。

当组织具有多民族、多文化的人员结构特点，而来自不同文化背景的员工又能够友好相处、集思广益、精诚合作时，组织就会产生团队协同效应，与此同时生产效率也会不断提高。

了解他族文化

可以说，大多数文化偏见都源于无知或误读，而试着了解那些来自其他文化背景的人，可以有效减少这种文化偏见或刻板印象。为此，我们可以选择一些优质的媒体平台或者书籍杂志，尽可能多地了解其他国家或民族的地理、文化和风土民情。这样，当我们的视野不断拓宽时，我们也会变得学识渊博、幽默健谈——这些都将以某种形式帮助我们与来自不同文化背景的同事友好相处，同时不断提高工作效率。

本章小结

随着经济全球化的发展，一些公司、单位、部门甚至工作小组都开始呈现人员结构多种族、多文化的特点。事实上，当来自不同文化背景的员工在公司、单位、部门或工作小组中和谐相处、精诚合作时，组织就能不断提高生产效率，增加收益。作为这类组织的一名员工，我们需要注意以下几点：

1. 和来自其他文化背景的同事友好相处，积极沟通交流。这对于创造积极、高效的工作氛围十分重要。

2. 面对来自其他文化背景的同事，采纳以下三条建议改善自己对待他们的态度。（1）与所有同事建立稳固的人际关系。（2）鼓励周围同事特别是来自其他文化背景的新同事在工作中充分展示自己的才能和能力。（3）坚持互惠理论。

3. 很多时候，我们会在不知不觉中认同本族文化，贬低他族文化，这就是所谓的文化偏见。它会严重影响我们和来自其他文化背景的同事建立良好的关系。为了避免产生刻板印象，我们应该学会换位思考。例如我们把自己当做那些遭受文化歧视的同事，看看我们又将作何感想？

4. 借助优质的媒体平台或书籍杂志等让自己多多了解其他国家或民族的地理、文化和风土民情，这样有助于改善我们的文化偏见。

此外，我们还应该牢记：以开放、公平和平等的心态与来自不同文化背景的同事为了共同的目标友好相处、精诚合作，那么互惠理论最终将在我们和他们之间彰显其重要作用。

试试你的理解力

根据你对本章内容的理解完成下列题目。

第一部分：根据本章内容判断下列说法是否正确（T＝对；F＝错）。

T　F　1. 对公司的贡献不仅包括努力工作，还包括与其他同事友好相处。

T　F　2. 与新同事建立稳固关系的速度越快，关系越好。

T　F　3. 一名来自其他文化背景的新同事加入某个新团队却无法适应，这对该新同事或这个团队来说都是件不幸的事情。

T　F　4. 实际上，偏见是一种心理定势或态度。

T　F　5. 我们对其他文化越熟悉、越了解，就越容易产生文化偏见。

第二部分：阅读下列题目并选出正确选项。

6. 当你与来自其他文化背景的同事一起工作时，特别是最初阶段，你可能会感觉不舒服，你会：（a）调整自己的态度；（b）产生更多的刻板印象；（c）勉强接受；（d）尽量忍耐。

7. 人们有时贬低他族文化不是因为：（a）传统价值观影响；（b）媒体的负面宣传；（c）刻板印象；（d）心胸开阔。

183

第三部分：请根据你对本章内容的理解完成下题。

8. 面对来自其他文化背景的同事，举例说明如何改善自己的态度。

答案见书末。

> 换位思考是避免刻板印象的好方法。

思考并回答

请用两三句话回答下列问题。

1. 你如何看待多元文化？

2. 面对来自其他文化背景的同事，如何改善自己对他们的态度？简单提两条建议。

3. 如何看待互惠理论？

4. 如何理解文化态度？怎样正确看待其他国家或民族的文化？

5. 为什么人们会形成文化偏见？如何避免刻板印象？

 184

定向练习

假设你是某高新技术公司科研部主管，最近你的部门来了一位新同事，该同事与部门中绝大多数同事文化背景不同。在欢迎新同事的同时，你和他进行了一次简短的会晤。其间，你发现该同事有点紧张，非常担心部门其他同事不能接受他。

为了让这位新同事有个好的开始，尽快融入接下来的工作，请你给他提三条建议：

1. _____

_____

2. _____

_____

3. _____

_____

为了让部门中的其他员工能够接受这位新同事，请你也给他们提三条建议：

1. _____

_____

2. _____

_____

3. _____

_____

现在，请你将自己提出的建议与下面的参考建议比较一下：

给新员工的建议：

（1）告诉他其他同事的名字以及他们各自的优点。

（2）向新同事详细介绍他的主要工作，但不过分强调他在部门中应当承担的责任。

（3）花点时间把他介绍给部门中每位同事。

（4）告诉新同事，如果有需要他可以随时向自己寻求帮助。

（5）邀请他一起吃午餐。

给其他同事的建议：

（1）在新同事开始工作的头 30 天，请某位同事帮助他。

（2）向其他同事简单介绍一下新同事，包括他的学历、能力等。

（3）让其他同事知道新同事对于部门的重要性。

（4）告诉其他同事对待新同事要有耐心。

（5）为了帮助新同事更好地适应新工作，鼓励其他同事大胆提出自己的建议和意见。

当有新同事加入我们所在的组织或部门时，我们应该在工作上多多帮助他们，耐心期待他们的优秀表现，不能因为文化偏见或刻板印象等歧视新同事，因为对他们来说，单单适应新工作中的人和事就已经是一个非常大的挑战了。

| 案例 13 | 沟通 | 185～186 |

"这几天，每个人都有问题。"

阿尔乐是一位生在美国学于欧洲的生化学家。今天的会议让他感到不安和生气。为什么呢？因为总裁刚刚任命尤西欧成为阿尔乐所在的生物科技研究小组组长。尤西欧呢？在公司资历较老，而且可以说为公司作出了很多贡献。小组中的其他同事也非常认可他的能力，所以他得到这次晋升，也是合情合理的。不过阿尔乐的不安和生气也不是完全没有道理的。因为尤西欧不善沟通，而且不太适应美国公司的管理方式（但这家公司又是典型的美国公司）。另外，在阿尔乐看来，尤西欧还是一个洞察力不强的人，尤其对同事的需求不敏感。阿尔乐认为，尤西欧如果做组长，那么肯定会营造出放纵型的团队氛围。

面对这样的新组长，阿尔乐对自己未来的职业发展很担心。就在这时，一家竞争对手公司非常欣赏他，想挖他过去，承诺给他很高的薪水并配备一流的硬件设施。阿尔乐也觉得这是一个很好的机会，不过想到跳槽可能还要举家迁徙到另一个城市，他又感到很矛盾。他的妻子是位药剂师，在现在的医院工作得很好，他的两个女儿都还在读高中，她们的全部朋友也都生活在这个城市。如果阿尔乐跳槽，那么意味着所有的一切都可能要重新开始。

A. 讨论：阿尔乐应该如何选择？他是否对尤西欧存在偏见？他如果试着以开放、公正的态度与尤西欧一起工作，能否与尤西欧建立互惠互利的关系？假如你是阿尔乐的一位好朋友，你想对他说些什么呢？

B. 拓展理解：组织人员结构的多种族、多文化特点给人们的工作带来了哪些重要影响？如何有效应对这些影响呢？谈谈你对这两个问题的看法，并将你的看法整理成"员工必备手册"供职场人参考。最后，请你浏览一些公司的网页，进一步完善你的"员工必备手册"，并给阿尔乐和尤西欧提一些建议。

第四部分
发展事业

第14章

在新工作岗位上取得成功

"你没看到的远比看到的多。"

每日箴言：尽心工作才能享受其所带来的丰厚回报。

本章要点

- 平衡家庭和事业，你才能尽快融入新工作。
- 面对新工作，你需要不断学习。
- 认真阅读组织的员工手册和其他宣传册。
- 你需要具备基本的工作常识。
- 面对新工作，保持积极的态度。

190   毋庸置疑，每个人都希望自己能够尽快融入新工作。为什么呢？第一，每个人都急于向他人（包括家人、朋友或工作中的上司）证明自己的实力。第二，每个人都急于向自己证明自己的实力。然而，开始一项新工作，就像面临一段新征程，免不了要面对许多风险和挑战。

本章提出了十点提示，相信它们能够帮你在尽快适应新工作的同时避免走许多弯路。

 ## 平衡有序的生活

提示1：保持家庭和事业的平衡

面对新工作，保证家庭和谐很重要。因为只有家庭和谐，你才能解除后顾之忧，全身心地投入新工作。相反，对家庭的顾虑（特别是牵涉小孩或老人），往往会给你甚至给周围同事的工作带来不利的影响。然而，同时获得家庭和事业的成功并非一件易事。所以，开始新工作之前，你首先需要稳定好自己的后方。否则，一旦家庭和事业失衡，你将很难在工作中充分展示自己的能力，也很难在事业上取得突破。

> 善于平衡生活同时工作高效的人对周围的人来说就像珍宝。

因为自己生病或家庭紧急事件需要请假时，你应该当面告知你的顶头上司。如果你不能当面告知你的顶头上司，那么你应该亲自打电话向你的顶头上司请假，千万不要让其他同事代劳。因为当你让其他同事代劳时，撇开是否违反组织规定不说，你的顶头上司很有可能质疑你的请假原因。他甚至可能打电话向你求证，而这反而会让你和你的顶头上司陷入尴尬的境地。

更严重的是，当你的顶头上司质疑你的请假原因时，他还可能对你的责任心和职业道德等产生质疑，可能会变得不再信任你。于是你和顶头上司的关系可能因此变得岌岌可危。

提示2：使用工作簿记录工作细节

> 重视真诚、正直和遵守职业道德的价值。

接手新工作时，你往往需要记住很多东西，比如公司规定、员工守则和工作流程等。为了防止忘记，你需要为自己准备一本工作簿，随时在工作簿上记录顶头上司以及周围同事交代的工作事宜。

191   此外，当你在工作中遇到疑难问题，而同事耐心地将大量细节告诉你时，你也应该将这些细节记录在工作簿上，以防遗漏重要信息。当然，你也可以在工作簿上记录同事或客户的名字、会议的时间和地点以及自己的工作想法等。每天工作结束后，你还可以浏览一下自己的工作簿，回顾自己在工作中需要注意的事项或工作程序等。

事实上，做笔记能够帮助你更快得到周围同事的接纳与认可，因为在他们看来，新来的同事对待工作认真、负责，而且也很机灵。

不断学习

▌ 提示 3：乐于并善于提问题

　　在新工作中，许多人常常担心被周围同事看不起，所以不敢问太多问题。当然，存在这种顾虑很正常，而且完全可以理解。但是如果仅仅因此就在工作中回避提问、屡犯错误就得不偿失了。在工作中遇到疑问或难题时，你应该及时向周围的老员工请教。因为有时候一些上司或老员工常常忘记自己当初还是职场新人的经历，所以他们对待一些新来的同事总是显得不耐心。例如，他们向新同事交代工作任务时往往讲得又多又快又宏观（恐怕只有天才或巫师才能明白）。

> 不要热衷于炫耀你的学历或经验，建立良好的同事关系、提高生产率才是关键。

　　当然，向老员工或顶头上司提问时需要分时机、看场合。很明显，某些情况下不适合提问。例如，对方正在聚精会神地工作或者正在与他人谈论重要的事情。此外，向老员工或顶头上司提的问题也有对错之分。正确的问题是你的提问必须是与工作有关的、值得他人回答的问题，错误的问题是你提出的问题与当前的工作无关，或者是那些显而易见、容易解决的问题。

　　当老员工或顶头上司回答你的问题时，你应该认真倾听对方的回答，同时看着对方（注意不要盯着对方）。如果你的眼睛总是飘来飘去，那么讲话的人会认为你不懂礼貌，而且不尊重他们。事实上，你如果在讲话时，发现对方总是不停地看表、拨弄手中的纸张、盯着天花板或是看着窗外时，那么也会认为对方不懂礼貌而且不尊重你，甚至你还会非常生气。所以，你应该学会倾听，学会和交谈的人进行目光交流。这样你不仅会给对方留下美好的印象，同时你可能还会在交谈中听出许多弦外之音。

> 倾听是一种重要的人际交往技巧。

▌ 提示 4：不要炫耀你的学历或经验

　　作为某个组织或部门的新员工，你的学历可能远远胜过许多老员工，但是这些老员工却拥有比你更丰富的工作经验和实践能力。因此，作为一名新员工，不要炫耀自己的学历和经验。

192

　　组织分配给你的工作任务可能比你预期的复杂许多，如果你经常向周围同事炫耀你的学历和经验，那么他们会认为你智慧超群、经验丰富，可以独当一面。这样，当你真的需要帮助时，周围同事将不会给予你任何帮助。

　　如果你并非职场新人，而是刚刚从另一家组织跳槽到该组织，经验丰富的你可能发现该组织内部的某些工作方式不同于原来组织，而且你认为相比该组织的工作方式，原来的工作方式可能效率更高，这时候你该怎么办呢？毫无疑问，你应该与现在的同事保持步调一致。虽然按你原来的工作方式可能会提高工作效率，但是那只是可能而已。在你未完全清楚该组织为什么采取目前的工作方式之前，不要"轻举妄动"。

此外，不要有意晒自己的工资。也许，某位老职员之前的工作性质和工作内容与你现在的工作相似，但他现在的工资才和你的工资基本持平，这会让该同事对你和组织产生不满和愤怒情绪。这样，你和这位同事都可能因此被辞退。

 遵守组织的规定和工作要求

提示5：熟悉组织的员工手册和其他宣传册

> 阅读员工
> 手册很重要。

许多组织都有自己的员工手册或者其他一些宣传册，当中包含了很多重要信息。然而，大多数的员工，包括经验丰富的员工可能从来没有认真阅读过它们。

既然组织内部的文件不能随便翻阅，那么作为一名新员工应该如何了解组织的各项规定、如何获取那些重要的信息而避免提出一些愚蠢的问题呢？把组织发给你的那些员工手册和其他小册子全部带回家，花点时间认真阅读上面的内容。相信它们不仅可以帮你回答上面的两个问题，同时也会让你今后在组织中工作更加顺利。

提示6：注意个人形象和着装标准

有些组织比如工厂，对员工的形象和穿衣打扮几乎不存在任何规定，这类组织关注的往往仅是员工的工作表现和合作能力。

然而也有些组织特别是那些需要与客户打交道的商业组织，对员工的着装有一定的要求，不过这些要求一般人都能满足。此外，还有些组织如销售行业对于员工的形象和着装要求非常高，所以有些人可能达不到要求。

由于不同组织对员工的形象和着装有着不同的要求，所以当你加入一个组织时，需要谨慎评估组织的这些标准。当然，你有权利选择做你自己，保持你自己的着装风格。但是，作为一名工作人员，你需要权衡各种因素，考虑到大多数员工的情况，不能因为你的个人喜好破坏整个组织的形象。实际上，如果你不能满足组织的最低着装要求，那么你的顶头上司很快就会反感你，而且还会认为你不成熟、不靠谱。

 了解基本工作常识

提示7：正确看待加班和休息

面对自己千辛万苦得到的工作机会，为了赢得上司的好感，你可能会选择自愿加班。于是，你成为那个上班最早、下班最晚的人。而且你还常常主动放弃自己在工作中的休息时间。毫无疑问，如果你真的热爱工作，那么你积极的工作态度确实应该得到赞赏和表扬。

需要注意的是，这种过度积极的工作态度可能会给你带来两大麻烦。第一，由于大部分组织对于员工的工作时间通常做了明文规定，所以未经组织允许的超时工作（或不按规定休息）可能会使你和你的顶头上司陷入劳工纠纷。可见，理解并遵守组织的相关规定非常重要。

第二，你的同事可能会误解你的动机，在工作中故意为难你。为此，你的上司可能会很头疼。当然，因为工作任务紧急或者上司要求加班是一回事，为了赢得上司的好感而加班则是另外一回事。

作为一名刚刚加入组织的新员工，要想获得上司和周围同事的接纳与认可，最好的办法莫过于充分利用好工作时间的每分每秒，而不是通过变相加班来让上司和周围同事给自己加分。

和许多刚刚加入组织的新员工一样，许多老员工特别是那些靠近管理人员的员工（如秘书），每天从走进组织大门的那刻起，就紧闭耳朵和嘴巴，一心埋头于工作，这种做法也是不可取的。因为任何时候人都比工作重要，作为社会关系中的人，走进组织大门的那刻，你首先应该看看周围的同事，跟大家友好地打声招呼，告诉别人：我来了！这是最基本的工作常识与礼仪。

提示 8：看起来精力充沛不一定就是实干家

很多人刚刚开始一份新工作时，往往表现得精力充沛、热情高涨。可惜的是，他们常常不能将这种积极的工作状态长期维持下去，这就令那些一开始对他们颇为赞赏的上司和同事在稍后的日子里感到很失望。

作为组织中的一位新人，我们很容易在工作伊始时表现得过度积极。因为我们总是急于展示自己的工作热情，急于证明自己的能力，急于获得事业的成功。然而，过分积极的后果只能让我们欲速则不达。

与过分积极相反，作为在组织中的一位新人，我们需要的是循序渐进，稳扎稳打。

为此，我们需要为自己设置职业目标，扎实走好职业生涯的每一步。此外，我们还需要为自己制定每日工作目标，罗列自己每天在工作中的待办事宜，按照轻重缓急进行排序。这样一来，我们每天的工作效率就会大大提高，我们在组织中的作用也会越来越重要，而这些最终都将成为我们将来晋升的砝码。

> 良好的工作习惯要长期坚持下去。

194

建立良好的职场人际关系

提示 9：与同事建立平衡的人际关系

面对新的工作环境，新员工很容易走进一些人际关系误区，其中之一就是与一两位同事保持密切的关系而忽视周围其他同事。作为组织的一名新员工，如果打你进公司的那天起，就发现某位同事对自己格外热情，那么你需要提醒自己：过分的热情绝对不可能只是为了表示欢迎。

面对这位同事，你还需要思考这样几个问题：我和他经常在一起是否会影响我和其他同事的关系？他是否不被周围其他同事所认可？他是否因为得不到周围其他同事的认可才会对我这么热情？换句话说，他对我热情是否只是为了他自己？

事实上，确实有一些老员工因为长期得不到组织内部其他同事的友谊，所以才会有意拉拢新来的同事。

你如果不幸遇到了这样的同事，而又意识到了以上问题，那么你该怎么办呢？首先你不能对他过分粗暴。你应该学着委婉拒绝他的要求，在接下来的一周内有意地疏远他，此外积极与周围其他同事发展良好的关系。

提示10：传递积极的言语和非言语信号

当我们看见别人走过来或者别人主动向我们问候时，我们应当用积极的言语回应别人。当我们用积极的言语表达如"早上好"、"谢谢"等与他人交流时，我们也会给他人留下美好的印象。

善于使用积极言语表达的人通常也懂得运用积极的肢体语言表达自己对他人的友好。其中，微笑就是重要的肢体语言之一，它可以拉近两个陌生人的心理距离，当人们看到他人的微笑时，通常也会收到一种叫做"友好"的信号。

195

除了微笑可以传递友好，招手、握手、帮他人开门等肢体语言也可以有效地传递友好。事实上，当我们向他人传递这些积极的非言语信号时，我们与那些认识或不认识的人的交流也将变得更加容易和美好。

肢体语言反映态度。

在工作中，非言语信号即我们的肢体语言发挥着重要的作用，因为相比口头言语，它们能够更加真实地反映我们内心的真实想法和态度。例如，某位同事可能信誓旦旦地跟你说："没问题！"但是，他的肢体语言却清楚地告诉你："问题很多。"

195  互 动

适应新工作

为了帮助组织中的新员工能够尽快融入新工作，本章提出了十点提示。回顾这十点提示，选出其中的四点提示，在表格中的第一列说说这四点提示中分别包含了哪些人际交往技巧，然后在表格中的第二列谈谈这些技巧对你的重要性。最后，总结这些人际交往技巧对你的重要性，并将你的总结写在下面的空白处。

包含的人际交往技巧	这些人际交往技巧对我的重要性
1.	
2.	

续前表

包含的人际交往技巧	这些人际交往技巧对我的重要性
3.	
4.	

这些人际交往技巧对我很重要是因为：＿＿＿＿＿＿＿＿＿＿＿＿＿＿＿＿＿＿＿

＿＿＿＿＿＿＿＿＿＿＿＿＿＿＿＿＿＿＿＿＿＿＿＿＿＿＿＿＿＿＿＿＿＿＿＿＿

注意：如果你的总结包括（或隐含）"拥有积极的态度非常重要"，恭喜你，因为你已经意识到"态度决定一切"了。

事实证明，那些善于使用言语或非言语信号传递友好态度的职场新人通常会给别人留下不错的第一印象，并且他们还会在以后的工作中迅速与周围同事建立起稳定持久的同事关系和私人关系。所以，我们每个人都应该学会使用口头语言和肢体语言表达自己的友好，让那些和我们接触的人感到舒服。

此外，我们需要记住，当我们以真诚的态度表达自己的友好时，这种友好也会以某种形式推动我们的职业发展。

 ## 本章小结

196

从本章内容中，我们不难看出良好的人际交往技巧和积极的态度对于事业成功非常重要，特别是在新工作开始的时候。面对刚刚获得的新工作，如何尽快适应新的工作环境，融入新工作中呢？本章提出了十点提示。

其中，大多数"提示"能够在我们日常工作中加以运用。例如，"保持家庭和事业的平衡"就告诉我们必须安排好自己的家庭生活和工作。"不要炫耀"提醒我们无论自己的学历背景和经验如何，在新的工作环境中都应当谦虚地向周围同事学习。这不仅有利于我们得到上司的认可和赞赏，同时也有利于我们得到周围同事的认可和接纳。遵守组织规定和工作流程也很重要，为此，我们有必要熟悉组织的员工手册以及其他的宣传册，同时根据组织的工作时间合理安排工作和休息，我们如果表现得过度积极，违反组织规定的工作时间，那么可能会遭到周围同事的误解和攻击。

此外，在工作中，我们还应该学会礼貌待人，用积极的口头和肢体语言向他人传递我们的友好，这种友好能够拉近我们和同事的心理距离，帮我们获得上司和同事的接纳和认可，同时帮我们和周围同事建立良好的人际关系。当然，获得上司和同事的接纳与认可，同样需要我们注意个人形象，保持自信。

在工作中切实实践这些提示需要我们的坚持和不懈努力，我们如果努力这样做了，那么不仅将拥有积极的态度和健康持久的职场人际关系，同时也将收获生活和事业的成功果实。

试试你的理解力

根据你对本章内容的理解完成下列题目。

第一部分：根据本章内容判断下列说法是否正确（T＝对；F＝错）。

T　F　1. 为了保持家庭和事业的平衡，最好的方法是开始工作之后，而不是之前安排好家庭生活（特别是老人和小孩）。

T　F　2. 许多新员工不敢提太多问题，包括与他们工作密切相关的问题，主要原因是害怕被上司和同事视为"愚蠢"。

T　F　3. 相比你知道多少，人们更在乎你愿不愿意学习。

T　F　4. 进入公司时，最好先跟周围的同事打声招呼，然后再开始埋头工作。

T　F　5. 很多人之所以不经常使用口头语言和肢体语言表达友好，主要是他们对这些表达缺乏信心。

197

第二部分：阅读下列题目并选出正确选项。

6. 因工作问题向周围同事请教时，应该做到：（a）抓住每个提问的机会，不管对方是否正在和其他同事交谈；（b）公司员工手册上写得很清楚，但懒得自己去看；（c）不在意他人的肢体语言；（d）看着对方，认真倾听对方的回答。

7. 在组织里获得进步的最好方法是设立目标和：（a）过分充沛的精力；（b）对工作过分热情；（c）想尽一切办法给上司留下好印象；（d）踏实工作，厚积薄发。

第三部分：请根据你对本章内容的理解完成下题。

8. 为什么说良好的人际关系和积极的态度对于一名新员工来说非常重要？

答案见书末。

> 成功依赖机会，努力工作就是给自己创造机会。

思考并回答

请用两三句话回答下列问题。

1. 如何规划生活，以保持家庭和事业的平衡？
2. 为什么在人际交往中倾听非常重要？简单阐述两条理由。
3. 为什么了解并遵守组织的相关规定非常重要？
4. 在工作中，我们需要了解哪些基本工作常识？举例说明。
5. 为什么建立良好的职场人际关系非常重要？

练　习

进步承诺

作为一名新员工，需要在哪些方面不断改进自己才能尽快适应新的工作环境，融入组织工作中呢？要想回答这个问题，请先完成本练习。

本练习共包括 15 项，代表新员工可能需要改进的 15 个方面。认真阅读这些内容，然后根据自己的情况选择 A、B 或者 C，并在相应的空白处打"√"。

其中，A 选项表示"我在这方面有所欠缺"，B 选项表示"我需要在这方面大力改进"，C 选项表示"目前我在这方面不需要进行任何改进"。当然，你也可以同时选择 A 和 B，表示"我在这方面有所欠缺，同时需要大力改进，并且我需要马上付诸行动"。

注意：答案为 A 的项目数不得超过 3 个，答案为 B 的项目数不得超过 5 个。因为凡事多而不精，我们需要循序渐进，一点一点地改进，不能贪多图快，急于求成。

需要改进的方面	A. 我在这方面有所欠缺	B. 我需要在这方面大力改进	C. 目前我在这方面不需要进行任何改进
1. 阅读公司的员工手册或者其他宣传册子，增加对公司的了解。			
2. 使用积极的言语和非言语方式，表达友好和礼貌。			
3. 按照公司规定着装。			
4. 认真工作，努力让上司认可自己。			
5. 在工作中乐于提问，同时善于提问（注意时间和场合）。			
6. 和所有同事维持平衡的人际关系。			
7. 平衡家庭和事业。			
8. 增强自信但不咄咄逼人。			
9. 准备一本工作簿，记录那些重要的工作任务或在工作中出现的问题。			
10. 对公司忠诚，不无故缺勤。			
11. 和同事发展良好的关系，但不会很快就与某位同事建立亲密的关系而忽视其他同事。			
12. 努力提高工作效率，同时不忘维护良好的人际关系。			
13. 不在背后讲同事的坏话。			
14. 学会倾听。			
15. 保持积极的态度。			

行为反映态度，态度影响行为。事实上，我们常常以一种形式传递着积极的态度，又以另一种形式传递着消极的态度，并且很多时候这两种态度的传播是等速的。为此，我们需要牢记两点：（1）积极的态度来源于自身，不是他人的馈赠；（2）拥有积极的态度大有裨益。

案例 14 不可取

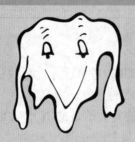

"你能相信谁？"

泰勒尔是某电子配件公司的一名网络管理员。总的来说，他还算是个比较老实的人，从不私自将公司的物品带回家，不过他总爱剽窃其他同事的工作想法和建议。就拿同事们私底下讨论的一些工作想法和建议来说吧，他常常原封不动地汇报给上司，并声称是自己的观点。

两周前，泰勒尔和海伦（职务与泰勒尔差不多的其他部门的员工）一起吃午餐。其间，海伦提到了自己对于网页布局的想法。昨天早上，她向上司报告自己关于网页布局的想法时，却得知泰勒尔已经在她之前向上司汇报过了这一想法，并声称是他自己想出来的。结果，泰勒尔在周五员工会议上受到了嘉奖。

A. 讨论：如果你是海伦，你会怎么做？在工作中，遵守职业道德与保持良好的人际关系有何联系？泰勒尔剽窃其他同事的想法也会对自己造成消极影响，为什么？

B. 拓展理解：与你周围的三四位同事（至少有一位同事是主管）讨论一下这个案例，和他们探讨一下哪些因素（方面）对于事业成功很重要（你可以和他们分享一下本章的十点提示），从中总结出一些重要的因素（方面），并给泰勒尔提一些建议。当然，你也可以利用网络资源、书籍杂志等完善自己的总结。

第15章

应对捉弄和考验

"我是老资格了。"

每日箴言：当你成功地处理好生活中的各种困难时，你会从中学到很多。

◆ 本章要点

- 捉弄和考验在某种意义上有助于新员工尽快融入新工作。
- 大多数组织都会考验新员工。
- 人际考验往往会给新员工带来许多麻烦。
- 面对严重消极的人际考验，新员工需要采取措施进行有效应对。

202　　　　接受一份新工作，往往意味着我们要面对陌生的环境和陌生的同事，有时，这些"陌生"对我们来说是一份挑战，也是一份不小的压力。为此，本章将主要介绍如何应对这些源自"陌生"的挑战和压力，使你尽快适应新工作中的人和事。

适应新的工作环境

　　　　尽管周围同事都很不舍，但是某人因为某种原因还是选择了辞职。这时，你恰巧进来填补了该人的空缺，可想而知，周围的同事需要一段时间才能完全接受你。或者，作为一名新员工，你的工作效率和工作经验远不及原来的那个人，为此，周围同事不得不在你能够独当一面之前承担更多的工作和责任。结果可想而知。或者，你现在的职位已经被某位同事觊觎了很久，然而你的到来打破了他的美梦，毫无疑问，他会对你这位不速之客恨得咬牙切齿。

融入新工作

> 捉弄通常并无恶意，它只是老员工欢迎新同事的一种方式。

　　　　迅速适应新工作并不是一件容易的事情，这往往需要你在很多方面做出一定的调整。为什么？因为对于你周围的同事来说，你是一位"不速之客"，是组织或上司"强塞"给他们的，面对你（包括你的学历、经验以及人品等）他们没得选择。所以，他们不可能马上就接纳你、认可你。你需要自己做些改变，努力适应新的工作环境以及新环境中的人和事。虽然，这对你来说似乎很不公平，然而，这是唯一得到他们接纳和信任的方式。

　　　　你是否曾经加入过某个俱乐部呢？如果是的话，那么相信你就会知道捉弄或者考验新成员就像是一种传统。从某种意义上来说，捉弄或者考验新员工也具有同样的性质。有时，这种捉弄或者考验事先可能毫无征兆，但作为一名新员工，你应该认识到这种捉弄或考验往往是善意的。下面我们从心理学的角度来分析一下捉弄和考验。

捉弄——能使新员工受益的欢迎礼

　　　　事实上，捉弄能够帮助新员工更快地融入组织，新员工遭受捉弄的同时往往也会产生一种归属感。很多时候，捉弄是一种集体的努力；更多的时候，捉弄则是一个人的事情。此外，绝大多数情况下，捉弄都是毫无恶意的。

　　　　例如，某酒店领班有着丰富的工作经验，但是他的学历真的不值得炫耀。于是，面对酒店刚刚招聘进来的大学生，他十有八九会捉弄一番。然而，这种捉弄可能只是为了让彼此熟悉起来，并不掺杂任何个人偏见。面对捉弄，这位刚进来的大学生如果能够一笑置之，那么和领班就会建立良好的关系。相反，这位刚进来的大学生如果过203　分较真，那么和领班的关系顿时就会变得很紧张。

　　　　在银行、律师事务所或者其他的工作场所同样存在这种捉弄新同事的现象，例如老员工们故意让新同事用最旧的电脑或者让新员工整理仓库等。

　　　　就像我们上面一再强调的那样，捉弄新员工类似于一种传统，更多的时候，这些

人际考验

人际考验不同于捉弄

与组织考验不同，人际考验常常会给新员工的工作带来很多麻烦，尤其当新员工没有意识到这种考验，或者将这种考验当成一般的捉弄时。人际考验的实施者可能与新员工同龄，也可能比新员工年长或年轻，可能是新员工的顶头上司，也可能是新员工的周围同事。换句话说，人际考验与年龄和职位无关，组织中的任何人都有可能对新员工实施人际考验。作为一名新员工，识别这种考验的最佳办法就是把它当成"捉弄"。

当"捉弄"为时较短时，你就会明白：啊，它只不过是捉弄而已！

然而，当"捉弄"历时较长时，你就该明白：这绝不是简单的捉弄或玩笑，这是一种人际考验，实施考验的人可能对我心存偏见或敌意。意识到这点，你就要充分做好迎接挑战的准备。因为你周围的某位同事可能不太喜欢你，甚至在你的工作中故意制造一些小麻烦，影响你的工作效率。

瑞林的故事　经过一番努力，瑞林终于成为某天然气公司的一名维修工，面对接下来 90 天的试用期，她在心里告诉自己：瑞林，不要害怕！认真工作，和周围同事友好相处就可以了。

就这样，瑞林开始了自己的新工作。因为她的努力，刚开始时她在工作上一直都很顺利。可是后来同事亚特开始在她的工作中故意制造一些小麻烦，甚至还当着她的面说："瑞林，你自己努力好了，干吗搞得我们周围这些同事看上去不爱工作似的？你要是总像一个拼命三郎似的，小心你过不了试用期。"

对于亚特的威胁，瑞林只当是玩笑，并没有放在心上。然而，连续三周在工作上遭到亚特的"故意捣乱"之后，瑞林意识到这并不只是捉弄而已，自己可能面临着一场人际考验。为了尽快结束这场考验，某天下班后她约亚特一起喝咖啡。那是一个紧张的晚上，然而从那之后，亚特再也没有故意为难瑞林了。虽然瑞林到现在也不清楚亚特当时针对自己的真实原因，不过那些已经过去了，现在的她每天都工作得很开心。

当然，我们希望所有的新员工在工作中都不会面临任何形式的考验，不管是来自组织的，还是来自周围同事的。然而，这并不现实。因为任何新员工在职场中都免不了会遇见这样或那样的考验。下面请看赫蒙遭遇了什么事情。

赫蒙的故事　赫蒙以优异的成绩从护士学校毕业后，来到当地的一家老年人社区医院实习。工作不久，赫蒙就发现护士长总是有意无意地为难他。

所以，当护士长给他安排一些又脏又累的工作任务时，他并没有很大的反应。在他看来，护士长可能只是想捉弄他一下，没必要过分在意。所以，每次护士长交代他的工作，他总是尽心尽力地完成。

并且，他从来没有抱怨过什么，因为他从来也没有期盼从护士长那里得到什么"特别的照顾"。他认为，别人不愿意做的工作，自己去做了，那证明自己是有能力

> 很多事情都会导致偏见。

> 严重的人际考验常常会给个体带来很多麻烦。

206

207

的。然而，这样工作一段时间后，赫蒙发现，自己还是在原地踏步，虽然医院又来了两名实习生，但是护士长仍然让自己做这些又脏又累的工作，从不给自己安排其他任何工作任务。

尽管这样，赫蒙还是什么也不说，他不想让自己和护士长的关系变得越来越恶化。然而，周围的同事，特别是那些和他同一批进这家医院实习的人，再也看不下去了。他们把赫蒙的情况反映给了院长，一周后，护士长被辞退了，赫蒙觉得轻松了许多。

事实上，很多时候，新员工们并不知道某位同事（或上司）为什么总是为难自己，可能这位同事（或上司）内心也不清楚自己为什么无缘无故就为难新来的同事。不过大部分人际考验都来源于偏见，或与年龄有关，或与性别、种族等其他因素有关。作为一名新员工，如果你真的不幸面临这种人际考验，那么最好的办法不是"反唇相讥"，而是试着同无端苛责你、妨碍你工作的那位同事（或上司）开诚布公地交谈。下面请看马里奥的例子。

马里奥的故事　马里奥对自己现在的这份工作非常满意，他希望自己能够把以前学到的东西全部都用到工作上来。当公司的一些老员工捉弄他时，他总是笑呵呵的，不当一回事。但是对领班的捉弄他总感觉怪怪的，因为不管他做什么，多么努力，这位领班总是要在"鸡蛋里面挑骨头"。很快，一周过去了。然而，面对领班的过分苛责，马里奥感到自己就要崩溃了。于是，他找到同部门的一位老员工，向他道出了自己心中的烦恼，希望他能给自己提点建议。这位老员工跟马里奥说："领班这个人非常保守，你留着长头发不说，还总是表现得自由散漫，难怪他不喜欢你呢！而且你的年纪又和他儿子相仿，听其他同事说，他儿子很叛逆，跟他的关系非常不好，估计他看见你就会想到他儿子吧，所以他才总爱挑你的刺儿。当然，他的这种做法是不对的，不过要让他不再为难你，你还真得想个办法。加油吧，小伙子！"

接下来的几天，马里奥反复琢磨老员工的话，最后他决定找领班谈一谈。于是上周二，其他同事纷纷下班后，他来到领班的办公室，对领班说："我知道您总是看我不顺眼，为什么，我想听听您的解释。"这一刻几乎全部空气都紧张地凝固了，然而当一切结束时，领班对着马里奥笑了。而且从那天起，马里奥再也没有遭到领班的无端指责了。

职场中存在许多类似的案例，这些只不过是"冰山一角"而已。

应对人际考验

考验，无论是组织考验还是人际考验，对于新员工来说都是一个不小的挑战，人际考验更是如此。作为一名新员工，当你在工作中面临人际考验时，应该怎么做呢？这里有几条建议。

与对方开诚布公地交谈

作为一名组织新员工，面对迎面而来的人际考验，首先你要做的是接受它，然后才是明确你对它的态度。你如果发现它只是一般的捉弄，那么不要过分在意它，很快这种捉弄就会过去，或者周围同事会帮你解围。你如果发现它远非简单的捉弄，而是一种极端消极的人际考验，那么需要和那个考验你的人开诚布公地交谈一番，把彼此心中的想法摊开放在桌面上。换句话说，你应该心平气和地告诉对方："如果我做了什么让你觉得难受的事，请你告诉我。我觉得我们应该试着友好相处。"

> 重点不在于追究是谁发起的人际考验，而在于如何应对这种考验。

自重才能赢得他人尊重

作为一名新员工，面对上司或周围同事的一味找碴，如果你一味忍受，那么他们的刁难将永无休止。或许，到目前为止，你很幸运，不曾有过被上司或周围同事刁难的经历，但是一旦你面临这种情况，你需要马上采取行动制止这种无理取闹，坚持捍卫自己的权利，否则你将很难得到他人的尊重。

学会以德报怨

面对无端的人际考验，不要与对方争吵理论，也不要诅咒，更不要在背后诋毁那位考验你的同事或上司。相反，你应该敞开心胸，以德报怨，努力寻求与对方友好相处的契机和平台，必要的时候还应该保全对方的面子。

求助于均等就业机会委员会是最后的选择

相信本书其他章节的相关内容和建议，能够帮助新员工顺利解决新工作中面临的绝大部分人际考验，但是面对那些异常严重的人际考验，如歧视或性骚扰，新员工应该毫不犹豫地向组织相关部门汇报或求助于均等就业机会委员会（Equal Employment Opportunity Commission，EEOC）。

209

虽然我们说，遇到问题、考验，你应该自己寻求问题解决之道，这样你成功解决问题的同时也会赢得上司及周围同事的认可和赞赏。但是当你努力了很长时间却依然无济于事时，你应该找到自己的顶头上司，告诉他你的苦恼。起码为了维持组织内部的稳定、保证组织生产率，你的上司不会对你反映的人际考验问题视而不见、充耳不闻。

本章小结

作为一名新员工，能否尽快适应新工作，在某种程度上依赖于我们能否和上司、周围同事建立和谐融洽的关系。为此，我们可能需要做一些调整或改进。

在新工作中，我们可能会遇到来自上司或周围同事的捉弄、组织考验，甚至还会遭受一段历时较长的人际考验。但是，我们不能因为害怕面对这些问题而在工作中畏首畏尾。

对待新工作，我们应该始终保持积极的态度，这样的话捉弄、组织考验或人际考验就会远离我们。即使它们靠近我们，积极的态度也会帮我们赶走它们。当然，面对一些极端消极的人际考验，我们应当学会运用本章提出的一些建议进行有效的应对。

不过，要相信绝大多数的捉弄和考验都是善意的。

试试你的理解力

根据你对本章内容的理解完成下列题目。

第一部分：根据本章内容判断下列说法是否正确（T＝对；F＝错）。

T   F   1. 接受捉弄和考验是新员工融入组织所应付出的代价。

T   F   2. 捉弄（不是考验）常常源于个人偏见。

T   F   3. 让新员工整理仓库或文件是某些组织考验新员工的一种方式。

T   F   4. 面对恶意捉弄和人际考验，个人能做的只有忍受。

T   F   5. 老员工对新员工的捉弄常常并没有敌意。

第二部分：阅读下列题目并选出正确选项。

6. 作为一名新员工，面对周围同事的敌意，你应该：（a）不用过分在意；（b）与捉弄自己的人针锋相对；（c）跟上司打小报告，让上司阻止；（d）辞职。

7. 面对极端消极的人际考验，你做了各种努力但还是无济于事，这时候你应该：（a）忍受；（b）谴责他们；（c）与对方交谈；（d）尽快向 EEOC 寻求帮助。

第三部分：请根据你对本章内容的理解完成下题。

8. 比较捉弄、组织考验以及人际考验的不同。

答案见书末。

> 你如果能把消极的情境转化成积极的情境，那么就解决了一个最困难的人际关系问题。

思考并回答

请用两三句话回答下列问题。

1. 作为一名新员工，为什么说赢得上司和周围同事的认可非常重要？

2. 什么是捉弄？原因是什么？

3. 组织考验的目的是什么？

4. 什么是人际考验？原因是什么？

5. 如何应对人际考验？

211~212

区分捉弄和考验

本练习中的 10 个句子分别描述了新员工在工作中可能遇到的 10 种情况，请你认真阅读这些句子，判断每个句子所描述的情况属于"捉弄"、"组织考验"还是"人际考验"，然后谈谈如何应对每个句子所描述的情况，并将你的看法写在相应的空白处（具体参见例 1 和例 2）。最后，请把你的答案和后面的标准答案比较一下。

具体情境	捉弄	组织考验	人际考验
1. 某高中毕业生应聘到一家快餐店，但该店老板首先交给他的工作任务是打扫顾客休息室。		珍惜这份工作，并在工作中好好表现。	
2. 一位钢铁厂新工人的帽子被他的同事故意藏了整整一天。			绝不提起这件事。
3. 公司临时通知一名新员工组织某场会议。			
4. 一位专制的上司故意让新来的员工（少数族裔）去做一些他暂时根本无法完成的工作。			
5. 一名新员工进公司已经 6 个月了，但是同部门的某位同事从来没和他说过一句话。			
6. 公司安排一名新员工在基层岗位上工作了很长时间。			
7. 某个同事把新员工的考勤卡弄丢了。			
8. 一名新员工向上司抱怨部门中某同事的不良行为。			
9. 上司总是当着所有人的面批评某位新员工。			
10. 同事们告诉新来的员工上班第一个月迟到是违反规定的。			

参考答案

1. 见例 1。
2. 见例 2。
3. 组织考验：积极接受组织考验。
4. 人际考验：按照上司的吩咐去做，同时争取其他同事的帮忙。此外，多多向周围同事学习，尽快适应新工作。
5. 人际考验：不放在心上，同时努力改善与对方的关系。
6. 组织考验：始终保持积极的态度，认真完成公司交代的每项工作，同时让上司知道自己已经为承担更大的责任做好了充分准备。
7. 捉弄：不过分较真儿，自己做一张考勤卡。
8. 人际考验：与这位同事开诚布公地交谈一番。
9. 人际考验：与这位上司开诚布公地交谈一番。
10. 捉弄：以幽默的方式回答对方。

案例 15   交谈

"一个人的态度总是能够表现出来的。"

乔纳斯毕业于美国一所州立大学，主修消费行为学。他很有抱负，不仅聪明，而且能吃苦。很快，他应聘到了一家知名的公司，主要负责调查消费者对产品安全、包装等的要求。

因为他工作很出色，所以经常得到上司的表扬。除了罗伯森女士外，乔纳斯和周围的其他同事都相处得非常融洽。罗伯森女士是一名老员工，总对乔纳斯"横挑鼻子竖挑眼"，而且还经常公开说乔纳斯的不好。

对此，乔纳斯也很苦恼，他觉得自己应该采取一些行动，改善和罗伯森女士的关系。就在他寻找恰当的时机时，乔纳斯从其他同事那得知，该部门之前就有两名员工因为和罗伯森女士不和所以辞职了。听到这一消息，乔纳斯决定尽快和罗伯森女士好好谈一谈。于是，周四休息时间他找到了罗伯森女士，对她说："我来这工作差不多有两个月了，除了你，我和其他的同事都相处得非常融洽。说实话，我真的特别喜欢现在这份工作，所以从来没有想过要辞职。我之前如果有什么地方冒犯了你，向你说声对不起，希望你能够原谅我。但是，如果你总是无端跟我找碴的话，那么我也不会善罢甘休的。"

A. 讨论：乔纳斯做得对吗？他的话是否有些过分？如果你是他，你会怎么做？如果你是他的上司，你该如何解决这场冲突？

B. 拓展理解：查阅书籍杂志等，和你身边的主管、同事或人力资源师共同探讨一下：大多数组织如何对新员工进行考察？有哪些具体内容和方式？新员工应该如何应对新工作中的各种考验？根据你们的讨论，给乔纳斯和罗伯森女士提些建议。

第16章

缺勤的危害

"什么? 又迟到了?"

每日箴言: 良好的意愿比不上踏实、认真、守时的工作态度。

本章要点

- 员工缺勤和迟到常常令管理者头疼。
- 大多数企业(组织)员工守则中规定了员工合理缺勤的各种情况。
- 缺勤、迟到将严重破坏个体的人际关系与职业发展。
- 采纳本章9条建议,避免不合理的缺勤,建立良好的人际关系。

216

"瑞奇，不好意思，我昨天没有来上班。我在哈里的派对上喝多了，所以决定在家躺着，好好睡一觉。"

"哈提尔，希望上周五你没有受太多苦。我遇到一件棘手的事情，所以待在家里，解决了一些私人事情。"

"泰瑞斯，你从我们组长那里听到什么风声了吗？她总是对我的迟到恶语相向，好像我犯了什么大错一样。"

"波兹南，别让老板知道了，周末三天我准备参加一个徒步旅行，让自己放松一下。哈哈，亲爱的，下周二见。"

"嘿，鲍勃，我开溜了，有些小事儿要处理。我离开以后，记得帮我打圆场啊！"

员工缺勤

为什么员工缺勤的情况在不断增加？

　　处理员工的缺勤是企业（组织）管理者每天的必修课。缺勤包括员工迟到及擅自离岗，它反映着员工的可靠性、可信度以及道德标准。

以全勤为荣是一种难能可贵的品质。

　　许多人力资源专家认为，越来越多的人把"出勤率"和"按时上班"不当一回事儿。这究竟是为什么？为什么员工缺勤和迟到在增加？为什么员工的道德标准、对工作的忠诚度在下降？主要有以下四个原因：

217

　　■ 现代员工对企业的忠诚度大不如前。人们不像以前一样，让自己全身心投入到职业或者公司的工作中。很多员工认为即使他们拼命工作，也很难得到等价的回报。换句话说，这些员工认为，企业（组织）并不重视员工的忠诚度，也不会因为员工的忠诚就给予奖励。由于秉持这种观点，员工的职业道德水准普遍下降。

　　■ 员工把学校的习惯带入工作中。学校和教育机构的氛围相对轻松，以至于人们从学校出来后难以适应商业环境中的激烈竞争和严格要求。许多员工喜欢轻松随意的生活，并在工作中时不时地表现出这种轻松随意，例如随便的穿着、随便的工作环境、非正式的交流方式（电子邮件、备忘录、信件等）、随意的工作会议、快餐等。很多企业老板力图创造轻松的工作环境，让员工们更舒适，效率更高。然而，当这种轻松的环境给员工们的工作带来消极影响时，问题就出现了。那些把随意性变为不良工作习惯的员工会使自己的职场人际关系遭到破坏。

　　■ 现代员工不像过去那样在意企业的规章制度。许多员工认为自己没必要完全遵守企业出勤标准或员工准则。一些员工甚至认为很多公司的规定在如今这个快节奏的现代社会中显得过于刻板、保守。还有一些员工认为管理者只关心生产率，不切实际的生产目标迫使他们不得不遵守那些不合理的政策与工作模式。所以，他们反感那些所谓的企业规章制度，坚称那些规范不适用于他们。但是企业规章制度不仅体现了企业管理理念，同样保障着员工们的利益。不遵守这些规范，只会让自己陷入不利的境地。

　　■ 员工把自己的私人事务带入工作中。与过去相比，现代员工常把个人问题带入他们的工作中。越来越多的员工利用他们的工作时间和企业资源来解决自己的私人事务。例如，随着现代社会的发展，企业为员工配备了越来越多的设备。这些设备（包括手机等设备）在提高员工工作绩效的同时，也给他们滥用工作资源提供了便利。此外，一些员工认为既然其他同事可以拥有在工作中处理私事的特权，凭什么自己不可以？这是自己的权利。然而，在工作中处理私人事务，利用工作时间解决个人问题，因私事无故缺勤显然都是错误的做法。企业提供良好工作条件的初衷是为了保障生产率，但如果员工如此滥用，那么企业真是"赔了夫人又折兵"。

相信前面这些内容，能够帮助你清楚了解缺勤、员工绩效、工作职责、职业道德这些问题，以及员工与企业管理者在这些问题上的分歧。工作不负责任，不遵守企业规章制度并到处为自己找借口的行为只会不断强化一个人的不良观念和工作习惯，直至面临失业的危机。

毋庸置疑，聪明的员工会努力避免为不良工作习惯和行为找借口。尝试了解管理者考察员工工作绩效、关注员工缺勤率的原因很重要。因为当你知道了这些，你将会发现应对上级检查的最好方法就是热爱自己的工作，积极完善自己，努力创建牢固健康的职场人际关系。

218

合理的缺勤

合理缺勤

员工缺勤不可避免，有些缺勤是允许的，有些则不被接受。员工缺勤对于企业（组织）管理者来说是一件头疼的事情，关于员工缺勤，大多数企业（组织）都会制定具体的政策。关于缺勤和迟到，大多数企业（组织）有何规定？哪些缺勤和迟到是合理的，哪些则是不合理的？企业（组织）管理者如何看待员工缺勤和迟到？对于那些一再违反规定的员工，大多数企业（组织）会采取什么措施？

可以说，大多数企业高管与政府高层希望并且努力促使自己的下属遵守关于缺勤的相关章程。这些章程通常清楚地界定了何谓合理缺勤，它包含三种情况：

1. 如果员工生病，上班可能加重他的病情，或者传染给其他同事，那么可以缺勤。

2. 员工的心理、情绪状态不适合工作，甚至可能会影响工作效率并给企业、他人带来安全隐患的，可以缺勤。

3. 员工遇到严重的私人事情或者家庭紧急事件的，可以缺勤。

如果没有出现上述这些情况，也没有其他意外情况，员工应该正常工作，按时上班。这个关于缺勤的规定似乎比较苛刻，但这是企业多年管理经验的总结，并非刻意刁难。

缺勤规定的必要性

为了维持长远发展，大多数企业必须在严密的规划下运营。这些规划是根据员工的情况来制定的，然而，如果一个生产流水线中，很多员工缺勤，那么也就无所谓流

219

水线了，企业规划也就失去了原来的意义。例如，如果一位顾客到超市购物，却没有服务人员，那么超市就会损失一单生意。如果一位顾客到某家餐厅就餐，因为一名侍应者没来上班，另一个侍应者忙不过来，怠慢了这位顾客，那么这位顾客可能不会再来第二次了。这样，这家餐厅就损失了一名主顾。

越来越多的企业管理者开始认识到，当一位员工或者一位部门总管没有按时上班时，想要维持企业正常生产，保持顾客满意，就要进行临时人事调整。然而，这些调整往往代价甚高。因为即使其他员工能够及时填补空缺，但企业总要承担一些损失，或是利润，或是顾客的信任。所以，如果缺勤理由合理，那么没有人会抱怨。但是如果缺勤理由不合理，那么管理者理所应当拒绝。

> 员工缺勤率与企业利润呈负相关。

员工经常迟到给公司带来的损失虽然没有缺勤那么严重，但也是一个问题。员工经常迟到会影响工作交接，令上司感到苦恼，甚至影响这位上司的工作安排。更严重的是，员工经常迟到还会给其他同事带来了负面影响。管理者如果对那些迟到的员工采取柔和措施，那么就会失去其他员工的尊敬，不再有威信。

员工缺勤的后果

员工缺勤造成的后果

缺勤、迟到以及擅离职守并不只是管理者担心的问题，也是员工们需要关注的问题，这是本章的重点。那么，你如何看待这些问题，你认为它们对你将来有何影响？事实证明，那些经常缺勤的管理人员和普通员工以后会在人际关系方面付出代价。为什么？

> 出勤记录永远伴随着你。

220

■ 理由一：经常缺勤会破坏你与周围同事间的平等关系。因为你的缺勤，周围同事可能需要承担起一些额外的工作。这往往令同事们对你"深恶痛绝"，可见，没有什么比经常缺勤更容易破坏你的职场人际关系了。

■ 理由二：经常缺勤会破坏你与上司保持良好的工作关系。缺勤会增加上司的工作负担，影响部门的总体效率，许多人力资源专家指出，频繁缺勤最终将使员工与上司间维持多年的良好人际关系幻化成泡影。

除了上述两条理由外，员工尽量避免缺勤还有以下四个方面的考虑。

1. 过多的缺勤和迟到将导致你与管理者之间出现"信任鸿沟"。信任鸿沟可能会给你的职业发展带来严重影响，因为那些不被上司信任的员工很少会得到公司的提拔和晋升。在管理者看来，缺勤、迟到折射出员工的职业道德，不得不给予重视。任何员工既然接受公司的聘用，就表示愿意遵守公司的各项规定。所以，不遵守公司规定，无故缺勤，就是职业道德有问题。

2. 缺勤和迟到的记录是不可消除的。当你再次求职时，其他招聘单位可能会参考你在之前工作中的出勤记录。这一记录会帮助或者阻碍你找到新的工作。

3. 如果出勤记录很差，你的诚信将遭到质疑。出勤率反映个体的责任感。你若能够准时到岗、按时工作，说明你热爱自己的工作，忠诚于自己的工作。在此基础上，当你因为个人事件或非紧急事件需要请假时，你的上司与同事也会给予你足够的宽容和理解。

4. 经常缺勤会给职业发展带来隐患。不良的出勤记录会使你错过许多晋升的机会，并且当公司进行内部调整时，你更有可能被辞退。事实证明，一旦遇到公司裁员和企业人事调整，那些经常缺勤的人总是第一批被考虑的对象。

无视企业规定要承担后果

大多数企业也会努力理解员工，知道凡事总有例外，所以愿意听取并参考员工的意见。对于那些经常无故缺勤与迟到的员工，管理者通常会给予充分的提醒与警告。聪明的员工应该懂得承认错误，避免类似现象的发生。这样，企业也会适时原谅，既往不咎。为了让大家更清楚地了解管理者和员工在缺勤、迟到上的"纷争"，以下我们列举了五个例子。

丹尼斯的故事　丹尼斯是一名工人，他生性幽默，乐于助人，并且他的工作能力非常强，几乎无懈可击。然而，他唯一的问题就是酗酒，而且每隔一周，他就会生病。

大约一年前，丹尼斯的上司因为他的酗酒问题与他进行了多次深度对话。九个月以前，公司人力资源部门与他谈话，从三个方面给他分析了酗酒的利弊。六个月前——距离他与上司第一次谈话大约半年，公司建议丹尼斯去其下属的健康咨询机构寻求专业帮助。上个星期，公司做出了最后决定，辞退了丹尼斯。翻看丹尼斯过去一年的出勤表，他缺勤的时间超过了 30 天，尽管公司一再帮助他，然而他自己放弃了自己。

塔米尔的故事　刚开始接受这份工作时，塔米尔信誓旦旦。她不仅专业能力非常强，人际交往技能也不错。因此，周围同事都称赞她是一个"极品"女孩。由于塔米尔漂亮、活泼，打扮又不失前卫时尚，所以她经常收到很多聚会邀请。然而，这却使得她频繁缺勤。

上司认为，塔米尔无法协调好她的社交活动和日常工作。在工作的前六个月，她一共缺勤 11 次。每次，她都以生病为借口。在多次谈话未果后，塔米尔的上司终于提出了让她调换部门的要求。接收部门主管查看她的出勤表后，拒绝接收她。于是，公司经理出面找塔米尔进行了多次谈话，可是她依然我行我素。最后，公司辞退了她。

凯瑟琳的故事　凯瑟琳才华横溢，事业心也很强。在工作中，周围同事都很尊敬她，尤其佩服她多年来出色的行政管理能力。她看起来是一个成功者，但是，凯瑟琳对赚钱的渴望使她在公司的名声受到了损坏，这究竟是怎么回事呢？

原来，凯瑟琳除了目前的正式工作外，还在一个乐团中从事兼职，并且兼职时间常常在晚上。这个乐团还不错，所以，她每周都会收到四五次预约。当然，乐团的报酬很高，但是非常累。几个月之后，凯瑟琳经常感到筋疲力尽，她的工作绩效也开始下降。又过了不久，她开始频繁地请病假。短短六个月，她在同事们心目中的形象就大打折扣。

好在凯瑟琳的上司善解人意，他和凯瑟琳进行一番谈话后，凯瑟琳放弃了这份兼职，开始重建自己的形象。可以说，兼职之事至少让凯瑟琳错失了一次晋升的机会，但是也让她从中吸取了教训：过度兼职会损耗个体的精力，影响个体工作效率。经常缺勤，只会给个体带来许多不必要的麻烦。

维尼的故事　维尼是商场时尚部的一名销售人员。他因为工作表现出色，所以被公司培养成为一名时尚搭配师和采购员。不过维尼有一个改不掉的坏习惯，他不会妥善安排时间，经常不能按时工作。公司出勤记录显示他每周都会迟到两三次，时间从

5 分钟到 15 分钟不等。

为此，维尼的上司和商场经理多次找他谈话。尽管没有人愿意失去他，但是考虑到他的迟到给其他员工造成的负面影响，管理者最后还是艰难地决定让他离开。当然，维尼可能很快就能找到新工作，但新工作可能不像这份工作一样，给予他足够的发挥空间，而且新上司可能也不会像老上司那样，给予他足够的宽容。

卡利和雨果的故事 一个国际连锁企业由于业绩不佳，被迫进行裁员和调整，每个分店的各个部门将减少二分之一的员工人数。卡利和雨果同属一个部门，但是他们当中必须有一人调换到另一个效益不太好的部门。

关于他俩的去留问题，部门领导也是斟酌再三。因为两个人在工作中都很受大家的欢迎。卡利比雨果早三年进入这个部门，资历较老，按道理应该留下来。但是卡利的缺勤次数远远多于雨果。所以，部门领导鉴于雨果的高出勤率，把他留了下来。当卡利收到调动通知和调动原因说明时，她虽然很难受，可是也没什么好为自己辩解的。

以上案例只是这类事件的一小部分，但足以说明频繁缺勤和经常迟到对员工职业生涯会产生严重影响。如何避免上述案例中人们所犯的错误？请你从时间观念、职业道德等方面仔细考虑，并完成下面的练习。

222～223

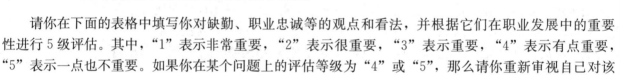

我对缺勤及职业忠诚的看法和态度

请你在下面的表格中填写你对缺勤、职业忠诚等的观点和看法，并根据它们在职业发展中的重要性进行 5 级评估。其中，"1"表示非常重要，"2"表示很重要，"3"表示重要，"4"表示有点重要，"5"表示一点也不重要。如果你在某个问题上的评估等级为"4"或"5"，那么请你重新审视自己对该问题的观点和看法。最后，请你用一句话概括自己对于这些问题的看法和态度。

提出你对于工作出勤率（a）、缺勤率（b）、守时（c）、职业忠诚（d）的看法	评价等级
a.	1 2 3 4 5
b.	1 2 3 4 5
c.	1 2 3 4 5
d.	1 2 3 4 5
总结：	

你的总结是否能够反映你是一个热爱工作、富有责任心并且拥有良好人际关系与积极态度的员工？如果真是这样，那太好了！

如果不是，那么请你耐心阅读下面的内容，相信它们可以帮助你、引导你。你一旦在工作中意识到被管理者信任和器重是多么重要，就会主动采取行动来促进自己职业生涯的成功。

223 **提高出勤率的建议**

这里有些建议可以帮助你成为一个对工作认真负责，不因为缺勤和迟到问题而违反公司规章的好员工。

1. 合理缺勤的三种情况。以下三种情况发生时，你可以不用上班：（1）当你确实生病了，如果继续工作，会使得本人病情加重，或者把病传染给其他同事时，可以缺勤；（2）当你的心理和精神情况很糟糕，即使去上班，工作效率也会很低或者会对其他同事的安全造成危害时，可以缺勤；（3）当你家里有紧急事情发生，需要你马上处理时，可以缺勤。

2. 缺勤情况出现时应及时通知你的上司。一旦决定请假，你要立刻通知公司，直接地、诚实地告诉你的上司，你为什么不能按时来上班。记住，直接告诉你的上司，不要通过其他同事转达。

3. 缺勤超过一天要及时向你的上司报告你的近况。你如果因为生病，需在家休息至少两天，那么最好及时向上司报告你的近况。同时，你应该说明大概什么时间可以重返工作岗位。

4. 把你的病假利用在真正紧急的事件上。上级给你的病假是有弹性的，你如果确实需要，就可以申请；如果不需要，就应该为自己没有请假而感到庆幸。

5. 保证准时上班。不要因为准备文件或路上塞车等情况耽误你准时上班。"早到总比迟到好"，偶尔迟到时，给上司一个合理的解释。

6. 不要延长规定的休息时间。休息时间应该好好利用，但是离岗时间不要超过规定。经常延长休息时间的员工很难得到同事和上司的欣赏。出现紧急情况时，你必须学会放弃或者推迟规定的休息时间，不要感到被欺骗而放任自己的情绪，以故意延长休息时间作补偿。

7. 不要擅离职守。离开工作岗位的时间不要过长，除非你事先得到了上级的同意。此外，在你离开的时候，告诉你的同事和上级你在哪里。只有及时通知上司，才能避免他因为你擅自离岗而大发雷霆。

8. 如果可能的话，与上司一起安排好你请假期间的事宜。当你有特殊的原因（如家人婚礼、葬礼，或者个人官司等）要请假时，事先知会你的上司，和他一同计划好你请假期间的工作安排。

9. 事先制定较长时间的工作交接计划。因为治病或者照顾家人需要离岗一段时间的，事先应与上级或者人力资源部门探讨接下来的工作安排，制定一个恰当的计划，找到一个临时的接替者，使企业运行在你请假期间不至于遭受很大的损失。

 ## 本章小结

成为守时可靠的人，遵守企业的规章制度，这是与朋友、家人，特别是同事和上级建立良好人际关系的基础。本章内容主要说明以下几点：

1. 员工缺勤对于企业管理来说是个头疼的问题。造成现代员工缺勤现象普遍增加的原因来自多方面，但大多数员工缺勤并不合理，同时也有碍他们建立良好的职场人际关系。

2. 大多数企业规定了何为合理缺勤，基本上有三种情况：（1）正常上班可能危害自己和他人的健康时可以缺勤；（2）情绪差，可能会对他人造成不良影响时可以缺勤；（3）遇到严重的个人或者家庭紧急事件时可以缺勤。

3. 你与同事及上级的关系会因为你经常缺勤受到损害。此外，缺勤对于员工来说，至少会导致其他四种严重后果。本章前面的一些例子，描述了员工缺勤、迟到的一些原因和后果。

　　4．关于怎样做到对工作忠诚、负责，本章从如何保证按时出勤，请假、离岗应注意什么等方面提出了9条建议。

　　良好的出勤记录反映出你是一个对他人需求敏感的人。同时，也向管理者和周围同事表明你是一个热爱工作、对工作忠诚的员工。

试试你的理解力

根据你对本章内容的理解完成下列题目。

第一部分：根据本章内容判断下列说法是否正确（T＝对；F＝错）。

T　F　1．管理人员认为越来越多的员工因高出勤率和准时上班而自豪。

T　F　2．员工的缺勤常给公司造成损失。

T　F　3．上司对某位员工的经常缺勤和迟到采取宽容态度会让其他的员工更加尊敬他。

T　F　4．考察应聘人员在之前工作中的出勤记录是不合法的。

T　F　5．把自己合理的病假用在真正紧急的事件上是很愚蠢的。

第二部分：阅读下列题目并选出正确选项。

6．管理者认为经常无故缺勤的员工是：（a）健忘的；（b）职业道德败坏的；（c）缺乏经验的；（d）可以接受的。

7．良好的出勤记录要求你：（a）事先制定较长时间的工作交接计划；（b）祈祷同事帮你打圆场；（c）当你觉得自己应该休假时就请假；（d）对自己缺勤的原因保密。

226

第三部分：请根据你对本章内容的理解完成下题。

8．简单阐述缺勤、迟到会给普通员工和企业管理人员带来哪些消极影响。

答案见书末。

> 一再缺勤和迟到最终将导致你被炒鱿鱼。

思考并回答

请用两三句话回答下列问题。

1．至少从两方面探讨现代员工缺勤现象普遍增多的原因。

2．关于合理缺勤通常有三种情况，请陈述其中的两种情况。

3．为什么大多数企业对于员工缺勤做出了相关规定？

4．说一说缺勤对员工造成损害的两个原因及具体后果。

5．准时到岗体现了你对工作的负责和忠诚，请提出两条建议保证员工准时到岗。

227

容忍水平测试

　　本练习旨在测试你对某些行为的容忍水平。如果你容忍水平较高，那么同事的缺勤和迟到可能不会影响你们的关系；如果你的容忍水平较低，那么你们的关系就会因此遭到破坏。你可以假设自己是员工或是部门主管，这样就可以比较你在不同职位上的容忍水平。以下共有 10 项，分别描述了职场中常见的行为，请你仔细阅读每一项后，进行 10 级评分。其中，分数越高表明你的容忍水平越高（该项所描述的情况没有给你造成困扰）。反之，分数越低表明你的容忍水平越低（该项所描述的情况给你造成很大的困扰）。

个体行为	作为同事的容忍度	作为上司的容忍度
1. 常常迟到（迟到时间最多 10 分钟）。		
2. 常常迟到（迟到时间最少 10 分钟）。		
3. 即使没有生病，也请病假。		
4. 没有合理的原因，常常缺勤。		
5. 经常打私人电话。		
6. 常常延长中间休息时间。		
7. 在工作中，常花大量时间处理私人问题。		
8. 员工会议时，常常迟到至少 5 分钟。		
9. 常常需要上司提醒才能按时上交工作报告。		
10. 常常延长午餐时间。		

　　快速浏览你的作答情况。需要指出的是，即使面对同样的情况，你的同事和主管的容忍水平可能比你的还要低。因此，你对缺勤和迟到的态度影响着你的职场人际关系，甚至比你想象的更加严重。

案例 16 平衡

"没有人能够安排好我的活动。"

洛兰在一家天然气公司的文档室工作。她是霍奇思先生的秘书，主要职责是根据公司相关政策和主要工作编写员工手册以及帮上司发布通知。

洛兰的工作难度较小，但她的工作效率高，又乐于助人。有时，她常常忘记休息，甚至熬夜加班。然而，洛兰的经常缺勤引起了同事和上司的注意，有些同事甚至打赌她哪天不会来上班。

原来，洛兰在平衡家庭和工作时出现了问题。她是一个单身母亲，女儿丝丝三岁。有时，她不得不处理一些家庭琐事，或照顾年幼的女儿。所以，她经常打电话请假（虽然不是每次都打电话），她的理由总是生病——不是自己生病就是女儿生病。

最近三个月以来，为了减少因洛兰请假带来的损失，她所在的部门进行了很多工作调整，但部门业绩还是受到了影响。因为其他同事常常需要兼顾洛兰的工作，临时替补人员能否及时到岗、工作能否立刻上手等都是一些比较现实的问题。对此，霍奇思先生非常头疼。洛兰工作能力的确不错，但霍奇思先生需要的是一个能够保证工作时间、正常工作的秘书。总而言之，洛兰现在与上司和同事的关系都变得岌岌可危。

A. 讨论：在你看来，洛兰的上司和同事应该怎样帮她搞好工作？

B. 拓展理解：思考员工缺勤行为与工作绩效、职场人际关系的联系。利用各种资源（包括网络资源、公司员工手册、个人访谈、人际关系手册等）扩展你对于员工缺勤这个问题的理解，并试着给洛兰和霍奇思先生提出一些可行的建议。

第17章

避免人际关系的六个误区

"我才不会犯错呢!"

每日箴言：没有付出就没有回报。

⬥ **本章要点**

- ■ 不善于倾听，严重影响你和他人的沟通。
- ■ 低估他人，伤害别人也伤害自己。
- ■ 拒绝向上司坦白承认错误，小问题也会变成大问题。
- ■ 放任工作动机"滑坡"，个人职业发展将受阻。
- ■ 放任自己成为人际冲突的受害者，积极态度将远离你。
- ■ 向消极因素低头并沉溺其中，真正重要的东西将一去不再来。

无论是经验不足的员工还是经验丰富的员工，都可能会陷入人际关系的误区，从而阻碍个人成长和进步。本章将指出人际关系中常见的六个误区，并作具体解释。这六个误区是：（1）不善于倾听；（2）低估他人；（3）拒绝向上司坦白承认错误；（4）放任工作动机"滑坡"；（5）放任自己成为人际冲突的受害者；（6）向消极因素低头并沉溺其中。

认识和理解这六种常见的误区，才能保证你在人际交往中保持积极的动机与乐观的态度。同时，真正走出这六种常见误区，将帮助你建立牢固健康的职场人际关系。

 误区之一： 不善于倾听

建立人际关系时，倾听是一种很重要的技巧

倾听是建立人际关系的基本技巧。你可以在图书馆和书店中看到很多关于倾听的书籍，其中有些书讲得非常好，你不妨买来阅读一下，相信一定会令你获益良多。鉴于市面上此类书籍颇多，本书将简明扼要地与你一起探讨倾听这门艺术。

集中注意力——学习倾听的基础

倾听需要集中注意力。因此，学习如何倾听的第一步就是要学会集中注意力。大多数人在与他人的对话中，只关注自己喜欢的部分，这并不可取。学会倾听那些重要信息并忽略其他不重要的信息才是关键。因为在你的周围可能充斥着太多声音，以至于你可能没有关注到那些对你的幸福与成功真正重要的声音。

> 倾听对保证良好的人际交流至关重要。

233

在工作中，倾听是交流的基础。当上司或者同事想要向你传达某些信息，比如一个想法、一个警告或者新的工作安排时，常常是通过言语来实现的。这种交流可能发生在临下班时，彼时你已经非常疲倦了，对上司或者同事的话似听非听。结果，一些重要的信息就这样溜掉了。可见，保证有效倾听、良好交流是非常不容易的。

我们不妨思考一下，信息的发出者对信息的理解是最充分的，但是你能保证自己完全精确地接收到他所发出的信息吗？当然不能！你只是信息接收者，当你在接收信息时，可能"身在曹营心在汉"，早已忘记眼下的事情了。

对于这些，广告商及专业广告设计师早已深有体会，因为广告中的无效信息传达最明显。所以，一则短短 30 秒的电视广告中，产品的名字可能反复出现了 6 次乃至更多。如果你真正在听这些广告，你会认为如此多次的重复简直是在侮辱你的智商。当然，你有这种反应合情合理。但是对于广告商和设计人员来说，他们并不认为大多数观众都是良好的倾听者。所以，为了确保产品宣传的有效性，广告中会多次重复产品的名称。然而，你的上级不是广告专家，也没有时间一遍遍重复他所要传递的信息。在他看来，你应该是一个良好的倾听者，所以凡事只需强调一次足矣。

为什么倾听需要努力？

有时候，安静地倾听是一件非常困难的事情。为什么？

1. 人们过度关注自我想法。人们经常忙于表达自己的想法和愿望，在与他人的交流中，他们是 90％ 的信息发出者，10％ 的信息接收者，这就使得良好交流变得很困难。

2. 人们喜欢以自我为中心。有些人太过于以自我为中心以至于考虑问题时只从自己的角度出发。他们不关心别人说些什么，时刻期盼着别人快点把话说完，好让自己发表意见。沉浸于组织自我观点的他们当然算不上一个良好的倾听者。

3. 人们喜欢分析他人而不是倾听他人。有这样一些人，总热衷于分析讲话者的动机与人格特质，而无视对方的谈话内容。

倾听就是金钱

在工商业领域中，倾听能力带有经济性质。当工程师告诉一个绘图员，设计蓝图要进行修改，但绘图员遗漏了这条信息而没有进行修改，那么在竞标时，公司可能因为该设计图而丢掉这次竞标机会，甚至造成上千万元的损失。同样，一名销售人员如果没能成功接收来自顾客的信息，无法在顾客规定时间送货上门，将不仅仅失去一单生意，还会永远失去这位主顾。

> 不良的倾听行为代价沉重——无论是经济利益还是人际关系。

在工厂里，不良的倾听行为同样会带来经济损失。这里就有一个例子：丹尼因为没能认真倾听领班的吩咐，给所在工厂造成了很大的损失。

丹尼的故事　像平时一样，丹尼沉浸在自己的世界中，安然地享受着他的咖啡。突然，领班走过来告诉他把机器的某个部件尺寸修改一下，今天剩下的机器部件全部按照新的尺寸生产。休闲时间结束后，丹尼回到机器旁，稍作调整之后，开始进行剩下的工作。然而第二天，他被叫到车间办公室，原因是他制造的机器部件尺寸过小。这是怎么回事？原来，昨天领班告诉丹尼要加大该机器部件的尺寸，但是他听成"减小"了。可想而知，他的"不良倾听"，给公司造成了多大时间和金钱的浪费。

类似的例子还很多，当倾听与安全防范工作相联系时，倾听就事关生死了。

234

你是一个好的倾听者吗？

在工作中，上司经常会下达很多命令和通知。你认真倾听了吗？你的信息接收能力如何？试着回答下面的问题，它们会给你一些答案。

- 你的上司需要花费很大心力吸引你的注意吗？
- 当上司开始讲话时，你是否发现自己在想其他的事情？
- 你是否感觉上司不信任你，认为你是一个不良的倾听者，所以一条信息总会跟你重复多次？或者你发现自己必须不断回忆甚至要求上司多次重复一条信息。
- 你是否常常不记得上司交代你的工作？

你如果能够对这些问题说"不"，可能是一个好的倾听者；如果不能，则需要集中精力提高自己的倾听技巧。

成为一个好的倾听者绝非易事，它需要你在这方面自觉地做出努力。但是成为一个好的倾听者，至少会让你赢得上级的赞许，他可能会说："我很喜欢普拉比尔，因为跟他说话很省心，凡事只需讲一遍，无须多讲。"

下面的互动提供了一些倾听技巧，相信它们可以给你一些提示。

235 互 动

我的倾听技巧

下面每一项都描述了一种倾听技巧，请你认真阅读下列内容，并根据自己的真实情况，在每一项前面的方框内，进行 10 级评分。其中，评分高表明你对该倾听技巧的掌握较好，相反，评分低表明你对该倾听技巧掌握不佳。如果你在某一项上的评分小于或等于 8，那么请在这些项目下方的横线上写下一些改进策略。

1. □ 保持对讲话者的注视，因为这样能帮助你集中注意力，排除无关紧要的"噪音"。此外，与讲话者保持目光交流也是在告知对方"你正在听他讲话"。

策略：_____

_____

2. □ 如果上级不善于表达，那么你需要更认真地听他讲话。

策略：_____

_____

3. □ 为了记住上司的某些工作安排或通知，适当做些笔记。经常在脑海里回顾这些信息，并将那些重要的事情尽快付诸行动。必要的话，向你的上司报告你各项工作的完成情况。

策略：_____

_____

4. □ 当你受到批评时，不要为自己找借口；当他人在工作中指出你的错误时，你应该感到高兴，因为这会促使你进步。

策略：_____

_____

5. □ 在交谈中，思考对方的话并给予回应可以帮助你获得更加完整的信息。

策略：_____

_____

6. □ 在交谈中，如果不明白对方的意思，就立刻提问。如果你不问清楚，接下来就可能得到不完整的信息。

策略：_____

_____

7. □ 当你发现交谈对象过于健谈时，请在适当的时候打断他。否则，你可能对这种交流感到反感，从而不能维持良好的倾听水平。

策略：_____

_____

误区之二： 低估他人

236

你的评价可能是错的

人际关系中常见的第二个误区是低估他人。

有些人单单凭借自己微薄的经验就妄自评价自己的某位上司或同事，断言对方不会大有作为。事实上，这种"评价"可能完全是误区。

这里有一个简单的案例。

霍勒斯的故事　经过为期 30 天的培训后，霍勒斯被分配到公司在某大城市的主卖场。他的直属上司是史密斯女士，一位穿着朴素的部门主管。

霍勒斯很快发现这个卖场的运营情况还不错，商品流通非常快。但他对主管史密斯的印象却不怎么好，感觉她办公室邋遢凌乱，为人高傲，不爱与底下员工交谈。他甚至认为自己分配到史密斯主管的这个部门实在是大不幸。

有一天，霍勒斯在午餐时遇到一位年轻的顾客。从这位顾客那里，他了解到史密斯所辖的部门在该卖场众部门中赢利最大，并且史密斯女士在公司高管中间拥有不错的人缘，在她手底下培养了许多出色的卖场经理。这时，霍勒斯才恍然大悟，原来自己低估了史密斯主管。

所幸的是，本案例中的主人公在吃苦头前上了一堂重要的课。为了弥补之前的失误，他及时改正态度，积极与上司建立良好的关系。可以说，他很幸运！

> 不要混淆猜想和事实。

低估他人的后果

低估上级或同事，不仅会破坏你的人际关系，同时也会阻碍你的职业发展。为什么？

- 你对上司或同事的消极看法和态度可能大大减少你向他们学习的机会。
- 低估某位上司或同事会让你的其他同事感觉你很幼稚。
- 被你低估的对象能够感应到你对他的看法与态度，他会因此反感你，并拒绝与你建立良好的人际关系。

你如果是一位新员工或者刚刚接受了一个新职位，那么要提醒自己不能随意评估他人（特别是那些位居高层的人）的能力以及他人对组织的贡献和影响。避免对他人产生偏见，不同的人对组织的发展有着不同的贡献。高层管理人员能够审视全局，但是新员工往往不能。

你如果忍不住要去评价别人，那么就把对别人的印象放在自己心里。公开低估他人可能会使你无法与那些重要他人建立良好的人际关系。

237

误区之三： 拒绝向上司坦白承认错误

工作失误或违反公司规定时，应主动向上司承认错误。人际关系中第三个常见的误区是出现工作失误或违反公司章程、员工守则后不能主动向上级部门承认错误。

在工作中，每个人都会犯错，没有十全十美的员工。心细、有条不紊的人有时也会计算错误；逻辑性强的人常常运用科学方法帮自己合理决策，这让他们引以为傲。然而在有些判断上他们难免也会犯错。即便是那些对待工作忠诚负责的人，偶尔也会在不知不觉之间违反公司规定。

小错误也能酿成大祸

> 承认所犯错误是建立良好人际关系的一部分。

再出色的人也会犯错。主动承认自己犯下的小错误，你的职业生涯将不会受到严重损害。然而，如果你试图掩盖错误，那么小错误可能会酿成大错误。就像下面案例中的卡利一样。

卡利的故事　卡利供职于一家大型银行，她的主要职责是给各家分行发送文件。为了方便工作，卡利向银行的交通部门申请了一辆汽车。

一天卡利照例到一家分行去送文件，可是在停车场倒车时，她不小心把汽车的挡泥板撞凹了。她知道自己应该把这个情况及时告诉车辆调度员，但是考虑到这个凹陷非常不明显，她认为反正别人也看不出来，自己为什么要小题大做？为什么要因为无关紧要的小事破坏自己良好的行为记录？

可是，两天之后，部门主管叫卡利到办公室谈话。这20分钟的谈话让她尴尬极了。面对上司的询问，她承认了自己撞坏了汽车挡泥板，而且没有及时上报有关部门。这件事情总算是结束了。

像卡利这样撞坏公司车辆的情况可能会发生在任何人身上，这并不是什么严重的事情。卡利的错误在于她没有及时报告给有关部门。事情平息后，卡利非常后悔自己当初的决定，因为为了掩盖这个小错误，她在上司、同事心中的形象受到了极大破坏，她与他们的关系也受到了极大影响。

避免"烟幕效应"

当大多数小错误甚至一些大错误尽快得到公开和报告时，反而更容易被人们接受和遗忘。相反，制造"烟幕"，努力掩盖它们，常常是自找麻烦。

 误区之四：　放任工作动机"滑坡"

动机来自内部

现代企业管理重视为员工提供良好的工作环境、给予员工一定的自由，以便大大激发员工的工作热情。然而，事与愿违，总有一些被动的员工对此感到不适应，丧失了自己的工作热情。他们变得不想努力、不愿付出，并放任自己的工作动机"滑坡"，这是人际关系中的第四大误区。

其实，动机来源于自身。每个人都是自己动机的"保持者"，正如你是自己态度的"保持者"一样。把握好自己的动机和态度意味着你不需要依靠别人来保持前进和积极的状态，意味着你不需要让别人来激发或者强制你去完成某些事情，也意味着你是根据自己的意愿生活的。因为你已经找到了保持自我积极态度以及适应不同环境的方法。当你面对周围消极的事物时，你已经懂得如何使自己变得积极起来。

很多时候，管理者希望新员工在工作中充满自信，不要事事依赖他人的推动。同样，管理者希望老员工在工作中能够始终保持高效，不要时常被上司催促和提醒。当然，关键还要看员工自身的努力。当大多数员工都在努力提高自己时，那些原地不动的人就会拉大与同事们的距离，他们与同事、上级的关系也会因此受到破坏。

在工作中，每个人都是团队的一分子，理应作出一份属于自己的贡献。原地不动、任凭工作动机"滑坡"，只会让周围同事反感你、远离你，同时，也会使你错失许多向他人学习的良机。

> 动机来源
> 于你自己。

▌自我激励大有裨益

毫无疑问，每个人都会有状态不佳的时候，但是自我激励作为一种重要的态度，有助于长期维持一个人对工作的热情以及按时按量完成工作任务的积极动机。当然，起先激发工作动机，使自己愿意为企业的发展多牺牲一点、多尽一份力需要许多额外的努力。但随着上司对你的努力的嘉许，以及这种努力给你带来的极大自我满足感，自我激励会变得越来越容易，即使没有外部激励，你也愿意认真努力地工作。关于动机，本书其他章节也有论述，敬请参考。

239

误区之五：放任自己成为人际冲突的受害者

▌"受害者"会付出代价

当人们遭到不幸（如车祸、犯罪活动等）时，他们常常会承担沉重的后果。而当我们允许他人以消极的方式影响我们时，后果也会很严重，因为我们将成为人际关系的受害者。

■ 根据统计数据，只有极少一部分人会成为严重犯罪活动的直接受害者。然而，每个人却都有可能成为人际关系的受害者。

■ 因抢劫、诈骗或者人身伤害造成的财产损失发案率不断攀升，同时因人际关系不良而错失就业机会的现象也呈不断上升趋势。

■ 人际关系的受害者与犯罪活动的受害者所承受的创伤相差无几。人际关系破裂往往会使当事人产生许多负面情绪，例如自卑、愤怒、怨恨及焦虑等。

没有必要的"受害"

在哪些情况下，个体容易成为人际关系的受害者呢？主要包括以下三种情形：

1. 拒绝及时改正自己在人际关系中的错误。
2. 在人际交往中持"不作为"态度：不犯错，也拒绝进行额外的努力。
3. 因为人际冲突，产生消极情绪并任由其随意发泄。

人际关系"受害"三阶段

很多时候，人际冲突不可避免，它往往悄然出现并迅速破坏着双方当事人业已建立的良好关系。通常这种人际关系的加速恶化过程，可以划分为三个阶段：

第一个阶段：人际关系破坏水平轻微，双方当事人彼此受伤的程度较低，修复关系较为容易。

第二个阶段：当事人一方情感受伤程度高于另一方，修复关系有点困难。

第三个阶段：由于当事人双方刻意避免友好交流，冲突不断升级。彼此都成了受害者，修复关系需要求助于对专业机构或专业人员的咨询和调解。

240

人际关系的恶化具体到何种地步，因双方当事人及冲突的性质有所不同。然而，可以肯定的是，人际冲突一旦重现将成不可抑制之势，直至双方当事人闹得两败俱伤。所以，即使再小的人际冲突，一旦出现，都应尽快制止，避免双方都成为人际关系的受害者。

如何避免在人际关系中"受害"？

关于如何避免沦为人际冲突的"受害者"，这里有几条建议：

- 参考本书其他章节，学习如何合理宣泄不良情绪和压力。

学会以德
报怨。

- 牢记这一点：在人际交往中情感卷入水平越高，发生人际冲突时，受伤的可能性就越大。
- "积怨"是"自我伤害"的替代词。
- 面对他人的"小挑衅"，一笑置之。
- 发生人际冲突时，记得反思谁将成为最后的受害者。

显而易见，当你处理人际关系的能力增强时，你所面临的人际冲突就会相对减少，同时，你在人际关系中受伤的几率也会下降。然而，人际冲突一旦出现，就可能大大增加你受害的几率。这时，如何修复关系就显得非常重要。如果你不积极采取补救措施（暂且不论谁是有过错的一方），那么自己多年苦心经营的人际关系将一去不再来。

误区之六：　向消极因素低头并沉溺其中

可怕的"消极流"

在日常生活中，一些微小但持久的压力会使我们的态度发生逆转，从积极变为消极。我们将这种现象称为"消极流"。这种"消极流"有时像黑色烟雾一样，遮天蔽日；有时又像一朵忧郁的云，阻止我们看到生活中的积极面。

然而，到底是什么引发了"消极流"呢？大多数人认为，"消极流"的出现是因为当今社会充斥着越来越多的消极因素。例如：

- 工作节奏加快，工作压力增大。
- 犯罪、暴力、交通事故、法律诉讼越来越多，官僚主义不断抬头。
- 铺天盖地的媒体负面新闻。

面对这样的生存环境，我们需要学会谨慎，因为稍有大意，我们就会被"消极流"所吞噬。

241

警惕"消极流"的侵蚀

"消极流"会在不知不觉中慢慢侵蚀我们，使我们逐渐丧失对工作和生活的积极关注。与过去相比，在当今社会中保持积极态度非常具有挑战性。那么，我们应该如何避免陷入"消极流"的旋涡中呢？大多数人认为需要有一个强大的反作用力。然而只有当我们意识到这个反作用力必须强大到足以令"消极流"退缩时，才能摆脱"消极流"的旋涡。于是问题就凸显出来了。"消极流"能够趁我们不注意的时候悄然而至，并让我们丧失对工作和生活中的积极面的关注。换句话说，相比过去，在现今社会中保持积极的态度将是一个更大的挑战。

本章小结

现在请你停下来思考一下，你身边的有哪些人是积极乐观的。接下来请你回答：你每天都积极乐观地面对生活吗？也许你会大声回答"是"。当然，这并不是什么稀奇事，因为即使生活中充满了消极因素，还是会有很多人坚强面对，努力避免出现常见的人际关系问题。

为了防止"消极流"侵蚀你的积极态度，在人际关系中，你应牢记以下原则：

1. 用心倾听，提高你的沟通能力。
2. 正确看待他人。
3. 勇于承认错误。

4. 学会自我激励。

5. 防止他人的消极方面影响你和你的人际关系。

6. 避免沉溺于"消极流"中。

陷入人际关系的六大误区会令人们付出沉重的代价，它会破坏良好的人际关系、阻碍个人的职业发展。虽然保持积极态度并不容易，但请你牢记——态度决定一切。

试试你的理解力

根据你对本章内容的理解完成下列题目。

第一部分：根据本章内容判断下列说法是否正确（T＝对；F＝错）。

T　F　1. 大多数人都善于倾听。

T　F　2. 你如果在别人说话之前，预测他们的讲话内容，那么将是个良好的倾听者。

242

T　F　3. 当你低估别人时，他们很少或者从不知道。

T　F　4. "积怨"就是自我伤害。

T　F　5. 每个人最终都会成为人际冲突的受害者。

第二部分：阅读下列题目并选出正确选项。

6. 人际冲突发展的第二个阶段是当事人一方受到的情感伤害比另一方更严重，这时的人际关系：（a）需要专门的咨询和调解；（b）很难修复；（c）不会伤害任何人；（d）仅仅是表面上的损害。

7. 当你犯了一个错误时，最好是：（a）忽略它，若无其事；（b）公开承认它；（c）掩盖它；（d）责备其他人。

第三部分：请根据你对本章内容的理解完成下题。

8. 探讨哪些原因会令你丧失工作热情，放任工作动机"滑坡"。

答案见书末。

如果你的态度像气压计随天气变化一样的话，那么请给它积极的压力！

思考并回答

请用两三句话回答下列问题。

1. 为什么倾听对于沟通交流非常重要？

2. 如何评价他人？

3. 承认和报告错误是很重要的，请说出其中两个原因。

4. 为什么说你应该为自己的动机负责？

5. 允许自己成为人际冲突的"受害者"将给你带来哪些消极后果？

243～244

倾听能力评估

该练习旨在帮助你提高倾听能力。请你找一位亲密的朋友（同事/家人）帮你完成下面的评估测试。记住你所找的这个人必须了解你，与你关系良好，并且能够如实、公正作答。评估开始之前，你首先要意识到：

（1）大多数人不是好的倾听者，所以你的评估结果可能不符合你的期望。

（2）如果你发现自己不是一个好的倾听者，请不要以此为耻，因为提高人际交流技巧的第一步在于了解自己的真实水平。

（3）如果你的评估结果在中等以上（5 及以上），这表明你的倾听能力较强。一旦你拿到评估结果，请给自己制定一个计划，以便切实提高自己的倾听能力。

现在，再次阅读上面的话。然后，请你根据自己的评估结果立即着手提高倾听能力，如果你的评估结果较好，不要忘记：再也没有什么比听到称赞的话更能让自己进步了。

亲爱的朋友（同事/家人）：

首先，请你根据我们的真实沟通情况，以你同他人的沟通交流为参照对象，对我的倾听能力进行 10 级评分。其中，评定等级高表示倾听能力强，相反则表示倾听能力差。

倾听能力等级		
良好的倾听者	10　9　8　7　6　5　4　3　2　1	不良的倾听者
（我所知道的最好的倾听者）		（我所知道的最差的倾听者）

其次，关于如何提高倾听能力，这里给出了一些建议。请你判断哪些建议比较符合我的情况，并在前面的方框中打"√"。如果你还有其他建议，请在题目下方的空白横线处进行补充。

提高的建议

1. □ 不要话太多。
2. □ 不要频繁打断别人的讲话。
3. □ 在交流中开放一点。
4. □ 在别人的话还没说完之前，不要急于下结论。
5. □ 交流的时候尽量放松。
6. □ 不要经常揣测别人的讲话内容。
7. □ 集中注意力，并且通过眼神告诉别人"你正在倾听"。
8. □ 提高你的注意力。
9. □ ＿＿＿＿＿＿＿＿＿＿＿＿＿＿＿＿＿＿＿＿＿＿＿＿＿＿＿＿＿＿＿＿＿

10. □ ＿＿＿＿＿＿＿＿＿＿＿＿＿＿＿＿＿＿＿＿＿＿＿＿＿＿＿＿＿＿＿＿

11. □ ＿＿＿＿＿＿＿＿＿＿＿＿＿＿＿＿＿＿＿＿＿＿＿＿＿＿＿＿＿＿＿＿

12. □ ＿＿＿＿＿＿＿＿＿＿＿＿＿＿＿＿＿＿＿＿＿＿＿＿＿＿＿＿＿＿＿＿

谢谢你！

案例 17   动机

"比约恩很好，他只是需要动力。"

比约恩似乎没有什么好担心的事情。他掌握了大量的知识和专业技能并以优异成绩轻松地顺利毕业了。因为他热爱运动、才华横溢，所以一直拥有不错的人缘。

可能你会说："他的工作能力也一定非常出色吧！"其实不然，由于一些原因，比约恩并没有在工作中发挥他的潜能。难道因为他是独生子，情感上、经济上过于依赖家人？或者是因为他懒惰？还是一切对他来说太容易了，所以他不想做？也可能是他过于外向吧，大量精力被浪费在了其他地方？当然这些只是我们的想法。比约恩的老板是怎么看待他的工作表现呢？

其实，比约恩任职 6 个月后，他的老板就叫他去办公室谈话。老板这样对他说："比约恩，你真的拥有了一切，但是由于某些原因，你总需要别人来激励你。你的问题在于你无法发挥主动性，自我激励。坦白地说，我没有时间和精力去激励你，帮助你发掘你的潜能。即使我想这样做，也不知道从何做起。除非你自己想要激励你自己，否则你的才能将不能完全发挥出来，你也不会取得事业的成功。你自己好好考虑一下吧！"

A. 讨论：在你看来，比约恩到底什么地方出错了？他应该怎样自我激励？

B. 拓展理解：以动机为主题论述它在个体生活中的重要性。就这一主题搞些调查研究，并找出两个值得你尊敬、能够激励你的榜样，说说他们的故事。最后，请给比约恩一些建议。

第18章

职业道德、流言与三角传播

"你把这叫做道德？"

> **每日箴言：** 你希望别人怎样对待你，你就应该怎样对待别人，这是人际关系中的黄金法则。

本章要点

- 态度、行为反映你的道德水准。
- 认识流言的本质，警惕流言的产生和传播。
- 掌握本章提出的六条建议，切实履行道德责任，发展良好人际关系。
- 了解两种类型的流言传播，以及三角传播的后果。

248   现代企业不仅关注员工的工作绩效，同时也开始越来越多地讨论员工的道德。事实上，许多公司（不论规模大小）都会颁布一些员工手册，开展一些培训课程，以及发行一些内部刊物来保障和提高企业和员工的道德水平。那么，为什么近些年来道德越来越受到重视？这样是否就意味着现代企业和员工的道德水平提高了？

其实，道德的重要性从未改变。10 年前、20 年前、50 年前、100 年前乃至更多年前它同现在一样重要。然而，在现代社会中，我们的视野里可能充斥着太多的不道德行为（其中，有些不仅关乎企业或员工道德，甚至牵扯到法律），这种情况可能与不道德行为的实际增长有关，也可能与媒体、网络对负面消息的大肆报道有关。

没有人能够逆转不良道德行为造成的严重后果，这也是企业积极同道德腐化做斗争的原因。学校等教育机构发现，对学生进行道德教育大有裨益。因为进行道德教育及培养良好道德习惯是发展良好职业道德的第一步，而是否具有正确的职业道德观念及行为则是发展良好人际关系的首要因素。

 ## 道德与行为

艾伯特·施魏策尔博士曾经说："一般来说，道德规定着我们如何评价行为的正当与否。我们感到自己有一种责任，不仅要考虑个人的幸福，也要考虑其他人以及整个人类社会的幸福。"

遵循人际关系原则

道德规定着我们在广阔的人际关系领域应该怎么做，我们能否满足他人的期待，能否遵守相关法律（如土地法、消费者权益保护法、社区规范、道德准则与企业规章制度等），能否避免自欺欺人。

对你的上司诚实

249   试想一下，某员工很老实，断然不会从公司保险柜里偷钱，但他有时在外出工作途中，驾驶公司的汽车办理私人事务。某员工工作绩效高、充满奉献精神，当公司突发紧急事件时，他会毫不犹豫地自愿加班，但他因为睡过头迟到时，却告诉上司自己上班途中遭遇了交通事故。某员工为人谦恭友好，可当他获悉自己的一位同事在公司内部干私活（常常使用公司的机器和设备）时，却选择知情不报。这些对待上司不诚实的员工，难道能够称得上是道德良好的员工吗？

重视态度

由于不同个体看待问题的角度不同，因此，人们对于何谓"道德水平高"有着不同的认识。然而，关于如何远离诱惑、避免不道德行为，下面三种态度适用于大多数人。

■ 遵守公司的规章制度、工作流程以及技术规范。牢记即使在你遵守所有规范的情况下也可能做出不道德的行为。所以，时刻警惕不良道德行为对职业发展的影响。

■ 经常反思自己的道德观念。经常询问你自己："这是正确的事情吗？""这是公平的吗？""这是诚实的吗？""我是无缘无故感到愧疚吗？"

■ 时常提醒你自己，人际关系的建立以信任为基础。不道德的行为会破坏人际关系，因为人们很难信任一个漠视道德的人。

249

道德行为评估

　　良好人际关系的建立包括直面真实的自己，与他人友好相处。这就要求人们在工作、生活中遵守道德标准，努力避免下面的 7 个误区。请你认真阅读下面表格中的每一项内容，根据自己的实际表现进行评估。其中，A（Always）＝ 一直这样，F（Frequently）＝ 经常这样，S（Sometimes）＝ 有时这样，N（Never）＝ 从不这样。

项目	评级
你会有意歪曲自己或同事的工作表现吗？	A　F　S　N
你会向你的同事、顾客、竞争者或者普通大众泄露隐私或者公司机密吗？	A　F　S　N
你会纵容或者包庇违反国家、地方法律法规的行为吗？	A　F　S　N
你会包庇不道德的同事免受公司规章制度的处罚吗？	A　F　S　N
你会宽恕或者包庇窃取公司资产的行为吗？	A　F　S　N
你会掩盖工作时的失误，不报告那些可能存在的安全隐患吗？	A　F　S　N
你会剽窃同事的想法并声称是自己的吗？	A　F　S　N

　　快速浏览你的回答结果。如果你想要建立良好的人际关系，那么对于那些被评为 A、F 或者 S 的项目你要高度注意。

流言、流言的制造与传播

250

流言

　　流言通常是指在某一范围内传播的没有事实根据的言论，未经证实的报告、故事或说法，道听途说，流言飞语。

　　所有企业中都会有一群信息收集员——那些发布和传播小道消息的员工。虽然这种非正式的信息传播并非有害，但当其传播、散布流言和恶意言论，干扰员工正常工作时，性质就变了。

不实的言论、流言飞语的传播在企业、社会服务机构、学校甚至教堂中都是不可避免的。特别当组织中有一些人特别爱"嚼舌头"时，这种现象就会更加严重。

流言为什么会不断传播

事实上，传播流言反映了人们排解焦虑的需求。一些流言之所以产生，仅仅源于人们的交流方式不当或者初始信息传递时的错误。当然，也有一些流言是恶意的，旨在中伤他人。

流言碾碎机

关于流言的传播，通常有两种说法：流言碾碎机和流言传播链。其中，流言碾碎机形象地比喻流言就像碾碎机里的粮食一样，不仅形状发生改变、数量逐渐增多，还会被送往不同的地方。换句话说，流言会在公司内部一传十、十传百，并且经过人们各自的解释，初始信息最后将会被大大歪曲。那些信息收集员们就像流言碾碎机一样，不断制造着各种流言。

流言传播链

流言传播链则说明流言是非正式的、秘密的、点对点的口头语言传播。通常，它在组织内部秘密运行，信息一经流言碾碎机产生，就会沿着流言传播链散布开来。然而，由于流言涉及的信息常常是需要保密的，所以，散布流言是不允许的。

当然，并非所有流言都是毫无根据的，有些流言可能是真实的，但这需要传播者既能保证来源信息的可靠性，又能保证信息传播的准确性。可是这种情况通常很少，因为即使来源信息真实，信息在传播过程中也往往会被扭曲和误解。

流言传播的准确性

251

我们需要认识到：信息产生之初及传播过程中都有可能被歪曲。人们往往只关心自己感兴趣的部分，并喜欢在原有信息中加入自己的猜测和想法，这无疑都会扭曲原有信息，甚至使原有信息带有恶意性质。

鉴于此，人们对流言发布者应该保持警惕，对流言内容应进行认真考证，不能轻信流言。

所有的组织中都会出现流言，这是正常现象。如果你所在的组织或者群体中有流言制造者，那么你就要有所警惕。轻信流言，你就会走进人际关系的误区。例如，你与同事、上司的关系会受到损坏，你的职业发展会受到影响。

管理者的立场

关于流言，管理者是什么态度（当然，本书所指的管理者并非特指你的某位上司)？可以说，管理者对"流言"这个词语绝不陌生，而且他们很清楚何时容易产生流言。

　　聪明的管理者通常会在恰当的时候采取有力措施，避免流言给组织和员工带来不利影响。例如，他们会故意透露一些正确信息，让流言不攻自破。

警惕流言。

　　我们每个人都要意识到，让员工通过各种正规渠道充分掌握公司各种事务和消息并不是一件容易的事情。会议、公告栏、内部期刊以及其他各种媒介对于信息传播来说远远不够，即使它们能够保证员工及时获悉各种信息，流言也不会因此销声匿迹。这点管理者非常清楚，因此，作为员工，当你听到任何流言，并且该流言还在不断传播时，请你不要企图隐瞒上司，因为他其实已经知道了！

双向沟通
能打破流言。

 ## 履行道德责任

　　聪明的管理者知道，无端的流言会引起员工们的焦虑，尽管有些流言并没有什么恶意，但也可能给无辜员工带来伤害，甚至破坏企业道德。所以，管理者通常会采取一切措施尽力阻止流言散布。

员工的角色

　　为了保证成功阻止流言散布，管理者需要每位员工的支持和帮助。作为一名员工，你能够做些什么呢？下面提出了 6 条建议仅供参考：

252

　　1. 意识到任何组织中都会存在流言制造者。不明确这一点，你就会在不知不觉中成为流言的传播者。

　　2. 警惕你所听的流言，尤其是那些带有攻击性和恶意的流言。不要轻信流言，耐心等待公司（或上级）发布官方信息。

　　3. 不要成为流言制造者。你如果在不确定信息准确性的前提下把偶尔听到的秘密告诉了其他同事，那么就大错特错了。因为你所听到的内容可能并不完整。同样，如果你仅凭一些蛛丝马迹就对某些事情妄下结论，你也可能犯下大错，就像下面例子中的丽贝卡一样。

　　丽贝卡的故事　当发现同事弗洛兰斯（离婚女性）两次晚上下班后乘坐上司（年轻的已婚男性）的汽车回家时，丽贝卡认为这两人之间肯定有事儿。于是，她毫不犹豫地把这件事情告诉了其他同事（虽然没有什么恶意）。很快，这件事情传遍了公司。然而，许多同事包括丽贝卡在内都因为该流言受到了伤害。因为丽贝卡的上司因此被调走了，新来的上司非常无能。那么，事情到底是怎么回事儿呢？原来，那几天弗洛兰斯的车送去维修了，上司好心就顺便搭载了她两次。事情就这么简单！

　　4. 不要随意传播未经证实的消息。如果流言到你这里停止了，那么你周围的其他同事就不会受到消极影响了。为了避免传播流言，中途休息的时候，你可以和同事多讨论一些电视节目或运动什么的。

　　5. 对公司事务或其他同事有意见时，请以合适的方式告知上司或对方，也可以回家抱怨一下，或者向好朋友（不要是你的同事）吐吐苦水。千万不要在工作场所公开抱怨，因为这样做容易让他人误解甚至断章取义，从而滋生流言，破坏你与上司和同事的良好人际关系。

253

不要成为流言制造者，因为你的猜想可能是错误的。

6. 不要盲目相信那些有关公司的流言（如裁员、破产等）。千万不能在尚未确定消息真假的情况下盲目紧张，否则，你的工作绩效、职业前途会受到明显影响。努力尝试忘记这类流言，如果你实在不能漠视这类流言，干脆直接向自己的上司或其他管理者了解事实真相，以免做出一些完全不靠谱的决定。

事实证明，许多员工在有关公司的流言面前，往往表现得不够成熟稳重，结果自毁前程。

流言和"三角传播"

流言的类型

工作中的流言各种各样，不过我们可以宽泛地将它们划分为两大类：关于个人的流言和关于组织的流言。

关于个人的流言

在职场中，许多流言以私人生活为主题，而与工作无关。其中，一些流言有如邻里间的闲言碎语，源源不断；另一些则仅供休息时间消遣。尽管并非所有流言都带有恶意，但职场新人应重视维护自己的人际关系，注意与流言保持距离。

关于组织的流言

关于组织的流言会破坏组织的生产力与员工的职业道德。

即与个人无关的流言。这类流言涉及组织（企业/公司/政府机构），可能是真实的也可能不是。例如，关于裁员的流言（实际上可能毫无根据）、关于撤销部门的流言（实际上是部门合并），以及关于内部调整的流言等。

它们对员工的工作绩效及公司的日常运作都会产生消极影响。为了避免这种消极影响，组织常会通过一些途径保障与员工的公开交流。尽管这样，流言依然不可避免。因此，作为员工，应努力远离这种流言。否则，工作绩效、职业前途就会受到破坏。而且，这原本毫无必要！

"三角传播"

你听过"三角传播"吗？它是指一则秘密（或信息）被传播到第三个人的耳中。

下面的图表和解释将帮助你加深对这个概念的理解。

　　假设你是 A 先生，与 B 先生的关系很好。你会经常找他聊天，甚至跟他讲些小秘密。一天，你们一起吃午餐时，你提到了 C 先生，说他在你的一个工程中给予你很大的帮助，所以你特别欣赏他。

254

B先生

三角传播

A先生　　　　　　　　C先生

　　然而，你可能并不知道 B 先生和 C 先生的关系也很好，并且 B 先生会把你说的话传给 C 先生。当然，你赞扬 C 先生的话即使 B 先生说给 C 先生听，也不会损坏你和 C 先生的关系。相反，这些话会增进你和 C 先生的关系，因为这些赞美之词是由 C 先生信任的朋友 B 先生传递的。

积极的三角传播和消极的三角传播

　　在上述情况中，三角传播起到的是积极作用。但是如果你的言论是消极的呢？你与 B 先生、C 先生的关系都将遭到破坏。可见，三角传播的作用具有两面性——增强或减弱你与某些人的关系，即当你与某人谈论第三个人的时候，如果言论是积极的，那么你们的关系会得到增强；否则，你们的关系会遭到破坏。

　　没有人乐意接受别人的建议，即使这个建议是在合适的时间由合适的人通过合适的方式提出来的，也不容易为人们所接受。

　　但假设现在你乐于接受建议，那么关于人际交往的黄金建议是什么呢？免不了是下面这句：

　　　　如果你不能说别人的好话，那么请保持沉默。

　　然而，凡事总是说比做容易。即便这样，你也应该努力践行这条建议。

> 沉默是金。

 ## 本章小结

255

　　遵守道德标准从真实面对自己开始，你可以决定自己的道德标准，它也会时刻通过你的态度、行为、习惯反映出来。同时，它还将关系着你能否获得他人的尊重，你的努力是否会有回报以及你能否与他人建立良好的人际关系。

　　认识流言的本质，了解制造流言、传播流言的破坏力，有助于你维护良好的人际关系并保障职业的顺利发展。当然，人们需要不时地与他人交流，传递信息或分担焦虑。这本无可厚非，但若信息不实或被扭曲甚至带有恶意，那么人际关系就有可能遭到破坏，无论管理者还是员工都会受到伤害，甚至付出很大的代价。

　　履行道德责任需要不断努力。关于这点，本章提出了 6 条建议。这些建议对于管理者而言也具有重要意义，因为如果员工道德水准不高，热衷于散布流言，组织（企业/公司/政府机构）也会受到消极影响。

　　职场流言常常有两种形式：关于个人的流言和关于组织的流言。无论哪类流言都会造成不良后果，产生消极影响，特别是有三角传播存在的时候。当然，三角传播的影响具有两面性——这取决于你与他人的谈话内容。

　　事实上，很多人际关系问题是自找的。

 试试你的理解力

　　根据你对本章内容的理解完成下列题目。

　　第一部分：根据本章内容判断下列说法是否正确（T＝对；F＝错）。

　　T　F　1. 道德包括诚实面对自己以及友好对待他人。

　　T　F　2. 谈论第三人的坏话可以增进你与交谈对象的关系。

　　T　F　3. 你的工作环境中不会有流言制造者。

　　T　F　4. 你不应该让流言扰乱你的生活，它会破坏你的工作效率和职业发展。

　　T　F　5. 大多数人际关系问题是自找的。

256

　　第二部分：阅读下列题目并选出正确选项。

　　6. 不道德的行为很容易破坏良好的职场人际关系，因为人际关系常常依赖于：（a）信任；（b）保密；（c）谈论他人；（d）流言。

　　7. 从流言传播者口中听来的信息常被认为是：（a）准确的；（b）错误的；（c）真实的；（d）让人怀疑的。

　　第三部分：请根据你对本章内容的理解完成下题。

　　8. 请你解释什么是"三角传播"。

　　答案见书末。

> 保持幽默，远离流言，实事求是，提升道德。

 思考并回答

　　请用两三句话回答下面的问题。

　　1. 树立什么样的态度有助于避免不道德的行为？

　　2. 比较流言、流言的制造、流言的传播的联系与区别。

　　3. 请提出两条具体建议，帮助你在工作中切实履行道德责任。

　　4. 职场流言大致能分为哪两种类型，它们有何区别，会对个体产生什么影响？

　　5. 如何看待沉默与"三角传播"？

三角传播

本章中曾经提到："如果你不能说别人的好话，那么请保持沉默。"换句话说，随意发表观点，谈论他人坏话很危险。为了帮助你清楚地认识到这一点，本练习安排了 5 组情境对话，每组对话后面的选项描述了接下来可能发生的事情。请你认真阅读每组对话，并根据自己的判断选择在正确的选项前打"√"（可多选）。

1. 纳萨利和苏一起吃中饭。苏说："我认为咱们上司对你很不公平。"纳萨利回答道："没关系，总有一天我要取代他。"

____ a. 苏可能会把纳萨利的话传给上司。

____ b. 纳萨利可能失去苏这位朋友。

____ c. 纳萨利抢上司的位置可能会被认为是不道德的。

____ d. 苏可能会在部门中引起不小的骚乱。

____ e. 苏可能会为这顿午餐买单。

2. 上司把费利佩叫到办公室，对他说："我知道你跟你的助手之间有些不愉快，现在好了，他就快要被解雇了。"于是，费利佩回到自己的部门，跟其他同事说："我的助手就快被炒鱿鱼了。"

____ a. 上司可能会丢掉工作。

____ b. 同事会把这件事情告诉费利佩的助手，费利佩就麻烦了。

____ c. 费利佩会更加尊重他的上司。

____ d. 同事会更喜欢费利佩，费利佩会得到升职。

____ e. 助手可能会自己离开。

3. 埃丝特正在与他的好朋友莱昂内尔喝咖啡（另一个部门的主管），埃丝特说："莱昂内尔，我的上司真的很讨厌，他不是骚扰我，就是骚扰其他女同事。"

____ a. 莱昂内尔可能告诉埃丝特的部门主管，埃丝特现在很吃醋。

____ b. 莱昂内尔可能告诫埃丝特的部门主管注意工作作风。

____ c. 莱昂内尔可能会把埃丝特的部门主管的情况向上级报告。

____ d. 莱昂内尔可能不会对埃丝特的话多想。

_____ e. 莱昂内尔可能什么也不说。

4. 米亚和玛吉在公司餐厅吃午餐，米亚说："告诉我，你和新员工西尔维娅相处怎样？坦白讲，我觉得她是我们这几年见到过的最出色的员工。"玛吉回答道："我也非常同意。"

_____ a. 玛吉可能会把米亚的话转述给西尔维娅。

_____ b. 米亚可能会用玛吉的话赞扬西尔维娅。

_____ c. 米亚和玛吉可能会相处得更好。

_____ d. 如果西尔维娅听到这个赞扬，可能会更加努力工作，以争取更多的赞扬。

_____ e. 玛吉可能想要得到米亚的赞同，所以奉承她说的每句话。

5. 路易斯是一个部门主管，现在正与道尔斯竞争一个中层管理者的职位。当与其他部门的兰迪一起喝咖啡的时候，路易斯说："我觉得这次我升职的机会不大，毕竟道尔斯是个女人而且还是少数民族。我打算准备一下简历，跳槽到其他公司。"

_____ a. 兰迪可能感觉到路易斯心胸狭窄，也许会阻碍他将来的升迁。

_____ b. 路易斯的话可能会使他失去升职的机会。

_____ c. 兰迪可能会散布这样的言论：路易斯非常不开心，他准备跳槽。

_____ d. 兰迪可能觉得路易斯很可怜，所以会尽力帮助他。

_____ e. 兰迪可能会跟道尔斯说这些话。

_____ f. 道尔斯听到兰迪将要离开公司，就会松懈下来，结果反而会被路易斯抢了这个升职的机会。

_____ g. 道尔斯可能会劝慰路易斯。

_____ h. 路易斯可能很后悔他跟兰迪说的那些话。

注意：每组情境对话后的各选项描述了接下来可能发生的事情，但 1e、2d 中描述的情况发生的可能性微乎其微。

愚蠢的人往往对忠言视而不见。——英国作家奥斯卡·王尔德

案例 18	困境	259

"我误信流言了?"

　　凯约是一位公司职员,她对未来充满了希望。毕竟,她现在还年轻,而且学历高、能力强。一直以来,她的目标就是成为公司的部门主管。

　　因此三年来,凯约始终努力工作,并且也表现得很出色。她的上司艾希伯格女士多次鼓励她努力争取晋升机会,同时也给予了她多方面的帮助。

　　一天,凯约最好的朋友克里恩告诉她其他部门的杨格先生可能调到她们部门,接替艾希伯格女士的部门主管一职。

　　这个消息让凯约心烦极了! 她没说什么也没有把这个消息透露给其他人。然而她始终很苦恼,她没办法让自己接受这一消息。在还没有宣布艾希伯格女士升职的情况下,公司居然要把杨格先生调到她们部门做主管。为此,她的心理压力越来越大。她不能全身心投入工作,并且开始频繁犯错,甚至有时忘记上交工作报告。在接下来的 6 个月中,她与艾希伯格女士的关系也不断恶化。

　　结果,正如克里恩所说的那样,艾希伯格女士得到了晋升,杨格先生成为她们新的部门主管。凯约难过极了!

　　A. 讨论:凯约犯了什么错误?

　　B. 拓展理解:试着从不同方面探讨"流言",包括它的概念、类型及影响等。利用网络等各种资源,整理一张"能做与不能做"的事件清单,帮助凯约和其他人远离流言。

第五部分
发挥优势，走向成功

第19章

设立目标和态度

"我必须有一个目标吗?"

每日箴言：带着你饱满的热情和冲天的干劲向目标奋进。

本章要点

- 设置合理目标很重要，因为目标决定态度。
- 奖励提供动力，适时奖励帮你打造积极态度。
- 美好生活需要平衡的"目标模式"。
- 没有目标与奖励，就没有积极态度。
- "目标"时间管理左右你的工作和生活。

264 生活之外你还有什么真正想要的吗？你有雄心壮志吗？你考虑过从现在起需要多久才能满足你想要的和你需要的，一周、一月、一年，或是 10 年到 20 年？你有没有花时间评估那些指向你个人和生活成功的选择和机会呢？你认为能带给你快乐和满足的东西是什么？

对这些及类似问题的回答就是要为自己设立目标。目标对个体有着重要的意义。目标就是那些令人生增辉的"东西"或里程碑，它是你前进的动力。此外，在大多数情况下，目标是你力争实现的愿望——由你设立并且帮你成为一个更加出色的人。

设置合理目标

合理目标帮你树立积极人生观

如果用心观察一下自己身边的朋友，你可能会发现，那些拥有积极人生观的人都有所谓的重要目标。为什么目标让他们更积极呢？原因之一就是以目标为导向的人，致力于实现自己的目标，因而没有时间和兴趣关注生活中的消极面。下面我们来看三则例子。

赫克托的故事　赫克托是一名政府公务员，以前他很少自我激励，常常提不起劲儿工作。一次，他和妻子到郊外的度假村度假，那里空气清新、景色宜人。于是，赫克托暗暗下决心努力工作，以后赚够钱了，就在那里买个小别墅。从那一刻起，他对待工作的态度更加积极了。

谢丽尔的故事　作为一名大公司的办公室职员，谢丽尔拥有巨大的发展潜力。然而，她对晋升的兴趣却不大。但在参加了一次员工研讨会后，她突然意识到不能白白浪费自己的潜力。于是，谢丽尔立志要成为一名经理。短短几天的时间，同事们就发现她对待工作态度发生了明显转变。

以目标为导向的人通常拥有积极态度。

达瑞尔的故事　达瑞尔已经厌倦了现在的工作，因为他在这个岗位上已经工作了 10 个年头。所以，他决定让自己做一些改变。他认为自己首先应该重返大学，以便获得一个更高的学位。这样做了决定之后，达瑞尔变得很积极，对目前工作的看法也不同了。他一边进修，一边工作，结果他非但不再厌烦现在的工作，还在获得学位前得到了一次晋升。

265 显然，目标和拥有积极人生观之间是密切相关的。那么你呢？你是否也是以目标为导向的人呢？为自己设置一两个新目标是否会改善你的态度，从而使你取得更大的事业成功，并最终使你获得更强的个人成就感呢？

目标可以给你方向和希望

态度是一个人看待事物的方式，目标则能反映一个人的态度。没有目标，你将不知如何前进，所以也就不会产生任何期望。而没方向没期望则更容易把你变成一个消极的人，消极思考、消极应对。

阿黛尔的故事　阿黛尔是个开朗的在校大学生，一直以来，她都希望自己将来成为一名高中物理老师。她的学习天分很高，几乎没有什么课程能够难倒她。然而，肥胖却常常令她感到自卑。一次，学校举行校园减肥活动，在两个朋友的劝说下，阿黛尔也参加了这次活动。同时，她暗暗给自己设定了一个目标：在拿到学位毕业前，努力减掉 20 公斤。由于这个新目标的设定，阿黛尔变得比以前更积极了。不知不觉中，她的体重就减了下来，并且她现在的学习表现也更出色了。

奖励你自己

奖励就是动力

对一个人有意义的目标，通常都附带奖励。当目标是由自己内部动机驱动时，这种奖励就更明显。当然，有些目标因为不太复杂，或者只是复杂目标的一部分，所以相对容易实现，不需要花费太多的时间和精力。然而，不论目标复杂与否，目标的实现都会成为一种激励，帮助你改善态度。当目标比较复杂、实现目标面临更大的挑战与障碍时，这种奖励就会更加持久。

> 奖励能促进目标的实现。

许多人在实现目标的过程中，不懂得适时奖励自己，这样反而不利于目标的实现。相反，如果我们在实现目标的过程中，不间断地奖励自己，那么目标就会对我们的态度产生重大影响。下面请看一则案例。

德雷克的故事　德雷克做警察已经三年了，现在他想成为一名律师。听到他的想法，上司给予他极大的鼓励和支持。于是，德雷克白天上班，晚上参加夜校学习。他给自己设定的目标是五年后顺利通过司法考试，为此，他每天都积极努力着，从来不给自己任何放松的时间。然而，仅仅一年，德雷克就坚持不住了（究其原因，他的目标过于长远，又没有任何自我奖励的措施）。就在德雷克准备放弃的时候，他突然意识到自己应该调整策略。于是他安排自己周一到周六晚上参加夜校学习，周日与朋友一起打排球（大学期间，德雷克最喜欢的运动）放松身心。结果，德雷克只用了四年（不是五年）就通过了律师资格考试。

为实现目标提供间歇性奖励

在实现目标的道路上，间歇性地安排奖励非常重要。大多数人都需要定期奖励（尤其当目标复杂，完成时间历时较长时）。当然，用什么做奖励也非常关键。等到需要奖励时，再考虑如何奖励自己为时已晚。事实证明，多数人之所以放弃目标，不是因为目标的实现过于困难，而是因为他们在到达特定的阶段时没能适时给自己安排有效的奖励。

■ 动机是奖励的关键

　　什么样的奖励有利于实现目标呢？这个问题很难回答。道理很简单，不同的人对人生目标有着不同的答案。同样，不同的人对于奖励也有着不同的要求，甚至同一个人在不同时间对奖励的要求也不尽相同。所以，期待别人告诉你何时给自己所希望的奖励，几乎是不可能的。一切只能由你来决定，在合适的时间给予自己合适的奖励。

　　因为你的动机只能由你决定（就像态度由个体自己决定一样），所以，你可能需要花费一些时间来确定动机的类型和对你有用的激励因素。相信本书其他章节关于动机的论述能够帮助你建立合理的目标并发现对你有效的奖励。

 平衡你的目标

■ 众多目标的恰当平衡对大多数人都有良好效果

> 维持各个目标间的平衡本身也是一个目标。

　　每个人都需要为自己设计一个能长期产生良好结果与积极态度的"目标模式"。因为这样的"目标模式"能够帮助你维持生活的平衡。

　　为了更多地了解这种"目标模式"，帮助自己合理设置目标，维持积极态度，请完成下面的互动。

 互　动

目标态度评估

　　本练习旨在评估你对设置目标的态度，请仔细阅读下面每个题目，并根据自己的真实情况在"是"、"否"或"不确定"下面的方框内打"√"。

题目	是	否	不确定
1. 当你努力实现某个目标时，你是否感觉自己整个人都是积极向上的？	☐	☐	☐
2. 当你的目标实现时，你会因此觉得很开心吗？	☐	☐	☐
3. 你认为明确每天、每周的目标是一个好主意吗？	☐	☐	☐
4. 你是否认为每个目标都应该附带奖励？	☐	☐	☐
5. 当一天结束时你完成了自己当天要做的，你是否感觉更好？	☐	☐	☐
6. 无论目标是否实现，你都认为设置目标是有益的吗？	☐	☐	☐
7. 你的朋友认为你是一个以目标为导向的人吗？	☐	☐	☐
8. 你是否认为目标导向型的人通常更积极？	☐	☐	☐
9. 目标有助于你发掘自我潜力吗？	☐	☐	☐
10. 考虑到目标未能实现时可能带来的沮丧和失望，你仍然认为设置目标很有必要吗？	☐	☐	☐

　　总分_____

选项为"是"时，得分为 3；选项为"否"时，得分为 1；选项为"不确定"时，得分为 0。请计算自己在该练习中的总分。其中，总分在 20 分及以上表明你乐于为自己设置目标，并且认为设置目标对于保持积极乐观的态度非常必要；总分在 10～20 分之间表明你不喜欢在生活中设置各种目标，你希望通过其他方式来维持自己的积极态度。

同时，低分也提醒你需要为自己设置一些更加积极的目标，继续搜罗一些与目标及其重要性相关的信息。慢慢地，当你开始设置合理目标并努力发现它的价值和激励作用时，你整个人将变得更加积极。

请定期接受该测试，相信它将成为你对目标的态度的晴雨表。

关于目标导向以及平衡目标对个体的作用，卡梅伦给我们做出了很好的典范。

卡梅伦的故事　卡梅伦现年 32 岁，是一个大型公用事业公司的中层管理人员，当被问及读书期间学到的最重要的是什么时，他回答道："可能听起来很奇怪，但现在回过头看，最重要的是学会了如何给自己做安排。当时我给自己设定了很多目标。首先，当然是取得好成绩。有一些课程比较难，所以我必须集中精力。其次，我需要为顺利就业设置一些目标，因为我需要自己赚钱过日子，而且我想把自己发展成为一名出色的就业者，这样我才有资本在毕业的时候争取最佳的工作机会。此外，我也有运动和减肥的目标，我每周会去健身房三四次。为了达到这些目标就需要做安排，我的学习计划中明确了每门课程的具体目标。并且每个周末我都会列出下周的新目标。

"然而，在我努力实现这些目标的时候，我还是一名即将毕业的大学生，我也需要有娱乐的时间。于是，我把每周六用于纯粹的娱乐。白天，我和朋友们一起打篮球。晚上，我们一起参加各种舞会。坦率地说，正是每周的娱乐时间，保证了我能顺利实现自己所设置的各种目标。

"直到今天，我依然力争维持工作、家庭和休闲娱乐三者间的平衡。如果你问我保持乐观态度和拥有合理目标间是否有联系。我的回答是完全肯定的。"

目标——前进的动力

从短期目标到长期目标

我们需要认真了解自己，以便发现哪些目标能够激励自己，哪些目标对于维持自我积极态度是必需的。

同时，我们还需要了解自己是否为实现目标做出了最大的努力，不论这些目标是短期、长期，还是介于二者之间或者是它们的某种组合。

短期目标通常耗时较短，可能是一天、一周、一个月或者一两年而且相当具体，不像长期目标那样复杂，同时包含一些实现长期目标的条件和要素。

相比之下，长期目标则需时较长，通常为 5 年、10 年、20 年或者更长的时间，人生目标显然属于这一类。此外，由于工作、生活中许多不确定性因素的存在（例如

> 寻找那些能够激励你的目标。

前进途中的曲折和挑战等），长期目标往往很"笼统"。然而，正因为长期目标的完成不是一蹴而就的，我们实现这类目标的途径也多种多样，每个人可以根据自己的不同情况，经由一系列短期目标和中期目标的实现最终实现长期目标。

269

本书讨论以上内容并非要求大家学会如何将目标进行分类，本书的宗旨在于让大家认识到不同的目标与激励因素的作用，从而更好地实现对你重要的目标。相信下面描述的四种目标类型能够加深你对这一宗旨的理解。

■ 日目标。创建并完成每日的任务清单非常适用于那些每天都想拥有成就感的个体。对许多人来说，成就感就是最大的回报，但也有人喜欢用简单的乐趣奖励自己，如看电视、玩电脑游戏、散步，或享受特别的晚餐和点心。

■ 周目标。许多人每周（通常是在星期日）都会为自己设置一些目标，并在下周六奖励自己进行一些休闲活动，如玩高尔夫、观看体育赛事、看电影或参加短期旅游，这些既是目标也是奖励。大多数人发现，把休闲目标作为奖励，能保证他们一周的工作激情和积极态度。

■ 年度目标。年度目标比如旅游度假，令许多人怦然心动。然而，这种目标常常需要人们设置若干更小的目标来激励自己。小目标成就大目标，而以小目标为基础且有现实意义的大目标则更具价值和意义。

■ 人生目标。职业目标和生活目标通常属于长期目标，它们往往是笼统的、含糊的。当然，如果长期目标规划中缺乏短期目标、中期目标及相应的奖励，长期目标的实现将失去动力。拥有长期职业目标的人是值得赞赏的，因为他们关注小但很关键的目标，它们能帮他们达到重要的里程碑。实现目标的坚定信念促使他们每天都在不断进步，他们的人生也会因此变得更加积极和丰富多彩。

满足个人需求，拥有成就感、充满快乐的生活通常要以一系列高度个性化的目标的实现为前提，这样，拥有配偶或伴侣的人就面临挑战，因为他们在制定自我目标的同时，还需充分考虑对方的目标。一心寻求自我实现，忽视家庭成员等重要他人需求的做法显然不对。然而，一味考虑他人需要而忽视自己及不同目标间平衡的做法则是另一个极端。

詹妮特的故事　由于詹妮特和她的丈夫没能建立起一个适合双方目标的生活，她选择了做单亲妈妈。在离婚后的最初两年里，詹妮特给自己设置了三个目标：尽力抚养好女儿；取得事业的进步；完成家务杂事，和女儿一起做些有趣的事情。詹尼特的乐观态度让她周围的人在一段时间内感到格外赞赏和惊讶。然而，随着时间的推移，她却变得越来越消极，为什么，缺少了什么吗？

270

在一个好朋友的帮助下，詹妮特明白她需要时间让自己偶尔放松一下。于是，她和父母做了一个约定：每周日把她的女儿留给父母照看。这样她就能留些时间给自己和朋友们——暂时远离一切责任。有了这项新安排，几周后，詹妮特便恢复了以往积极乐观的态度。

> 制定个人目标的同时不要忘记考虑家人的需要。

和詹尼特一样，现今社会许多人终日忙于工作、家庭与各种琐事中，忽视自我需求，忘记适时让自己休闲和放松，从而破坏了维持积极乐观态度所需的平衡。也许人们忘记了保持各种合理目标间的平衡本身就是一个重要目标且不容忽视。

目标时间管理

那些目标设置合理并善于实现目标的人通常拥有一个良好的开端，即在生命中的某个时期（往往是在读书期间），他们就已经表现出卓越的时间管理能力了。下面我们一起来看看爱德华——一位 43 岁的成功主管是如何管理自己的时间的。

爱德华的故事　爱德华曾经说道："大学期间我学到了很多东西，但对于我的职业生涯，没有什么比个人时间管理更有价值了。当时，我不得不同时应付很多事情——上课，自习，每周做 20 个小时的兼职，进行体育锻炼以及处理个人琐事比如洗衣服、睡觉还有休闲娱乐等。当然，妥善安排好这些事情并不容易，所以从那时起，我就非常重视培养自己的时间管理能力！"

> 目标设置
> 与时间管理——
> 两手抓，两手
> 都要硬。

不管你目前是否还在读书，是否初入职场，是否工作阅历丰富，进行良好的时间管理至少需要做到以下六个方面：

1. 设置周目标并合理优化目标。
2. 明确每日的任务并努力完成。
3. 制定合理的长期目标。
4. 寻找有效的激励因素并适时奖励自己。
5. 专心做好眼前工作。
6. 保证一定的娱乐休闲时间。

总的来说，关于目标设定与计划，我们需要时刻谨记：目标设置不合理与时间管理不善可能会给你的生活、工作带来混乱，并使你失去积极态度。

 本章小结

树的方向由风而定，你的方向由你决定。换句话说，如果你想成为一个更加自信、积极、成功的人，那么最好的办法是为自己设置合理的目标，目标决定你的方向，同时请努力做到以下几个方面：

1. 合理设置目标。合理的目标与积极的态度密切相关。
2. 设置目标的同时制定奖励方案。奖励能够激励个体，是个体实现目标的动力。
3. 注重维持目标之间（工作、事业、家庭和娱乐）的平衡。平衡的目标组合引领你积极向成功奋进。
4. 多数人需要适时激励或奖励作为长短期目标的动力。没有激励和奖励措施，你的目标可能无法实现。
5. 妥善进行时间管理本身也是一个"目标"。善于进行时间管理，懂得合理设置目标会使你拥有更加积极乐观的态度与绚丽多彩的人生。

请记住，实现目标要靠自己的努力，很少有人能通过他人目标的实现而取得成功。所以，首先你需要建立对你及你的事业重要的目标并努力实现它们。其次，你需要优化目标并适时给予自己奖励。最后，你需要时常保持积极的态度，使自己成为一个充实和快乐的人。态度决定人生的高度，能否成功，就看你的态度！

试试你的理解力

根据你对本章内容的理解完成下列题目。

第一部分：根据本章内容判断下列说法是否正确（T＝对；F＝错）。

T　F　1. 设置合理目标会让你整个人变得更积极。

T　F　2. 人力资源管理专家认为，列出每天、每周的工作目标是种明智的做法。

T　F　3. 现实生活中，许多人常常忽视自我需求，忘记适时让自己休闲与放松。

T　F　4. 当你渴望实现某个目标时，你会更加关注那些有助于你实现目标的机会。

T　F　5. 只有那些能够激励自我的目标才是有价值的。

272

第二部分：阅读下列题目并选出正确选项。

6. 指出下面哪种方式能够帮你更好地实现长期目标：（a）寻求他人的帮助；（b）实现目标后给予自我奖励；（c）设置短期目标；（d）热衷于自我实现，忽略周围任何人。

7. 时间管理不善通常是因为：（a）留出了一些休闲放松的时间；（b）制定"待办事宜"清单；（c）对眼前的工作三心二意；（d）努力维持积极的态度。

第三部分：请根据你对本章内容的理解完成下题。

8. 讨论怎样合理设置目标才有助于个体维持积极乐观的人生态度。

答案见书末。

> 目标引领人生走向成功。

思考并回答

请用两三句话回答下面的问题。

1. 什么是"目标模式"？为什么需要它？

2. 设置合理目标并适时给予自我奖励有什么影响，请从两方面进行阐述。

3. 如何实现目标间的平衡，请举例说明。

4. 解释长短期目标间的区别，尤其是它们在激励作用方面。

5. 给出两个理由说明为什么设置目标是明智的做法。

273~274

设计我的目标模式

请在下表中填写你在工作、生活、家庭和休闲娱乐方面的目标及附带的奖励。

	目标	奖励
日目标		
a. 工作		
b. 生活		
c. 家庭		
d. 休闲娱乐		
周目标		
a. 工作		
b. 生活		
c. 家庭		
d. 休闲娱乐		
月目标		
a. 工作		
b. 生活		
c. 家庭		
d. 休闲娱乐		
年度目标		
a. 工作		
b. 生活		
c. 家庭		
d. 休闲娱乐		
人生目标		
a. 工作		
b. 生活		
c. 家庭		
d. 休闲娱乐		

　　请记住，各种目标（无论长短）对于我们大多数人保持积极态度至关重要，目标能够激发我们的潜力，使我们超越自己的能力极限，甚至促使我们在一些不太熟悉的领域里表现出卓越的才能。

　　职业目标与其他个人目标共同维持着我们生活的天平。所以，我们不能忽略"放松"，要有计划地为自己安排一些休闲活动。我们中的很多人都在努力寻求保持事业、家庭、休闲三者的平衡，然而目标模式是否合理，则左右着我们的人生天平，决定着我们在实现目标的道路上能走多远。

"我需要找到自我。"

迪瑞克和瑞林恋爱将近两年了，还有几个月，他们就要大学毕业了。迪瑞克的专业是社会学，他很有能力，在同学中间也非常受欢迎，大家都认为他将来无论做什么都会事业有成。但到目前为止，他仍然不确定自己将来要做什么，并且提到就业，他就表现出困惑和烦躁。和迪瑞克不同，瑞林是个目标导向型的女孩。她的目标是成为一名出色的土木工程师，和心爱的人结婚，在 28 岁的时候拥有两人的孩子。

昨晚两人聊天时闹得很不愉快，原来迪瑞克说自己决定毕业后先玩一两年，"找到自我"后再考虑工作和结婚的事情。瑞林听了非常生气，她对迪瑞克说："我不像你，我非常了解自己，将来我一定会成为某公司的领军人物。这不是什么野心或名利欲望，只是我保持积极态度的方式。在我的人生中一定要有明确的目标，我不能接受自己的另一半混日子。"

迪瑞克也不甘示弱地吼道："好哇，我相信你有能力实现你所谓的目标，但我对自己的目标不确定行不行？我讨厌为生活规划什么，到目前为止，我都一直按照父母的期望和社会准则约束着自己，现在我想要自由，我需要时间找到自我。既然你我目标不一致，那么我们就各走各的。或许几年后，我们可以重新走到一起，创造一个让彼此都满意的生活。"

A. 讨论：迪瑞克和瑞林能够修复彼此的关系吗？他们应该尝试修复关系吗？迪瑞克最终能否认识到目标的重要性？

B. 拓展理解：采访一两位自己尊敬的人（主管、同事、朋友、家人或其他），听听他们对设置目标有何看法。此外，你还可以查阅资料进一步探讨目标，包括它的分类、重要性以及它与目的和使命的区别等。

最后，请你简单阐述一下设置合理目标的积极作用，并举例说明如何在实现目标的过程中保证生活的品质和乐趣。

第20章
职业生涯发展策略

"我讨厌做决定。"

每日箴言：积极态度帮你决定，助你成功。

本章要点

- 坚守职场以求稳步前进有利有弊。
- 跳槽以求迂回前进亦有利有弊。
- 职业规划需考虑七条建议。
- 评估拟入职企业很重要。
- 个人职业规划、职业生涯"B计划"大有裨益。

278
　　任何事业有成的人在职业生涯中都难免经历各种各样的挑战和选择，这也从另一侧面反映了我们上一章节所讲的目标的重要性。当然，每个人的职业发展不仅仅取决于最初的职业规划、职前准备及自身具备的知识和能力，同时也与他可能面临的机遇和选择有关。也许你有机会自主创业；也许你发现提升自己的领导才能，就能带出一支更为出色的工作团队；也许你有过几次平级调动的经历；也许你获得升迁机会，即将跻身公司管理层。然而，无论摆在你职业生涯面前的是什么，唯一可以确定的是，任何人都可能面临职业变动。

内部擢升

职场坚守与内部擢升

坚守或跳槽——职场升迁两大途径。

　　你如果认为管理是自己的"菜"，那么需要关注员工职务升迁的两大途径：一是坚守"老地方"，稳步求发展；二是跳槽求升迁。通常，我们把遵循第一条途径的人，称为"职场坚守族"，而把遵循第二条途径的人，称为"职场跳槽者"。

　　好机会全凭自己创造，职场坚守族若能拥有明确的职业发展目标，坚持不懈、厚积薄发，最终也会创造令人羡慕的事业，实现这种情况的正是所谓的内部擢升。

内部擢升：传统但仍居主导

　　内部擢升现象普遍存在于许多企业中。它通常表现为能力强、表现出色的员工会在企业内部获得更高的职位。如果企业急需人才，那么管理层会希望先从组织内部员工中进行选拔。可以说，内部擢升制度在一定程度上鼓励了员工的职业忠诚，有利于企业的长足发展。即便这样，这些企业也难免会有例外，也难免因为被迫调整而裁员、重组等。

279
　　每家公司都会有自己的成长轨迹与企业文化，对于内部擢升制度也可能做出不同的规定。所以，了解组织结构形态对员工在企业内部取得晋升非常重要。

　　鉴于各类组织（企业、公司或政府机构）及运作模式风格迥异，所以很难概括出一种"放之四海而皆准"的内部擢升机制。因此，请你在阅读以下内容时，切实结合自己所在组织的政策和规定。尽管如此，本书相信以下内容对于初入职场的新人们来说仍大有裨益。首先，请看下图的金字塔。

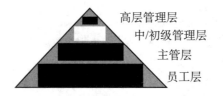

　　上图可能反映了一家公司、企业或政府机关（统称组织）的组织结构形态。无论组织拥有多少员工，20 000 个、200 个或是 20 个，它与组织规模无关。其中，管理层位居金字塔上端，他们为公司的未来发展决定方向。有些组织还把管理层细化为高层管理层、中/初级管理层和主管层。但近年来，许多组织为了节约成本、增强竞争力，开始逐渐取消中/初级管理层，组织结构形态也变得日趋扁平化。

在一些大型企业，高层管理人员通常是指总裁、首席执行官、首席财务官、首席信息官以及副总裁，他们通常是企业的重大决策责任人；中层管理人员则是那些部门负责人、分公司经理、分厂经理以及管理者助理；主管处于管理层中最下面的一级。

普通员工
也要有领导能
力。

各阶层员工都需具备一定的领导能力

根据组织性质的不同，管理层下分布着不同类型的普通员工。例如，在一家制造企业，我们会发现不同层级的技术人员：工程师、高级技工、熟练工、半熟练工以及杂工。当然，在其他类型的企业中，普通员工的分布情况可能大不相同。然而，无论供职于哪个层级，每位员工对于企业的正常运行都发挥着重要作用。为此，企业通常期望自己的员工都能拥有积极的态度、娴熟的人际交往技能、过硬的技术知识和较强的综合素质包括良好的领导能力等等。这里本书想要提醒各位读者，领导能力不仅是对组织内部管理者的要求，同时也是对每位普通员工的要求（具体内容参见本书其他章节）。

280

如上图所示，在金字塔形的组织结构中，职务层级越高，人数越少，所以组织内部主管的数量总是多于其他管理层人员。一般情况下，一名主管管理十多名员工很正常。不过，由于企业类型不同，员工与主管的比例也会相去甚远，以至于有些主管可能只需负责五位员工，有些主管则可能需要负责 30 多人。无论怎样，主管对于职场新人来说都是很大的"诱惑"，因为在绝大多数组织中，主管是通往金字塔顶端的第一级阶梯。

在了解组织内部管理人员的分布情况后，我们来看一下下图金字塔的底部。可以说，在任何组织中，大多数新员工都分布于此。

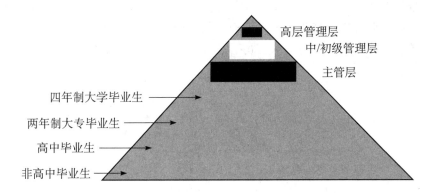

当然，并非所有的组织都根据学历将员工分为四个等级（见上图）。例如：有些公司可能只聘用那些拥有本科学历的求职者；有些则撇开学历，只看求职者的经验或技能。无论起点在哪，任何人都应该并且有机会在一个组织中找到适合自己的岗位，同时，坚持不懈、厚积薄发，努力争取获得内部擢升的机会，以求在组织中担任更加重要的角色。

内部擢升制度的优缺点

每位员工
都有机会升职。

长期坚守同一家企业有利有弊，那些打算通过内部擢升在公司里打拼出一片天地的人往往需要同时与新老员工竞争。一般来说，不论学历与经验，每位员工都有可能获得晋升。甚至有时上层"元老"退休对许多下层员工来说都是一种机会。但是除非出现大的人事调整，很少公司能够一下子空出许多重要职位。

281

好在重视内部晋升机制的公司通常会对员工进行定期培训，同时也鼓励员工参加在职进修，以便为企业未来发展储备人才。因此，这类企业在重组时反而不会轻易放弃提拔自己培养多年的员工。

然而，凡事都有两面，内部擢升机制也不例外。比如我们时常会听到一些能力强的员工们抱怨"升职太困难"、"能力比岗位超前"等。在这些人看来，跳槽求升迁远比坚守求发展容易、简单和现实。他们常说："没准你心仪多年的职位会被突如其来的企业重组取消，况且，升职也并非全靠实力，人际关系忽视不得。你与上司、同事 N 年前的一点小摩擦都有可能毁掉你的前程。"换句话说，在重视内部擢升机制的企业中，员工的人际关系也是重要的考评内容。

此外，随着全球化经济的迅速发展，越来越多的企业认识到：如果想维持企业效益，就必须变得更加灵活。在必要情况下进行重组和裁员才是最明智的做法。所以，坚守职场以求通过内部擢升获得职业升迁也有风险。

迁回前进

跳槽和迁回前进

与内部擢升相比，许多人更喜欢采用迁回战术获得职位升迁。跳槽以便迁回前进，完全不同于坚守以求稳步发展。跳槽者通常秉持这样一种观点：为了发展个人事业，就必须从一家公司跳到另一家公司。关于迁回前进，请看下图。

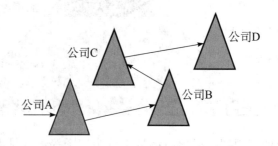

迁回前进的优缺点

通过企业内部擢升制度寻求职业发展有利有弊，同样，跳槽以求迁回前进也有自身的优缺点。

　　跳槽以求迂回前进的优点之一就是升职可能更快。对于那些充满野心、敢于挑战的人来说，这可能是通往金字塔顶端的捷径之一。此外，跳槽也常常会让当事人收获更多的经验。换句话说，在"跳来跳去"间，他可能每次都能学到新的东西，这点在高科技领域表现得尤为明显。

282

　　跳槽以求迂回前进的第二个优点就是很容易掩盖自己曾经在人际交往中犯下的错误。新工作、新人事、新开始，前任公司的人际纠纷或个性冲突将不再困扰你。

　　当然，我们前面已经提到过，迂回战术也有缺点。大多数职场人认为跳槽有风险，因为你需要费神费力保护自己在整个行业中的名声。最糟糕的是，你的跳槽可能压根儿就是个错误之举，成功跳槽并不容易。

> 面对严重人际错误，你不得不考虑跳槽。

跳槽就要接受改变

　　跳槽不仅仅是换工作，它往往伴随一系列改变。比如你可能需要举家搬迁，可能面临社会关系变动，可能失去前任公司中的利润分红。此外，选择在经济衰退时期跳槽可能面临更多的未知与挑战。所以在这里，我们提醒各位读者，如果你想通过跳槽的方式迂回前进，请慎之又慎！

互　动

282～283

评估我的职位升迁策略

　　根据你对内部擢升与迂回前进两大职位升迁途径的认识，评估哪种途径更适合你，并请写出原因。

坚守职场以便通过内部擢升取得事业发展。

a. 比较适合我，因为＿＿＿＿＿＿＿＿＿＿＿＿＿＿＿＿＿＿＿＿＿＿＿＿＿＿＿＿＿＿

＿＿＿＿＿＿＿＿＿＿＿＿＿＿＿＿＿＿＿＿＿＿＿＿＿＿＿＿＿＿＿＿＿＿＿＿＿＿＿

b. 不适合我，因为＿＿＿＿＿＿＿＿＿＿＿＿＿＿＿＿＿＿＿＿＿＿＿＿＿＿＿＿＿＿

＿＿＿＿＿＿＿＿＿＿＿＿＿＿＿＿＿＿＿＿＿＿＿＿＿＿＿＿＿＿＿＿＿＿＿＿＿＿＿

跳槽以求迂回前进。

a. 比较适合我，因为＿＿＿＿＿＿＿＿＿＿＿＿＿＿＿＿＿＿＿＿＿＿＿＿＿＿＿＿＿

＿＿＿＿＿＿＿＿＿＿＿＿＿＿＿＿＿＿＿＿＿＿＿＿＿＿＿＿＿＿＿＿＿＿＿＿＿＿＿

b. 不适合我，因为＿＿＿＿＿＿＿＿＿＿＿＿＿＿＿＿＿＿＿＿＿＿＿＿＿＿＿＿＿＿

＿＿＿＿＿＿＿＿＿＿＿＿＿＿＿＿＿＿＿＿＿＿＿＿＿＿＿＿＿＿＿＿＿＿＿＿＿＿＿

　　当然，也有些人采取折中策略。然而无论采取哪种策略，都需要当事人了解自己目前所在的组织以及打算跳槽去的部门或组织，评估跳槽可能面临的各种情况与风险。事实表明，即使人们跳槽前做足了功课，在新环境中仍然难免会碰到许多始料未及的事情。

职业规划建议

283

人际关系中的七大因素

进行职业规划时，请你认真考虑以下七条建议。注意，这七条建议都涉及重要的人际关系问题。

1. 发现机会。你在一家企业坚守的时间越长，你将来升职的机会就越多。关键问题是你要善于在职场中维护良好的横向关系与纵向关系，并且愿意接受挑战，乐于接受改变，积极做好公司分配的所有任务。

2. 重视平级调动。平级调动（例如不同职能部门间的调动）是升职的另一条"蹊径"，相比加薪，平级调动能够拓宽你的视野，使你了解企业不同部门的运作，从而为今后的升职奠定基础。

3. 寻找最优升职渠道。尝试发现适合你的最优升职渠道：平级调动或直接晋升，同时注重发展良好人际关系，为你的升迁之路开辟大道。

4. 充满自信。在工作，要保持自信乐观，不断进取，敢于提出自己成熟的工作想法，善于运用良好的人际交往技巧，积极与上层领导交流沟通，努力让管理者发现你、认可你。

5. 向上司表明心迹。当出现职位空缺时，找机会向你的上司表明心迹，让他知道你对该职位的需求。不要企图让领导揣度你的心思，大胆地说出自己内心的真实想法并不会影响你的职场人际关系。

6. 在公司外发展人脉。建立和管理好其他人脉关系网（非同事人脉）对于个人的职业生涯大有裨益。事实表明，当你所在的公司无法为你提供良好的展示平台时，你的人脉关系网将发挥重要作用。

284

7. 继续学习。现代社会创业渠道越来越多，电子商务、服务行业、医疗保健等的迅猛发展也给人们带来越来越多的工作机会。就业不是问题，而你的知识储备，你所接受的培训或正规学习都将成为你未来职业发展的资本。所以，无论身处何种职位，继续学习，不断充实自己才是最重要的事情。

评估拟入职企业

了解拟入职企业

对于求职者来说，不应该寻找最好的而应该寻找最合适的舞台。为此，就必须要对拟入职的企业进行评估。评估的目的就在于了解该企业是否与你的职业规划相一致，是否拥有你理想的工作环境。此外，这个企业是否有利于你的长足发展，是否具有升职的空间等。

当然，这种评估越早越好，越详细越好。因为许多新员工往往事后才发现入职的公司诸方面不适合自己，所以他们不得不面临再择业。

我的理想工作

在评估拟入职企业时，需要考虑以下六个问题。阅读每个问题，并在横线上写出你对该问题重要性的看法。

1. 员工是否参与公司利润分红或享有股票优先认购权？

_____

2. 企业发展是否稳定，会不会面临被收购风险，公司管理模式是否适应现代经济发展？

_____

3. 公司内部是否等级制度严格（比如在医院，医生、护士、非专业人员各属一级），面对这种等级制度严格的工作环境，你能否适应？

_____

4. 如果拟入职的组织存在人员流动现象（比如餐饮业），同事间很难建立长期稳定的关系，这是否会困扰你？

_____

5. 你对下班时间有什么要求，是否介意加班或轮班？因为在现实生活中，一些现象常常不可避免，比如医院、餐厅以及许多工厂都有轮班的规定，航空公司、酒店或旅行社则经常要求员工加班（有加班费或没有）。

_____

6. 面对充满创意、不断变化的工作环境，你能否接受？毕竟不是所有人在工作时都能享受高级时装店与顶级艺术馆的"至尊"体验。

_____

 ## 制订职业生涯 "B计划" 和个人职业规划

职业生涯"B计划"

职场冷热不可预知，成功的跳槽者通常都备有一份"B计划"，以便在出现变数时能及时应对。

职业生涯"B计划"类似于企业的商业计划书，一份优秀的商业计划书全方位描

> 个人职业规划左右你的态度与发展。

述了企业目前的状况及未来的发展潜力，是企业的行动纲领和执行方案。

个人职业规划

和企业一样，每个人也应该为自己的未来发展撰写个人职业规划。在撰写的过程中，你将进一步明确自己的职业目标与发展方向。事实上，职业生涯"B 计划"也是个人职业规划的一部分，它是个体在现有职业发展计划以外，重新为自己规划和准备的另一条职业发展方案，它甚至可以具体到每时每刻的会晤、日程安排等。"B 计划"的价值就在于可以让跳槽者在最短的时间内再就业。

不过，"B 计划"和跳槽并无直接关系。现在越来越多的职场坚守族也开始认识到它的重要性。为什么？原因主要有两点：第一，职场坚守族发现，跳槽者之所以成功多半在于他们拥有可行的备份计划。第二，职场风云变幻，谁也无法保证公司下一秒不会发生兼并、重组或裁员。因此，出于防范的角度，积极地为自己制定一份"B 计划"非常必要。

计划的好处

无论是跳槽者还是职场坚守族都能从"B 计划"和个人职业规划中获益，这主要表现在两个方面：

1. 职业规划未雨绸缪，因此，即便突然被公司辞退，个体也能够及时应对。
2. "B 计划"有助于个体在当前工作中保持积极乐观的态度。

现实生活中，不少职场人总是担心自己的工作表现不够好，或者担心突然有一天被公司辞退。然而，当我们为自己的未来发展量身打造一份切实可行的"个人职业规划"（包括职业生涯"B 计划"或"C 计划"等）时，不仅这种担心会减少，还将在目前的岗位中表现得更加积极和自信，工作效率也会因此提高，没准儿还会得到上司的奖励与提拔。这样，我们反而没必要选择跳槽。

287   **本章小结**

设计职业蓝图应该同时保证一定的可变空间，这样个体才能抓住并运用好职业道路上可能出现的种种机遇。无论你是热衷于平级调动还是直接晋升，相信本章提出的两大职业升迁策略都将有助于你的个人事业发展。当然，坚守职场以便得到内部擢升与跳槽以求迂回前进两种途径皆有利有弊。权衡两者的利弊，找到最适合你的职业升迁策略才是至关重要的。

为了帮你早日实现自己的职业目标，本章还从人际关系方面提出了七条建议，认真阅读这些建议，它们对你的职业发展大有裨益。此外，重视对拟入职的企业进行评估，注意考虑本章练习中提出的几个问题。

职场风云难以预知，因此，制定可行的个人职业规划并附带一份职业生涯"B 计划"非常必要。这些计划将帮你甩掉不必要的顾虑，更加积极自信地面对当前工作。

试试你的理解力

根据你对本章内容的理解完成下列题目。

第一部分：根据本章内容判断下列说法是否正确（T＝对；F＝错）。

T　F　1. 兼并、重组等迫使许多企业不再重视内部擢升制度。

T　F　2. 你如果能力强并且满怀抱负，那么面对合适的时机，应该积极选择跳槽。

T　F　3. 跳槽以求迂回前进相对来说风险低一些，也很少出现到异地工作的情况。

T　F　4. 职业生涯"B 计划"意味着开启了一个截然不同的职业领域。

T　F　5. 职业生涯"B 计划"对个体的职业发展大有裨益。

288

第二部分：阅读下列题目并选出正确选项。

6. 当个体在职场中出现严重的人际关系问题时，最好考虑将职业发展路线转换为：（a）内部擢升；（b）迂回前进；（c）职场坚守；（d）保守。

7. 制定职业生涯"B 计划"的人：（a）通常也重视其个人职业规划；（b）都是跳槽者；（c）将面临风险；（d）可能无法适应突然的职场变动。

第三部分：请根据你对本章内容的理解完成下题。

8. 比较两种基本职业升迁路线的优缺点。

答案见书末。

> 面对突然而来的大风，即使从栖息处掉下来，"B 计划"也会托起你的翅膀，使你安然无恙。

　　　思考并回答

请用两三句话回答下列问题。

1. 如何谋求职业升迁？

2. 解释何谓内部擢升，并给出两个理由说明这种职业升迁路线的可行性。

3. 解释何谓迂回前进，并指出这种职业升迁路线的两个优点。

4. 职业规划中应重视哪些因素，指出其中的两个因素并说明它们对职业发展有何影响。

5. 什么是个人职业规划？什么是职业生涯"B 计划"？两者有何关系？

289~290 练　习

内部擢升还是迂回前进

本章主要讨论了职业升迁的两大途径：内部擢升和迂回前进（坚守和跳槽），本练习旨在帮助你明确适合自己的职业发展路线。阅读下面的 10 项内容，并根据自己的情况进行 10 级评分。其中，评分越高表明你越倾向于采取迂回前进路线，相反，评分越低表明你越倾向于采取内部擢升路线。

1. 我喜欢自由，讨厌规章制度什么的。	10　9　8　7　6　5　4　3　2　1	遵守公司规章制度对我来说是件再普通不过的事情。
2. 我喜欢挑战，即使可能触犯上司。	10　9　8　7　6　5　4　3　2　1	我讨厌风险，在工作中会尽量避免与管理层产生任何不愉快。
3. 待在某个公司两三年对我来说非常不容易。	10　9　8　7　6　5　4　3　2　1	我愿意毕生都坚守在同一家企业。
4. 我没有足够的耐心坚守同一家企业直到取得事业成功。	10　9　8　7　6　5　4　3　2　1	我有足够的耐心待在同一家企业直到取得事业成功。
5. 我如果不能兼得，那么宁愿选择高工资、低福利的工作。	10　9　8　7　6　5　4　3　2　1	我宁愿选择一个低工资、高福利的工作。
6. 我会争取早日摆脱职业发展停滞期。	10　9　8　7　6　5　4　3　2　1	我觉得职业发展出现短期停滞现象很正常，没什么可担心的。
7. 我喜欢打破常规。	10　9　8　7　6　5　4　3　2　1	我从不会打破常规。
8. 我一直认为自己是叛逆的。	10　9　8　7　6　5　4　3　2　1	我的特点是适应而非反抗。
9. 我想寻找一份薪酬更高的好工作。	10　9　8　7　6　5　4　3　2　1	我会拒绝任何高薪工作机会，一心一意待在同一家企业。
10. 我很害怕被束缚或被限制。	10　9　8　7　6　5　4　3　2　1	对我来说，上级压力不算什么。

总分_____

计算你的总分。总分为 60 分及以上表明你可能适合跳槽，总分高于 80 分表明你应该跳槽，长期坚守同一家企业不适合你，甚至会束缚你。换句话说，相比内部擢升的路线，迂回前进的路线更适合你。

总分低于 40 分表明你适合坚守，发展缓慢、风险较小的事业模式可能更适合你。

总分在 40～60 分之间表明内部擢升路线与迂回前进路线可能都不太适合你。一方面你无法适应风险高、节奏快的公司，另一方面你也无法适应等级制度严格、过于传统的公司，因此介于二者之间的公司可能更吸引你。

随着社会的发展，企业重组、合并的现象司空见惯，越来越多能力强的人特别是高层管理者选择或被迫选择跳槽，以求通过迂回前进获得事业的成功。不管我们是否愿意，职场坚守族不断减少，跳槽现象不断增多都是一个不争的事实。没有人能够保证什么，但是我们有理由相信：只要我们积极面对工作，恪尽职守、兢兢业业，事业之船就会始终沿着正确的航道行驶！

案例 20　　　　　　　　　　　　　　选择　　　　　　　　　　291

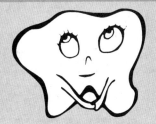

"我是一个坚守族。"

　　安吉洛是一名经验丰富的无线电技术员，由于他出众的技术能力和良好的人际关系，他被提拔到技术部门的管理层。但是由于公司改组，他的职位被取消了。安吉洛被迫面临失业。为了尽快就业，他一周内接连应聘了两家知名度较高的电子商务公司（A 公司和 B 公司）。两个公司都对他进行了为期三周的考察，结果，这两家公司都向他伸出了橄榄枝，不过它们提供的薪资水平都低于他原来所在的公司。

　　A 公司充满活力，基本不对员工进行任何培训，反而更热衷于挖竞争对手的得力员工。这也是该公司聘用安吉洛的原因：他的技术能力较强，工作上手快。

　　B 公司是一家技术有限公司，该公司设有明确的内部擢升制度，重视员工保障，同时定期提供员工培训。这家公司选择安吉洛不仅基于他出众的技术能力，同时还有他潜在的管理能力。

　　对比两家公司，A 公司的薪酬相对更高些，但 B 公司的员工培训方案则相当诱人。至于在其他重要方面两家公司不相上下。

　　A. 讨论：你认为安吉洛应该接受哪家公司的聘用？他在做决定时应该考虑哪些问题？

　　B. 拓展理解：请你指出个人职业规划应该包括哪些内容，并帮助安吉洛制定一份个人职业规划。可以从描述对个人职业规划起关键作用的因素谈起（最好设计出一个适合安吉洛及其他人的职业规划模板）。

第21章

积极应对事业的停滞

"生活本来就够辛苦了。"

> **每日箴言：** 朝着目的地行驶时，不要忘记遵守交通规则。

◆ **本章要点**

- ■ 面对职业发展停滞状况，请保持耐心。
- ■ 职业发展停滞现象客观存在，不可避免。
- ■ 六大对策帮你缩短职业发展停滞期。
- ■ 缩短或摆脱职业发展停滞期，保持积极心态很关键。

职业发展停滞是指个体在某个职位上停留时间过长、难以得到更大的发展，甚至还有下滑的危险。任何个体在陷入职业发展停滞期后，积极态度都会受挫。在此期间，个体的薪资水平可能会有小幅增长，但绝不可能有大幅提高。通常，职业发展停滞的主要原因是组织结构调整，比如企业重组。由于职场瞬息万变、很难预知，所以每个职场人都可能遇见职业发展停滞期，有时，这个停滞期甚至可能持续几年的时间。

> 面对职业发展停滞状况，请保持耐心。

 ## 保持耐心

为什么难以度过职业发展停滞期？

抱负和耐心

企业管理层通常都很重视这个问题。几乎每家企业都希望聘用那些热情、有活力并充满抱负的员工，然而却不是所有企业都能够保证所有员工都得到快速升职。因此，企业在挑选那些充满抱负的应聘者的同时也会在日后不断提醒他们保持耐心。

"劳拉，升职总归需要一些时间，耐心等待，总有你出头的一天。"

"乔，干得不错，等着吧，只要有机会，你一定可以做得更好！"

"亨利，别气馁！你现在只是面临暂时的职业发展停滞。不断充实自己，认真工作，将来肯定会有升职的一天。"

尽管管理者苦口婆心，一再告诫员工要认真工作、保持耐心。然而，陷入职业发展停滞期的员工往往认为这些只是陈词滥调，即便是那些职场坚守族们也会感到烦躁和不安，甚至选择跳槽。

耐心等待升职

学校很难教会学生保持耐心，因为学校中的"晋升"不同于社会中的晋升模式，它主要依据的是年龄。随着年龄增长，个体从一年级、二年级一直这样向上"晋升"，这就好像钟摆的摆动一样稳定且有规律。据此，有些人便理所当然地认为：不管付出与否，生活就像走台阶，越走越高。

此外，当今社会急功近利的风气（比如美国的过度消费）也助长了人们的这种错误认识。许多拥有"成功"父母的年轻人从小泡在蜜罐中长大，他们无法理解等待，在他们看来，30 岁就应该尽可能拥有的一切，为什么要等到 60 岁退休时才能拥有？

然而，当他们真正踏入社会，开始工作时，他们才发现薪酬水平没有想象中的高，晋升机会也很少，自己只是一名最底层的打工者。于是，有些人开始变得烦躁，不停地跳槽，希望马上找到一条快速升职加薪的渠道。

295

> 在这个急功近利的时代，拥有耐心是一种优势。

应对职业发展停滞

"职业发展停滞"现象客观存在

出现职业发展停滞的原因有很多，下面本书引用三位员工的话进行说明。

> 积极心态
> 与自信帮你安
> 全度过停滞期。

斯特拉的故事　"我现在就职于一个不错的公司，但是我们已经经历了连续几年的内部整顿。这些年公司几乎没有招聘任何新员工，也没有发生任何职位变动。我总是安慰自己说这场整顿即将结束，可说实话，我和许多同事现在根本就没办法安心工作。"

杰尼的故事　"进入我们公司高层管理部门需要很多年，在过去的几年中，我接连担任过几次一线主管，而且所承担的责任一次比一次大。接下来，我可能晋升到公司中层管理部门。可是我前面还有一大堆人排队等着呢。如果我跳槽到对手公司就好了，也许那样就可以很快升到管理层了。"

卡尔的故事　"为了晋升到某个职位，三年来我兢兢业业，时刻将其作为自己的奋斗目标。可是公司突然重组，接受该职位需调到另一个城市工作。我没打算离开这座城市，所以我不得不调整自己的目标，应对职业发展停滞状况。"

尽管晋升现象在组织内部相当普遍，但并非每位员工时常都能得到晋升。职业发展停滞现象是客观存在的，每位职场人都难免会遇到，为此，我们应该如何应对呢？

如何应对职业发展停滞？

第一，有抱负的员工即使处在停滞期，也应努力学习，只有这样才能使停滞期"停而不滞"。第二，员工应该积极探究摆脱停滞期的途径。

企业通常根据员工的个人绩效"论功行赏"，管理者都了解为员工提供公平的竞争环境对于保持组织活力非常重要。所以，在升职面前，资历、经验、民族和年龄都不是最重要的，能力才是关键。然而，即便是最有能力的员工，也可能在职业生涯的某个阶段"停滞不前"。但是，机会永远存在，只不过需要个体耐心度过一段为时较长的停滞期。

等待是漫长的，职业发展停滞期间，个体的自信心可能被摧毁，个体可能需要应对各种复杂的问题。然而，职业发展的停滞其实并不可怕，关键是你如何对待它。

个体如果听任自己陷入停滞的泥沼而不思进取，终日消极怠工，那么，就仿佛假性近视不及时纠正治疗而进入无可逆转的真性近视一样，你将从短暂的"职业发展停滞期"坠入竞争失败面临淘汰的险地。相反，如果一个人面对职业发展的停滞，积极调整心态，厚积薄发，耐心等待，那么机会的大门就会向他敞开。

当然，面对职业发展的停滞，让有抱负、有能力的员工始终保持积极、耐心并不是件容易的事情。可是要获得事业的成功就必须努力做到这点，因为在任何组织中，升职机会永远存在，但是它往往不会根据个人的时间表出现。

遭遇挫折很正常

对于处于停滞期的员工，任何组织都很难照顾到他们的各种情绪。但事实上，管理者完全能够理解员工在面临职业停滞时所产生的挫折感。因为他们也会遭遇同样的事情，他们明白这是一个困难时期，是一个人调整职业目标的时期。在这个时期，个人价值可能会受到挑战，一些人可能会选择跳槽或回到校园进修。（更多关于挫折的内容参见本书其他章节。）

在工作、生活中遭遇挫折很正常，没有人能够随随便便就成功。年轻的时候我们年少气盛，20 岁的时候我们觉得一年漫长得像是五年。然而，往往到了 30 岁的时候，我们才有机会在工作中崭露头角。在此之前，总是少不了漫长的等待和积累。

当然，也有些人很早便拥有了成功的机会。例如，在娱乐圈、体育竞技场、销售行业，很多有理想、有天赋、有能力的人"少年得志"。此外，在某些自主创业领域也存在同样的情况。

罗马不是一天建成的

尽管现实生活中不乏有人"少年得志"，但在绝大多数领域，特别是在医疗卫生、机械制造、司法领域等，人们往往需要在工作中投入大量的时间和精力才有可能取得事业成功。没有医生天生就是专家，通常他们到了 30 岁或更大年纪才开始独当一面，其他领域的专家也一样。

297

缩短停滞期

了解"职业发展停滞"现象很重要，但是有什么办法能够帮助我们早日度过停滞期呢？

向自己提问

面对可能出现的职业停滞，请你问自己以下六个问题：

1. 我目前的工作是否还有需要改进的地方，继续坚守该岗位能否给我的升职带来机会？有的人能将枯燥重复的工作转变成自我完善的好机会，比如在船舶运营业，一些聪明的主管总是在自己枯燥的工作之外，努力寻求如何降低企业运营成本。他们首先会研究如何降低自身所在部门的生产成本，结果，他们可能实现部门和自己双赢。

2. 我是否充分利用了所有可能锻炼自己的机会？这种机会存在于公司内部和外部，加入某个新组织可以帮助个体缩短甚至安全度过停滞期，许多人发现，兼职经历能给他们带来物质精神双丰收。

3. 现在是时候调整职业目标了吗，是时候获得晋升了吗？当组织内部发生大的调整时，你应及时调整个人计划和目标，努力接受改变，积极为自己创造新的机会，例如主动申请调到那些"在发展中的部门"（而不是继续待在"在精简中的部门"）。必要时，你需要启动自己的职业生涯"B计划"。

4. 我是否向上司递交过职位申请？即使组织目前没有任何人事调整计划，你也应该适时让上司认可你，知道你已经为承担更大的责任做好了准备。虽然这种做法还是无法避免陷入"职业发展停滞"，但是它至少可以缩短你的停滞期。

积极学习充电，职业发展将"停而不滞"。

5. 我可以参加公司的哪些活动？积极参与组织内部的活动，比如运动会、学习竞赛、文艺表演等，这会让你和上司有更多的接触机会，同时也会带给你意外的惊喜——参与活动未必可以缩短停滞期，但它会让你感到时间过得很快。

298

6. 做什么事情能够引起管理层的注意，你是否愿意主动接受一项棘手的工作（别人都不愿意接受的工作）？主动请缨并出色完成复杂任务的过程，也是向组织管理层展示你的潜力与职业忠诚的过程。

298

互　动

积极乐观面对职业发展停滞期

在职业发展停滞期保持积极乐观的心态非常重要，请你在下面表格中填写六种保持积极态度的方法（在职业发展停滞期），并说明具体的实施计划（实施时间和间隔）。

保持积极态度的方法	具体实施计划
1.	
2.	
3.	
4.	
5.	
6.	

回顾你所列出的六种方法，看看哪些方法有助于你在任何时候都保持积极乐观的心态。善于运用这些方法，相信你会变得更加积极！

面对职业发展停滞应注意的问题

保持积极心态

面对职业发展停滞，我们可以采取很多行动来缩短停滞期，或者至少让停滞期变得不那么难熬。例如，当公司重组或内部整顿等原因使个体陷入"职业发展停滞"时，个体可以考虑跳槽，通过迂回前进路线获得职业升迁和发展。然而，采取行动的同时，我们应该努力保持自己的积极态度，为此，我们首先需要认真思考以下三个方面。

> 积极心态
> 要保持。

1. 入职第一年始终抱有学徒心态。在这一年里，你应重视通过组织培训与日常工作不断积累经验，切忌"眼高手低"，因为你只不过是一名刚上道的"马路新手"。

2. 有时机会来得太快未必是件好事。当机会降临在你的身上，而你尚没有准备好、尚无能力承担更大的责任时，这种机会反而不利于你的职业发展。所以，你要做的是：赶在机会到来之前，充实自己。

3. 很多人抱怨入职前几年升职太慢，相比之下，很少有人抱怨入职多年没机会升职。这就提醒我们：工作开始的前两年升职机会可能较少，但之后机会会逐渐增多。因此，切实为自己制定一个职业目标才是最重要的。但是，不要妄图所有事情都能按照你的计划运行，那只是你的个人想法。

任何公司的企业规划都无法具体到每位员工的升迁问题。如果你为自己制定了详细的职业规划时间表，并且想力求全部按时实现，这完全是不现实也不可能的事情，如此，你反而会让自己变得越来越消极。

良好心态源自于积极的行动。为了安全度过职业发展停滞期，我们可以适时采取一些行动，例如制定职业规划、职业生涯"B 计划"等，这些有助于个人增强自信，保持积极乐观的态度。

本章小结

当今社会，企业大规模重组现象越来越普遍。有时，这种重组会引发组织内部的人事调整，甚至会导致大裁员。不过有时企业重组也会给那些早有准备的人创造机遇。职场变化难以预知，而且并非所有职场变化都能带来好的机遇。关键问题在于，当机遇到来的时候，你是否已经做好了准备。

现代人不怎么喜欢"耐心"这个词，直到面对职位晋升和职业发展停滞问题时，人们才明白"耐心"的重要性。在这个快节奏的时代，你应该学会平衡"职业抱负与职业停滞"这对矛盾，否则，你将失去自己的大好前程。面对"职业发展停滞"，注意加强学习，不断充实自己，这样你的职业发展将"停而不滞"。关于如何缩短停滞期，相信本章提出的六个问题能够切实帮助你。

此外，应对职业发展停滞的同时应重视保持积极心态。为此，本章提到了三个方面。牢记这三个方面，你将更容易增强自信，保持积极乐观的态度。

现在，越来越多的职场人重视为自己制定个人职业规划以及职业生涯"B计划"，以便更好地发展个人事业以及应对可能出现的职场变化。然而，面对职场变化，特别是职业发展停滞，保持积极心态才是最重要的。

试试你的理解力

根据你对本章内容的理解完成下列题目。

第一部分：根据本章内容判断下列说法是否正确（T＝对；F＝错）。

T　F　1. 学生在学校的"晋升"模式类似于社会中的晋升模式。

T　F　2. 关于职业发展停滞，你了解得越多，就越容易安全度过停滞期。

T　F　3. 在停滞期里最大的危险因素可能是消极的心态，它会使得别人捷足先登。

T　F　4. 自信的人通常更容易安全度过职业发展停滞期。

T　F　5. 当你发现自己工作上处在停滞期时，唯一可做的就是保持耐心。

第二部分：阅读下列题目并选出正确选项。

6. 总的来说，职场新人入职第一年是：（a）从一个部门到另一个部门的跳槽阶段；（b）快速晋升阶段；（c）等待管理层发现你的最佳时期；（d）准备和学习阶段。

7. 对于职业发展停滞期，个体面临的最大挑战是：（a）保持积极心态；（b）给领导留下深刻的印象；（c）与同事建立友谊；（d）证明自己是否值得晋升。

301

第三部分：请根据你对本章内容的理解完成下题。

8. 探讨导致职业发展停滞的原因以及有效的应对措施。

答案见书末。

> 面对职业发展停滞，积极心态最关键。

思考并回答

请用两三句话回答下面的问题。

1. 什么是"职业发展停滞"？为什么在职业发展停滞期间保持耐心很重要？

2. 说出导致"职业发展停滞"的两个可能原因。

3. 提出两种有效应对职业发展停滞的措施。

4. 假设你现在陷入职业发展停滞期，试着向自己提两个问题并回答。

5. 在职业发展停滞期里，为什么保持积极心态很重要？

302～303

缩短职业发展停滞期

职场风云变幻，每个人都可能陷入职业发展停滞期。面对"职业发展停滞"，应该采取哪些措施缩短停滞期呢？

为了给大家提供一些思路，本练习列出了 20 项可能的有效应对措施。仔细阅读每项措施，并在适合你和不适合你的应对措施后打"√"。

应对措施	适合我	不适合我
1. 增强自信心。		
2. 开始寻找新工作，并刻意让你现在任职的公司领导知道。		
3. 刻意让你目前任职的公司领导知道你准备跳槽，但并不真正付诸行动。		
4. 像部分人一样玩弄权势，而不考虑道德标准。		
5. 绝不轻言放弃！始终激励自己努力工作。		
6. 积极与公司各阶层人员建立良好人际关系。		
7. 为了早日实现职业目标，参加夜校培训。		
8. 向公司管理层递交自己成熟的工作想法以求得公司认可。		
9. 保持积极的态度和耐心，麻痹自己的竞争对手。		
10. 与有过职业发展停滞经历的老员工沟通交流，多听听他们的建议。		
11. 找人帮自己做一份新简历。		
12. 找份兼职工作转移自己的注意力。		
13. 请上司吃饭。		
14. 为了引起公司其他人的注意，故意做些你平常不做的事情。		
15. 在上司面前故意表现得格外努力。		
16. 要求公司加薪。		
17. 努力使自己看起来很有耐心，但私底下寻找所有可能的表现机会。		
18. 请求工作调动。		
19. 找上司沟通交流。		
20. 辞职。		

统计该练习中适合你的项目总数，如果有 8 个及以上项目适合你，说明你缩短停滞期的可能性较大，当然这也与你实施这些措施的技巧有关。但如果只有 5 个及以下项目适合你，说明你缩短停滞期的可能性较小。

面对职业发展停滞，适时采取积极行动非常重要。否则，你的上司也会忽视你。

304 案例 21   变化

"我讨厌变化。"

关于如何应对职场变化，某公司召开了一次职工研讨会。在会上，英格丽德第一个发言说："虽然变化不可避免，但我相信平时认真工作，严格遵守公司相关规定，积极建立良好的人际关系能够帮我成功应对各种职场变化。即使现在的上级不能赏识我，也会有其他人赏识我。"

英格丽德的同事兼好朋友达拉接着发言说："我对英格丽德的观点持保留态度，虽然我很欣赏英格丽德对工作的热忱以及她出色的人际交往能力，但是我认为面对职场变化，我们还需要灵活行事并敢于挑战自我，此外，我们应该试着将变化转变为机遇。可以说，当我每次遭遇职场变化时，我首先会让自己冷静下来，努力思考怎样在这种变化中找准位置，创造升职的机会。哪怕是把别人踩在脚下也在所不惜。职场变化不可预知、不可避免，我们能做的只是努力适应它并让它为我所用。"

A. 讨论：你认为谁的方法能够更好地应对职场变化，英格丽德还是达拉？你还有更好的策略吗？

B. 拓展理解：采访两三位公司主管（或者经验丰富的老员工），总结他们是如何应对职业发展停滞的。然后以"职业发展停滞"为主题，进一步探讨应对职场变化、取得事业成功的途径和方法。

第22章

当你准备离职的时候

"我已经准备好重新开始了。"

每日箴言： 你的态度与人际关系随时可能影响你的未来。

本章要点

- 尽管每个人都拥有择业自由，但所做的每个选择都可能存在一定的风险。
- 如果长期以来你在当前公司工作得很不愉快且工作一直没有起色，那么你应该做好辞职准备。
- 多数人因为性格或社交问题而草率辞职，为了吸取教训，请你在辞职前采纳本章提出的八条建议。
- 如果你辞职的理由合理，且善于应对职场变化并能吸取过去的经验教训，那么辞职值得肯定。
- 当你面临暂时失业或其他职业变化时，请你采纳本章提出的四条建议以帮助自己保持积极乐观的态度。

306　　　　　　　　在某个行业内求职，选择某个岗位，加入某个公司或辞职，这些是人们的重要权利，每个人都应该充分享受这些权利。然而，对于你来说这些权利又意味着什么？

择业自由

　　　　　　绝大多数国家的人们都拥有择业自由。它意味着我们可以选择自己心仪的公司、拥有一份稳定的职业、按照自己的规划发展个人事业；它也意味着我们可以离开现在就职的企业，选择自己创业或选择重新回到学校接受再教育；它同样意味着我们可以选择跳槽，通过迂回前进的方式求得职业升迁。

跳槽

　　　　　　跳槽对于人们来说是一个非常重大的决定，尤其当经济环境不太好时，这一决定对于人们来说就更为艰难且具有很高的风险性。例如，当经济下滑时，职场跳槽率一般也会随之下降。这一方面是因为社会上已经存在大量的失业人员，另一方面是因为经济形势差、就业前景不好时，人们更少选择跳槽。尽管如此，当一些小公司开出优厚的聘用条件时，不少人也会毫不犹豫地选择跳槽。

　　　　　　当然，有些跳槽对于一个人以及他加入的新公司来说都是件好事；有些跳槽则增加了未来失业的几率；有些跳槽源于个人原因，不可避免；也有些跳槽可能从开始就是个错误的决定。

> 辞职有风险，选择须谨慎。

　　　　　　任何辞职都存在一定的风险性。可能你重新选择的工作不如你之前的那份工作，也可能你会面临暂时失业。事实上，每年都会有成千上万的就业者选择辞职，但其中不乏在递交辞呈后就开始后悔者。很多时候"距离产生美"，所以当我们从"远处"看其他就业领域或公司时，总认为那边工作环境更好、机会更多，然而实际情况可能并非如此。因此，无论你是否已经收到了来自其他机构或公司的"橄榄枝"，面对辞职，你都需要慎之又慎。

为什么辞职？

　　　　　　为什么辞职？在什么情况下应该选择辞职？一般来说，你如果在工作中长期感到不愉快并且工作没有任何起色，那么应该考虑辞职。因为在这种情况下，你所在的公司可能制约了你的发展，所以这时候换个新的工作环境重新出发，可能是最好的办法。

　　　　　　换句话说，当你的能力远远高于目前承担的工作时，你应该考虑跳槽。或者当你连续数月工作业绩下滑、情绪不佳、态度消极而自己又无力改变时，你也应该考虑换一个新的工作环境。

> 请确定你是因正当理由而辞职的。

307　　　　　　然而，现实生活中，多数人辞职并非源于上述原因。

社交问题是辞职的首要原因

你可能经常听说某些人因为善于社交而被聘用或取得升职，事实的确如此。在职场中，因为社交问题而辞职的人也不占少数。

辞职应该是为了寻求更好的职业发展，然而，许多人往往因为工作中的一点不顺心就草率选择辞职。这种做法显然是不值得称道的。因为当前工作不适合自己而辞职是一回事，因为社交问题而辞职则是另外一回事。

辞职前应考虑的问题

为了避免犯这样那样的错误，请大家在辞职前认真考虑以下八个问题。

■ 你辞职是否源于情绪问题？当感到周围一切很混乱或感到沮丧心烦时，人们通常会产生辞职的冲动，这种反应很自然。然而，当你真正准备辞职时，则应该深思熟虑。

不过，事实是当人们被社交问题折磨得焦头烂额时，通常很难保持头脑清醒与理性。这个时候，最好的办法就是转移注意力，暂时忽视这些重大决定，向朋友倾诉，给自己充分的考虑时间，从而做出更好的选择。总而言之，辞职绝对不能凭一时冲动。众多前车之鉴提醒我们：一旦决定就再无法回头！

> 沟通交流有助解决问题。

■ 你辞职是否源于个性问题？仅仅因为个性问题而辞职会严重影响到你的个人前途。因为时间和努力能够解决这一问题，关键在于你是否愿意让时间帮助你，让公司领导帮助你。

308

■ 你辞职是否因为担心自己被炒鱿鱼？几乎所有的公司在经济衰退时都会做出一定的人事调整。此时，聪明人会努力使自己增值从而降低被辞退的几率。同时，他们也会制定一个职业生涯"B 计划"应对可能出现的职场变化。相反，那些选择在此时主动请辞的人显然是大错特错。事实证明，那些在公司裁员中幸存下来并持续做出业绩的"聪明人"往往最后身居高位，手握重权。

■ 你是否在混日子？很多时候，一些有能力的人感到他们目前的工作前途渺茫，可是又苦于找不到更好的工作机会。无奈之下，他们只能在现有的工作岗位上混日子。这种做法对其公司和自身来说无疑都是帮倒忙，事后他们也会感叹："如果我几年前做些改变就好了！"然而世上没有后悔药，作为旁观者，我们应该从他们身上吸取教训：当发现自己目前的职业发展几近停滞时，我们应该及时做出理性判断，以免过后因为碌碌无为而后悔。

■ 你是否曾经跟顶头上司或老板谈论过自己的工作情况？现实生活中，很多人害怕与上级管理人员谈论自己的辞职打算。有些人认为向上级反映自己的不满会对自己不利，现在的公司可能会千方百计阻拦自己寻找更好的工作；也有些人认为这种行为是不忠诚的表现；还有些人认为这简直就是浪费时间。

不管你属于上述哪种情况，我们始终认为，从业者在辞职前试着与自己的顶头上司、人事部门或高层管理者进行沟通是最明智的做法。调查发现，选对沟通对象，交谈 20 分钟可以避免许多错误的决定，因为下属和上级间自由开放的沟通交流通常可以有效解决诸多问题。

给那些位居高位的管理者一个倾听你、认可你的机会，对你而言，并没有任何损失。也许正是通过这种交谈，你会突然发现自己目前的职业前景还是相当不错的，一点不差于你辞职后可能找到的任何其他工作。

■ 你辞职是为了面子吗？每个人都会犯错误，因为过分苛责自己而固执地认为错误不可挽回，或者因为碍于面子而夸大了挽回错误所需要的努力，最后递交辞呈的做法是不值得肯定的。面对错误，接受并承认它才是最明智的做法，过度地处理只能损害公司和你自己的利益。

309

■ 你是否真正认清了自己目前的职业前景？决定辞职与否的一个关键因素是你对目前的职业前景是否看好。你如果明确地认为自己目前的工作已经陷入僵局，今后也不会有任何起色，那么的确应该认真考虑换个新的工作环境。你如果暂时不能对自己目前的职业前景定性，那么最好再认真衡量一下，也许会发现目前的职业前景并非那么糟糕。

尽心尽力工作。

■ 你的能力是否得到了充分发挥？你的职业前景依赖于你是否在工作岗位上充分发挥了自己的才能。如果你的能力与自己目前的业绩不成比例，那么你的前途就会受到阻碍。任何时候你都需要保证自己的学识、态度、才能得到了淋漓尽致的发挥，自己在不断地创造业绩，在不断地为公司作贡献。

▌明确树立以下态度

如果你在当前的工作中不能充分展示自己的聪明才智，那么这对你目前所在的公司和你自己而言都是一种损失。此时，你要做的就是找到那个最适合你的公司，一个能给你提供最好展示平台的公司。

➤ 有尊严地辞职

当权衡各方面利益得失，认真考虑以上八个问题之后，你仍然决定辞职，那么此时应该怎么做呢？通常，聪明的人会选择礼貌辞职，同时传递出自己良好的社交技能和积极的人生态度。以下我们将提出八条建议帮助大家学会礼貌辞职。

1. 当面请辞。向自己的老板和顶头上司当面请辞是良好社交习惯的表现，简单的书信辞呈或电话请辞往往会破坏你在他人心中的形象，甚至可能影响到你今后的发展。而面对面的请辞则会帮助你赢得管理者的尊重，同时也令你感到轻松愉快。

2. 明确表明辞职原因。向自己的老板和顶头上司明确阐述自己请辞的真实原因可能有些困难，但是理应这样做。因为你所阐述的这些辞职原因也许会促发公司进行一些改革，从而使那些留下来的人受益。

310

3. 提早通知公司你准备请辞。确保提早两周通知自己的老板或顶头上司你准备辞职。如果你目前所在的公司辞职需要走一些流程，那么请尽力完成这些流程，以免破坏你与公司建立的良好关系。此外，试着站在公司的角度思考，公司也需要足够的时间来招聘新员工及进行工作交接。

4. 请辞期间尽心尽力工作。不要因为自己即将辞职就对工作敷衍了事，像往常一样尽心尽力地工作能够使你赢得别人的尊重，同时提高自我满意度，为自己树立好名声。

　　5. 上交一切公司物品。辞职时，你应通过正式渠道将公司一切物品上交，以免带来不必要的麻烦。

　　6. 妥善完成交接工作。辞职前，你应尽力完成自己未完成的事宜。同时，全力协助接替你的同事，给予他足够的时间来适应新工作。此外，可能的话，尽力把你之前建立的良好业务关系介绍给他。

　　7. 切勿传播消极言论。在现实生活中，不少人在递交辞呈前到处向别人"倒苦水"，甚至在背后中伤公司或领导。这种做法是不可取的，你应该努力克制这种冲动，不要在临走前散播任何无谓的消极言论——因为许多人事后往往后悔自己当初的行为。

　　8. 乐观地离开。也就是说，你应怀着积极乐观的态度面对自己的辞职。你离开现在的工作岗位时，并非两手空空。相反，你带着自己的经验和能力，同时还有你的人际关系——它们是你最大的财富。

请你根据以上八条建议完成下面的互动。

311

辞职前需要考虑的问题

　　关于辞职，应该考虑哪些问题，请你在下面的横线处提出六个问题并回答。当然，你也可以根据"礼貌请辞"的八条建议进行自问自答。例如，你可以问自己："为什么我必须当面请辞而不能通过书信请辞？"

　　通读本章全部内容，然后完成该互动的第二部分。

　　1. _____

　　2. _____

　　3. _____

　　4. _____

　　5. _____

　　6. _____

　　积极乐观的态度是人生的宝贵财富，我竭力保持积极乐观的态度（尤其在辞职期间）主要基于以下两点原因：

　　1. _____

　　2. _____

因为正当理由而辞职

311

在职业发展的道路上，每个人都应重视发展良好的人际关系，积极参与培训和学习，不断提高自身素质，以便获得职位升迁，提高经济能力。所谓的正当理由是指为了寻求更好的学习机会、增加个人阅历、获得职位升迁以及提高经济能力而辞职，不是因为社交差、人缘不好而辞职。除此之外，我们还应时刻提醒自己：篱笆墙外的草地不一定比墙内的肥美。下面请看一则一名超市管理人员肯德尔的案例。

312

肯德尔的故事 大学期间我最深地感受就是要勇于并善于接受变化，我希望我的生活可以是不断变化发展的。虽然我并非时刻都为应对各种变化做好了准备。我个人认为，许多人之所以失业可能不是因为他们自身能力不强，而是因为他们不懂得适应职场变化。

> 乐于接受变化，善于应对变化。

职场变化不可避免

面对职场变化，我们需要竭尽全力迎接各种可能的挑战。虽然说比做容易得多，但是保持积极乐观的态度，努力维持良好的人际关系，不断加强自身学习总好过什么都不做，任由变化牵着鼻子走。

吸取过去的经验教训

规划职业发展时，我们需要认真总结过去的经验和教训。例如，我们首先需要正确看待与评估自己过去、现在以及将来的工作情况。此外我们也可以总结一下，什么样的工作环境舒适、高效，适合所有人保持高水平的工作效率。一般来说，如果同事间相处融洽，彼此包容，那么工作将不再是枯燥的复杂任务操作，而是一首快乐的交响曲。

不过需要注意的是，一个人的消极态度可能会破坏这首快乐的交响曲。作为其中的一员，我们应努力避免自己成为陷入消极态度陷阱的那个人，避免因为消极态度破坏了这首和谐的交响曲。

保持积极乐观的态度

职场风云变幻莫测，任何公司或企业的发展都可能经历高潮、衰退、重组甚至易主的过程。作为普通员工，随时都有可能面临工作调动、裁员等风险。

那么当真正面临以上情况时，我们该如何保持积极乐观的态度呢？以下四条建议可供参考：

1. 牢记积极乐观的态度源于自身。积极乐观的态度是宝贵的个人财富，保持这种人生态度，就是在维护快乐。任何时候我们都要提醒自己：除非事实证明公司将进行结构调整或者你将面临人事调动，否则不要轻信谣言。与我们的一般认识不同，公司所有权的改变并不会导致公司裁员，同时也很少会对基层管理者和工作人员造成影响。

2. 制定职业生涯"B 计划"。无论你所在的公司是否会发生突然变革，平时留意各种工作机会，切实为自己制定一个职业生涯"B 计划"（参见本书其他章节相关论述）都是不错的主意。为此，你需要及时为自己充电、不断发展自己，以便成功应对各种可能面临的问题。

313

3. 正确看待公司重组。公司经营权的改变是上层管理者经过权衡后做出的理性决定，但易主后的公司仍然处于原来的行业领域中。由于公司经营权的改变而被裁员虽然是件不幸的事情，但这不是你或你的同事的错。然而，面对公司的变革，如果你能够始终积极乐观地工作，那么有眼光的管理者一定乐于任用你。可见，有时不受欢迎的公司变革，亦有可能成为个人职业生涯中的重大机遇。

4. 公司重组并不会有损你的声誉。公司所有权的变革可能会给我们的职业发展带来一些变化，这种变化可能令人沮丧，但如果我们对此持一种悲观消极的态度，那么损失就加倍了。

 ## 本章小结

当你因为辞职的事情而感到心烦意乱时，请认真考虑本章提出的建议：

1. 大多数国家的人们都拥有自由择业的权利。你如果对现在的工作不满意，当然可以选择跳槽，不过首先要明白通过跳槽求得职业升迁有利有弊。

2. 当个人决定辞职时，需要从多方面认真考虑。

3. 根据本章提出的八条建议采取礼貌辞职有助于个体保持积极态度与良好的人际关系。

4. 辞职应具备正当理由，此外，在职业发展中我们应善于吸取过去的经验教训，并勇于接受可能出现的职场变化。

5. 因为企业内部调整而被迫面临职场变化时，注意保持积极乐观的态度，因为它是宝贵的人生财富。

面对职场变动，尤其是主动权不由你掌握时，注意保持积极乐观的态度。如果该职场变动能为你所用，那么你应该为自己寻求更好的职位。

 ## 试试你的理解力

314

根据你对本章内容的理解完成下列题目。

第一部分：根据本章内容判断下列说法是否正确（T＝对；F＝错）。

T　F　1. 多数人辞职主要是因为个性问题或社交问题。

T　F　2. 辞职前你最好不要与你所在公司的相关领导谈论你准备辞职的事情。

T　F　3. 你应该找到最适合你、能够充分发挥你的聪明才智的公司。

T　F　4. 礼貌辞职有助于保持你的积极态度与维护良好的人际关系。

T　F　5. 制定职业生涯"B计划"有助于个体在公司动荡时期处变不惊。

第二部分：阅读下列题目并选出正确选项。

6. 礼貌辞职包括：（a）利用自己辞职的机会，到处散播消极言论；（b）不告诉公司里的任何人你准备辞职；（c）通过书信或电话请辞；（d）上交公司的一切物品。

7. 积极乐观的态度是人生的宝贵财富，为此，你应该：（a）听到公司即将变革的谣言后，立即辞职；（b）辞职并为了保全自己的名声而诋毁原公司；（c）辞职并且把公司易主归结为自己的错；（d）正确看待公司的变革，始终保持积极乐观的态度。

第三部分：请根据你对本章内容的理解完成下题。

8. 准备辞职时，你需要考虑哪些问题？

答案见书末。

> 应对未知变化的最好方法是保持积极乐观的态度。

思考并回答

请用两三句话回答下列问题。

1. 为什么有些人的辞职决定是正确的，有些则是错误的？

2. 辞职的正当理由有哪些？简单阐述其中两条理由。

3. 关于礼貌辞职，请提出两条建议。

4. 递交辞呈后应注意什么？

5. 面对职场变化，个体应该怎样保持积极乐观的态度？

316～317

B 计划

调查发现，详尽的职业生涯 "B 计划"（见本书其他章节相关论述）有助于失业者在短时间内再就业。本练习旨在评估你对职业生涯 "B 计划" 的态度，认真阅读下面的 10 个项目并进行 10 级评分。其中，"10" 代表你倾向于制定职业生涯 "B 计划"，"1" 代表你对职业生涯 "B 计划" 不感兴趣。

1. 我希望为可能的职场变化做好准备。	10 9 8 7 6 5 4 3 2 1	除非真正面临职场变化，否则我不会做任何准备。
2. 我认为制定职业生涯 "B 计划" 相当于为自己的职业发展买了一份保险。	10 9 8 7 6 5 4 3 2 1	我认为制定职业生涯 "B 计划" 简直是浪费时间。
3. 职业生涯 "B 计划" 促使我对未来的职业前景充满信心。	10 9 8 7 6 5 4 3 2 1	只有目前的职业发展能令我对未来充满信心。
4. 我认为职业生涯 "B 计划" 有助于我尽快再就业（如果我失业的话）。	10 9 8 7 6 5 4 3 2 1	我认为真正失业时，再找工作也不迟。
5. 我认为只有不断地学习充电才能实现职业生涯 "B 计划"。	10 9 8 7 6 5 4 3 2 1	目前我对自己很满意，没必要进行学习和充电。
6. 职业生涯 "B 计划" 有助于我在公司获得晋升。	10 9 8 7 6 5 4 3 2 1	职业生涯 "B 计划" 会让我失业。
7. 职场坚守族和跳槽者都有必要制定职业生涯 "B 计划"。	10 9 8 7 6 5 4 3 2 1	我认为对未来的职业发展规划越好，失望会越大。
8. 我认为职业生涯 "B 计划" 应该以书面化的形式呈现并经常修改。	10 9 8 7 6 5 4 3 2 1	我认为职业生涯 "B 计划" 只要大致想一下就可以了。
9. 我已经认识到职业生涯 "B 计划" 的重要性并打算具体拟定一份。	10 9 8 7 6 5 4 3 2 1	我仍然对制定职业生涯 "B 计划" 不感兴趣。
10. 我认为详尽的职业生涯 "B 计划" 有助于我成为行业中的精英。	10 9 8 7 6 5 4 3 2 1	我需要的只是一份养家糊口的工作，所以我并不在乎自己是否能成为行业精英。

总分_____

现在，统计你的总分。总分 80 分及以上表明你已经充分认识到职业生涯 "B 计划" 的重要性；总分在 60～80 分之间，表明你对制定职业生涯 "B 计划" 感兴趣；总分低于 60 分，表明你需要认真思考制定个人职业规划和职业生涯 "B 计划" 的重要性。毋庸置疑，详尽的职业生涯 "B 计划" 有助于人们事业成功、生活幸福。

案例 22   面试

"态度决定差别。"

失业令马克非常沮丧，然而更让他沮丧的是，他连续参加了七次面试，但还是没有找到工作。

事实上，马克为了尽快再就业也做了许多努力。例如他积极听取求职建议，认真搜集关于招聘公司的相关信息，注重衣着得体，认真填写求职表，积极投简历等。

然而，这当中到底哪个环节出问题了呢？难道真的是因为经济下滑，就业形势差吗？

后来，马克找到一位专业的职业咨询师求助，他们共同找出了马克求职屡败的症结所在：马克在面试中不善交流，换句话说，马克在面试中没能让招聘者感受到他的诚意和积极态度。因此，尽管马克专业能力符合要求，但他还是输给了其他求职者。

假如你是马克的好朋友，你准备协助他在面试中机智、巧妙地回答面试者提出的四个问题：(1) 你为什么应聘本公司？(2) 你认为自己能够胜任这份工作吗？(3) 你的社交能力如何，你认为在社交中需要注意什么？(4) 你认为自己存在哪些不足？

A. 讨论：你认为应该怎样回答以上四个问题，在回答时还需要注意哪些问题？

B. 拓展理解：搜集并阅读有关辞职与求职的信息，给马克（或任何失业者）提出一些好的建议帮助他尽快找到工作，并具体告诉他应该怎么做。最后，请简单阐述如何保持积极乐观的态度。

第23章

重建积极态度

"有些时候需要调整。"

每日箴言：学会赞赏他人，学会传递积极态度。

本章要点

- 我们需要经常进行"态度重建"，尤其在面对压力时。
- 态度调整技巧一：重视幽默在"跳出消极圈"中的重要性，避免"态度惯性"。
- 态度调整技巧二：发挥自我优势。
- 态度调整技巧三：传递积极态度。
- 态度调整技巧四：改善自我形象，提高自我满意度。
- 态度调整技巧五：重视运动、身体锻炼在个体态度转变中的作用。

320   重建意味着恢复或更新。各阶层工作者都需要经常调整工作态度，改进工作方
法，重置工作重心。每个人，即便是最积极乐观的人，也需要不时地进行态度重建。
对于某些人而言，态度重建是每天的必修课。

态度重建

态度与压力

当我们设置的职业目标过多且难度过大时，整个工作就会变得千头万绪，工作压
力也会随之而来。然而，大多数压力实际上是由工作性质决定的。例如，电视新闻工
作者、空中交通指挥员、警员的工作本身就是充满压力的。

压力过大会导致工作者产生职业倦怠，并降低其工作效率。常见的职业倦怠表现
为：情绪低落（具体内容参见本书其他章节）、易发怒、退缩等。此外，伴随职业倦怠，
个体的人际关系也会不断恶化。

为了更加清楚地认识态度和压力的关系，首先让我们来思考两个重要问题：

1. 拥有积极乐观的态度能否帮助我们更好地应对压力？一般来说，是的。因
为当我们关注工作中的积极因素时，通常会把自己想象成一个成功者，这会令我
们感到轻松和快乐。通过这种模式，压力对我们的影响作用也会减弱，即使其真
正发挥作用，所带来的损伤也是微弱的。相反，如果我们过多关注工作中的消极
因素，那么它们就会给自己带来更多的烦恼和压力。

> 树立积极
> 乐观的态度有
> 助于应对工作
> 压力。

因此，工作压力（如设置最后期限、提出不合理要求、出现人事冲突）越少越
好。然而，所有性质的工作都会产生一定的压力。不过，那些拥有良好职场人际关
系的人通常具备较强的抗压能力。

2. 转变消极态度，关注工作中的积极方面是否有助于我们有效应对工作压力及
潜在的职业倦怠？在某种程度上来说，是的。一般工作压力加大时，我们更倾向于
关注当前情境中的消极因素。不过，通过旅游、咨询、自我暗示等途径进行态度重
建后，我们将逐渐关注工作中的积极因素。从这个意义上来说，消极态度的转变、积
极态度的重建是有效应对压力的方法。

态度重建日常化

321   前期态度重建需要以天为单位。例如，早晨起来，利用几分钟进行自我调整或给
自己的好朋友打个电话，暗示自己摆脱了不好的过去，要开始新的征程。当然其他形
式的态度重建，如关注事物的积极面等也适合每天进行。

后期态度重建可以以周为单位。例如，人们经常听到员工间这样的谈论：

> 态度重建
> 有助于提高工
> 作效率。

"我需要好好地休息和娱乐一下，这样才能以饱满的精神迎接新一周的工作。"
"如果周末我不能好好休息的话，周一我会神经衰弱的。"

可见，缺乏定期的调整或休息，大多数人将无法维持积极高效的工作。

警惕"态度惯性"

当一段时间或连续几周的休息后，态度并未得到有效调整，这时，我们可能需要进行一次彻底的态度重建，因为这一现象可能与我们的"态度惯性"有关。

"态度惯性"是指人们在不知不觉中以一种消极的模式应对周围世界。然而，为什么我们在陷入"态度惯性"的轨道时居然"不知不觉"呢？举个例子，当身体发出信号——头痛、发烧、疼痛时，我们能够意识到自己生病了，进而采取一些措施恢复身体健康。但是，当我们按照一贯的消极态度来应对周围世界时，没有任何外显的信号（如身体疼痛）提示我们落入了态度惯性的怪圈。尽管此时好友或同事有心提醒，但多数时候他们碍于面子并没有指出来。结果，我们可能长期维持着一种消极的态度。由此不难想象，态度惯性会给我们的人生带来多么严重的影响。

诺姆的故事　两年前诺姆错失了一次升职的机会，然而他始终认为自己应该得到这次晋升。因为这件事，诺姆无意识中落入了消极态度的怪圈，直到今天，他仍旧没有走出这个怪圈。事实上，有很多简单的途径可以帮助诺姆意识到他看待事情的态度是不对的。但诺姆的消极思维模式根深蒂固，他总是否认事实，总认为自己的思维、态度没什么问题。所以他始终感到不快乐，事业也没有什么实质性发展。

下面是一个态度自评量表，它可以帮助你更好地了解自己目前的态度。请你仔细阅读题目并认真作答，最后的评定结果可能会给你提供一些重要的思考。

322

态度测评

这是一个态度自评量表，请仔细阅读量表中的每一项，并根据自己目前的真实态度状况进行 10 级评分。其中"10"表明自己目前的态度非常积极或指数特别高，"1"表明自己目前的态度非常消极或指数非常低。

	高（积极）　　　　　　　低（消极）
1. 尽管没有请示老板，但我认为老板可能觉得我的态度……	10　9　8　7　6　5　4　3　2　1
2. 如果可能的话，我认为同事和家人可能觉得我的态度……	10　9　8　7　6　5　4　3　2　1
3. 我认为自己目前的态度……	10　9　8　7　6　5　4　3　2　1
4. 在处理其他事情上，我认为自己行动的有效性是……	10　9　8　7　6　5　4　3　2　1
5. 我认为自己目前的创造性水平是……	10　9　8　7　6　5　4　3　2　1
6. 如果幽默可以测量的话，我认为自己目前的幽默指数接近……	10　9　8　7　6　5　4　3　2　1
7. 我认为自己在他人面前所显示的耐心指数与敏感指数可能为……	10　9　8　7　6　5　4　3　2　1
8. 最近一些琐碎的小事也会影响到我，我认为自己目前……	10　9　8　7　6　5　4　3　2　1
9. 根据最近我受到表扬的次数，我认为自己目前……	10　9　8　7　6　5　4　3　2　1
10. 我认为过去几周来，我对工作和家庭的热情度为……	10　9　8　7　6　5　4　3　2　1
总分_____	

现在请统计你的总分。总分在 90 分及以上表明你目前的态度非常积极，不需要进行调整；总分在 70～90 分之间，表明你需要对目前的态度进行一些微调；总分在 50～70 分之间，表明你的态度急需调整；总分小于 50 分，表明你需要进行一次彻底的态度调整，重建态度。

323   无论你的态度自评结果如何，积极采用下面的态度调整技巧将会使你变得更加乐
     观和成功。

 态度调整技巧一：　跳出消极圈

幽默和态度

          决定态度积极或消极的关键因素是幽默。幽默与态度间存在一种共生的关系：个
     体的幽默水平越高，态度会越积极；而个体态度越积极，其幽默水平也会越高——这
     是一种良性循环。
          很多人成功地运用"跳出消极圈"技巧有效地维持并增强了自我的幽默感。在面
     对消极事件时，他们能够以一种幽默的方式加以应对，从而尽量减少了消极事件对其
     积极态度的影响。
          吉米的故事　昨晚，当吉米回到自己的公寓时，他完全惊呆了！他的整个房间一
     片狼藉，仔细检查后，他发现自己的一些贵重物品不见了。全部检查完成后，吉米拨
     通了梅西的电话，他告诉梅西："我家被盗了，不过幸好保险公司会理赔的。对了，
     我刚刚计划了一下咱们墨西哥之旅的具体路线，方便的话，你过来帮我一起整理房
     间，顺便讨论一下具体行程安排。"
          幽默是应对消极事件的重要力量，它能够帮助人们保持乐观的态度，从而积极地
     生活。那么到底什么是幽默呢？

幽默的定义

> 幽默是消
> 极态度的敌人。

          幽默是一种态度，它促使个体努力从所面临的事件中发现积极元素。多数持幽默
     态度的人坚持这样的人生理念：凡事太较真就会活得很辛苦，学会对生活中的不幸与
     尴尬一笑置之才能更好地享受生活。
          事实上，对于生活中的许多事情我们完全可以用一种幽默的方式来处理，这样，
     我们的生活将会更美好。而培养这种幽默，其实并不难，我们只需要在内心确立一个
     "快乐焦点"。也许这听起来有些可笑，但据调查发现，富于幽默感的聪明人通常都有
     一个所谓的快乐焦点。例如，我们经常听到人们谈论：

          "面对消极事件时，珊德拉总是比别人恢复得快，这是因为她总能以幽默的
     态度来应对消极事件。"
          "萨米是个好伙伴，因为他总是很幽默。"

324   珊德拉、萨米这样的人之所以受到大家的赏识，是因为他们富于幽默感，常常以
     一种积极的态度来处理事情。可以说，幽默是他们应对消极事件的一个良方。

幽默源于快乐焦点

          我们如何通过幽默来调整自我态度，如何建立"快乐焦点"呢？注意思考以下几

个方面。

　　■ 人人皆可富于幽默感。幽默是一种天性，上帝并非赐予部分人足够的幽默感，而对另一部分人格外吝啬。通过一定的培养和练习，每个人都能成为一个幽默的人。

　　■ 笑是良方。紧张、生气或压力等消极情绪通常会诱发头痛、高血压等；而积极情绪如高兴、喜悦等则能够帮助我们舒缓紧张情绪、改善肠胃消化、促进生理循环，从而保障身心健康。当然，许多问题并不能一笑了之。但至少笑能够使我们关注事物的积极面，从而更好地应对问题；笑能促进我们积极态度的形成，有助于培养我们的幽默感。

　　■ "快乐焦点"有助于我们走出问题，走向解决之道。尽管以幽默的态度看待事物并不能解决所有问题，但它能够引导人们找到问题的解决之道。笑能使人们将关注焦点从问题转到解决方案上来。这就是所谓的态度调整技巧一：跳出消极圈。

态度调整技巧二：　发挥自我优势

发挥自我优势

　　当销售者发现某种商品的销量远远好于其他商品时，通常会追加对该商品的促销资金。他们认为："聪明的商家应学会用自己的优势产品而非劣势产品与其他商家竞争。"同样我们可以采用相同的做法来保持积极的态度，即注重发挥自我优势。

　　杰森的故事　总的来说，杰森目前人生的失败多于成功。他参加工作已经有 10 个年头了，最近他离婚了，不仅有沉重的债务，还要定期偿还汽车贷款。唯一值得开心的事情就是他的工作（他从事着自己热爱的职业——酒店管理并小有成就）和跑步。他在事业上投注了很大的心力，并坚持每天至少跑步 6 英里。所以，尽管他生活中有那么多的不愉快，但他依然对生活充满激情。可以说，正是因为杰森注重发挥自我优势，做他擅长的事情，所以他才能始终保持着积极乐观的态度。

325

　　每个人，无论处在人生的哪个阶段，都存在一定的优势和劣势。如果我们不能意识到这点，那么劣势就会覆盖我们的全部人生。而一旦优势被淹没，那么我们的自信心就会受到沉重的打击，长期下去我们整个人会变得更加消极和抑郁。而要改变这种情况，我们首先需要把自己的劣势推到内心的"某个角落"，让它可以长久地待在那，不能让它影响到自己优势的发挥、积极态度的保持。

　　那么，到底应该怎样做呢？

发挥自我优势的三种做法

　　下面我们就如何发挥自我优势提出一些简单的建议。

　　1. 多总结自己的优势。思考、总结自我优势的时间越多，那么思考劣势的时间就会相对减少。

　　2. 多谈论自己的优势。多跟别人谈论自己生活中高兴、快乐的事情（但不能过度沉湎于这种谈论或对同一个人多次重复这种谈论），那么这些事情在我们心中的分量就会加重，我们也会因此变得更加快乐。那些总向他人谈论自己不幸的人无形中在给自己的朋友带来伤害，同时也在不断强化自己的消极态度。

3. 做你喜欢的事并进行自我奖励。如果你热爱大自然，那么就奖励自己到公园去散步；如果你热爱音乐，那么就奖励自己欣赏几支好听的歌曲；如果你笃信宗教，那么就虔诚祈祷。

你每次总结或谈论自己的优势，其实都是在发挥自己的优势。然而，总结或谈论很明显不如实践。如果你是一名高尔夫球手，成功打进 18 洞比想想和谈论对你保持积极的态度更有效。

态度调整技巧三： 传递积极态度

分享你的积极态度

当某人的行为令我们非常生气时，我们会要求他们停止其行为，并向他们分享、陈述自己的意见和看法，同样我们也可以和他人分享自己的积极态度。因为我们积极分享的过程，也是他人帮助我们调整态度的过程。

香农的故事　香农很需要别人的鼓舞，所以给自己的好朋友凯西打了个电话，约凯西中午一起吃饭。凯西虽然不太愿意去，但还是去了，并且尽力表现得积极乐观。午饭结束时，凯西不仅重新激起了香农的斗志，她自己也感到非常快乐。最后，两个人高兴地离开了餐厅。

326

从上面的案例中可以看出，传递自我积极态度，不仅会激励他人，同时也会鼓舞自己，这是一种良性互动。因此，当你情绪低落时，请大方地表现自己的积极态度吧！

生活中，我们每个人都有机会与他人分享自己的积极态度。例如，出租车司机努力让乘客满意会增加自己的收入，懂得欣赏同事优点的个体通常会受到大家的欢迎，主动向邻居示好的居民通常能够建立良好的邻里关系，旅行中积极帮助其他旅客并与他人交朋友会使整个旅途更加愉快……可见，到处都是机会与他人分享积极态度。当我们坚持这样做时（尤其在我们的处境不顺利时），总能收到最好的回馈。

> 传递你的
> 积极态度。

伊妮德的故事　星期五对伊妮德来说是糟糕的一天。早上她收到通知：参加紧急员工会议。接下来，她的全天工作计划被打乱了。为了尽快完成计划内的工作任务，她玩命工作，然而就在此时，她的电脑坏了。这时候，老板突然走过来交给她一项新任务并要求她在周末前提交具体方案……一天的工作终于结束了，伊妮德很想回家泡个热水澡，好好睡一觉，忘掉所有的烦恼和不开心。可是她之前答应要去探望生病的旺达，尽管很想回家，但伊妮德最后决定去探望好友。在医院和旺达闲聊了一个小时后，伊妮德回家了，但是现在的她精神焕发、充满自信，不再需要泡热水澡了。

可见，根据自己的方式向他人传递积极的态度，同样会收到积极的回馈。

态度调整技巧四：改善自我形象，提高自我满意度

改善自我形象，提高自我满意度

我们身边充斥着众多关于改善自我形象的广告，大多数广告词无非向人们宣传"美好的外表能够帮助你结识更多的朋友"。我们也经常听见这样的言论：

"赶快加入我们的健康俱乐部吧，马上你就会发现自己的改变，同时你会结交一群新朋友。"

"整容帮你找到你的另一半。"

通过各种方式努力寻求自我形象的完善是值得肯定的做法。然而，自我形象完善的最终目的不应是为了取悦于人，而是为了提高自我满意度。我们需要认识到：外部形象改善所带来的积极体验并非源于外部，而是源于我们内心自我满意度的提升。

尽管目前人们不经常使用"自卑情结"这个词语，但是我们有必要温习一下"自卑情结"的定义。通常当我们对别人的评价高于自我评价时，自卑情结就产生了。换句话说，当我们对自我形象持一种消极观点时，我们的自我形象评价就很差，但我们在他人心中的形象可能并非有如我们所想的那样。

事实可能是，别人对我们的形象也许评价非常好。尽管有些时候我们认为自己不够时尚、没有魅力或者太邋遢，但是我们的朋友不一定也这样认为。关键问题是，我们不看好自己，所以许多时候我们在传递着一种负面的信息。

此外，当我们对自我形象评价差时，我们有如通过一个黑色的玻璃杯观察外部世界。我们因为不看好自己，所以对自我周围人、事、物的评价也很糟糕。从某个角度来看，不佳的自我形象评价影响了我们的态度。

可见，我们先是进行自我评价，接下来才是对外界事物进行评价，而我们对自我的评价又会影响我们对外界的评价——这是认知过程的一般规律。

扎西的故事　从青春期开始，扎西就认为自己的形象不好，于是他选择了"破罐子破摔"。进入大学后，他行事总是很低调，似乎努力把自己变成一个"隐形人"。临毕业时，为了顺利就业，他申请了一个就业指导课程。课程内容中要求学生自己制作一段面试录像。为了出色地完成该作业，扎西为自己购置了一套新西服，并换了个新发型。他一次又一次地拍摄自己的面试视频。终于等到教授、其他同学观看他的视频了，扎西收到了来自教授的认可与其他同学的赞扬。扎西第一次认识到自己的形象其实并不差，自己其实也挺不错的。现在的他对自我的评价很中肯。

自我形象与态度

良好的自我形象与积极的态度紧密相连。为了正确地评价自我形象，请采纳下面的建议：

- 请记住，很多时候别人对我们的评价好于我们的自我评价。
- 充分利用自己的优势，如你漂亮的秀发、迷人的微笑、美丽的眼睛等。

327

> 改善自我形象，保持积极态度。

■ 适当梳妆打扮。

 态度调整技巧五：重视运动和态度的相互作用

运动与态度

328

目前关于运动与态度间是否存在直接相关并无定论，但多数研究者认为两者间是相关的。

与过去相比，现代社会的许多年轻人很关注身体素质，他们每天都会抽出一部分时间进行身体锻炼。关于运动与态度，他们经常这样回答：

"运动对我态度的影响，不亚于对我身体的影响。"

"运动不仅增强了我的身体素质，同时也有助于拓展我的眼界。"

"我从来都不低估运动对我精神状态的积极作用。"

据调查发现，许多运动爱好者正是借助运动走出了情绪低谷，保持了积极乐观的态度。他们经常这样谈论：

"我把自己的运动室称为'态度调节室'。"

"我通常借助散步来排遣消极情绪。"

"一场高强度的运动能够帮我赶跑所有的坏情绪。"

竞技领域

在社会的各个领域，专业运动员尤为重视态度的作用。因为他们需要常年进行高密度的训练活动，同时还要时刻保持那种竞技状态。我们经常会听到运动员们这样谈论：

"去年我们球队没有打入决赛，今年我们全队上下一心、众志成城，所以进入了半决赛。"

"因为我妻子对我的支持，我才及时调整了自己的心态，最终赢得了本赛季的成功。"

"我今年比赛的成功 90% 归因于我良好的态度。"

他们的话语间接向我们传递了这样的信息：运动与态度之间一定存在着正相关。

 本章小结

沮丧、压力等通常会令我们一度变得消极，所以我们每个人都需要不时地进行"态度重建"。在生活中，当我们发觉自己感到沮丧或有压力时，应该及时进行态度重建，这样我们才可以用最短的时间、最小的努力调整好态度，同时避免滑入"态度惯性"怪圈可能带来的长期伤害。

态度重建首先需要进行自我评估。一旦你明确自己目前的态度状况时，你就能更有效地进行态度重建。首先，请你利用本章的态度自评量表评估自己目前的态度；其次，根据本章提出的五个态度调整技巧努力改变自己的态度。这五个态度调整技巧包括：跳出消极圈，发挥优势，传递积极态度，改善自我形象、提高自我满意度，重视运动和态度的相互作用。

总之，我们需要经常评估自我态度并积极进行态度重建，尽力把压力控制在可承受的范围内，避免消极态度的长期影响。如果需要彻底转变态度的话，及时采取行动，不要拖延。只有这样，我们才会变得更加积极、自信、快乐和成功。

329

 试试你的理解力

根据你对本章内容的理解完成下列题目。

第一部分：根据本章内容判断下列说法是否正确（T＝对；F＝错）。

T　F　1. 一些工作本身会带来很多压力的说法是错误的。

T　F　2. 幽默可以帮助人们有效地应对消极事件。

T　F　3. 与同事分享自己的积极态度有时比分享工作经验更重要。

T　F　4. 自卑情结是指个体对自我的评价高于他人。

T　F　5. 现在的年轻人越来越重视运动在态度调整中的作用。

第二部分：阅读下列题目并选出正确选项。

6. 感到压力大时，人们的常见表现不包括：（a）态度积极；（b）感到沮丧；（c）易发怒；（d）退缩。

7. 发挥自我优势应做到：（a）经常总结自己的优势；（b）不断改善自己的劣势；（c）经常总结自己的优势但不要与他人谈论；（d）发挥优势不用奖励自己。

第三部分：请根据你对本章内容的理解完成下题。

8. 针对改善自我形象、提高自我满意度提出几条建议，并指出自我形象与积极态度间的关系。

答案见书末。

> 赶走消极情绪，重建积极态度。

 思考并回答

330

请用两三句话回答下列问题。

1. 为什么人们需要经常进行态度重建？

2. 简单阐述什么是跳出消极圈（态度调整技巧一），并指出它是如何起作用的。

3. 根据发挥自我优势（态度调整技巧二）的相关内容，提出两条具体建议。

4. 说说如何改善自我形象（态度调整技巧三）。

5. 态度与运动间有什么关系？

调整态度

学习理论和具体操作是两回事，只有切实运用理论进行实际操作，才能真正地掌握理论，并把所学理论运用到其他情境中去。为此，请你根据本章内容分别举例说明日常生活中如何运用态度调整技巧来保持积极乐观的态度。

练习1：如何运用"跳出消极圈"技巧。（例如，你目前面临一些消极事件，你如何使自己对它们一笑置之?）

_____

_____

练习2：如何运用"发挥自我优势"技巧。（例如，你如何运用本章所讲的"发挥自我优势"奖励自己做一件你喜欢的事情，从而使你能够更加积极乐观地面对明天的工作或学习?）

_____

_____

练习3：如何运用"传递积极态度"技巧。（例如，如何给予平常被自己忽视的人多一些关爱?）

_____

_____

练习4：如何运用"改善自我形象"技巧。（例如，如何变一个发型?）

_____

_____

练习5：如何运用"重视态度与运动的相互作用"技巧。（例如，你如何从今天的一项专门锻炼中获益?）

_____

_____

案例 23	焦点

"我以后再进行态度调整。"

一年前，凯西每个月都会定期存钱。然而这种现象没持续多久，她便找到了一份薪水更高的工作。凯西原打算每月多存一些钱，结果她非但不再定期存钱，反而不断地花存折上的钱并且还开始使用信用卡。上周，凯西的老板找她谈话，说她最近做事不太积极，与下属关系也不好，整个人好像对工作失去了热情。尽管这样，凯西总是推脱"明天一定调整态度"。可以说，目前似乎只有购物才能引起她的极大兴趣。凯西到底是怎么了，她是否失去了快乐焦点？

尽管还有几周就要期末考试了，卢皮却对争取拿到"优秀学生奖"失去了兴趣。她现在做任何事情都是拖拖拉拉的，是因为学习负担太重？还是因为做兼职太辛苦？或者是跟家人吵架了？我们不得而知，总之，她现在做什么事都拖拖拉拉的，而且相比其他问题，她对自己目前的形象异常不满意。为什么快乐焦点就这么迷失了呢？

阿诺德最近似乎出现了职业倦怠，他原本是一个非常努力并成功的销售代理，但最近他感到自己不能留住顾客。当他和顾客交流时，顾客似乎不太喜欢他的销售理念与销售方式。他目前急需还一笔个人贷款，但他上个月的佣金却远远少于前几个月，就连他的爱好——慢跑也不能激起他的热情，使他保持积极的态度。为什么一下子就没了快乐焦点呢？

A. 讨论：请你根据本章的态度调整技巧给他们三个提点建议，你需要指出哪种态度调整技巧分别对凯西、卢皮和阿诺德的"态度重建"最为有效，并简单解释一下为什么。

B. 拓展理解：先从本章的态度调整技巧中选出你最感兴趣的两条技巧，仔细分析并试着从中总结一些需要注意的事项；接下来比较所选两条技巧间的异同点。

第24章

成为管理者：你的事业在前进

"做一名管理者很头疼。"

每日箴言：终生学习，做最好的自己。

333

◆ 本章要点

- 专业技能和良好的人际交往技能有助于提高一个人的管理能力。
- 评估自己是否适合从事管理工作需要从多方面考虑。
- 成为一名优秀的管理者需要具备多种素质。
- 积极参与正规教育和培训，不断完善自己。

良好的人际关系与积极的态度是事业成功的基石。人际交往技能的提高不仅能够增强个人自信，也为你的事业发展打开了一扇门。无论你是否愿意走进这扇门，它始终都为你敞开着。

334

 ## 双重能力

如果有一天你进入企业管理层，或者进入一个不太熟悉的领域做管理者，那么你需要明白两件事：

- 在职场中，拥有良好的人际关系有助于一个人出色地完成各种管理工作，同时得到上司的赏识和提拔。
- 你在态度与人际关系方面所做的各种努力都将影响你的管理能力，你如果致力于发展自己的管理能力，那么将获得更好的职业发展。

双重能力的价值

优秀的企业管理者总是能够在众多员工中发现那些工作能力强、善于维持良好职场人际关系的人。换句话说，如果你拥有了双重能力——专业技能和人际交往技能，高层管理者可能会有这样的假设：该员工在基层拥有不错的人缘，在管理层也一定可以建立良好的人际关系。这种假设不是不可能，下面请看一则例子。

克里奥的故事　克里奥是一位非常能干的电脑技术员，平日里她非常重视提高自己的专业技术能力，同时也重视建立良好的人际关系。她总是乐于帮助同事解决工作中遇到的各种问题，也常常在临下班时帮助同事完成紧急的工作任务。

她的付出得到了认可，很快，克里奥参加了公司组织的管理课程培训。课程结束两周后，她被提拔为一名部门主管。这让她感到很高兴，因为她是管理层中最年轻的。为此，她更加重视提高自己的人际交往技能了。

> 对人际关系的"敏感性"为你的职业发展提供机会。

敏感性

从普通员工晋升为管理者并不会突然面临巨大的挑战，因为你在人际关系方面的技能和经验将始终伴随着你。事实上，作为普通员工的一些经历会使你在管理工作中对他人的需要更加敏感，这样反而有利于你更好地开展工作。例如，如果你曾经的上司非常难相处，那么当你成为上司的时候，你会时刻提醒自己不要犯类似的错误。同样，如果你曾经目睹两名同事争执带来的严重后果，那么作为上司的你在面对类似的情况时就会马上采取措施出面调停。此外，如果你曾经工作出色却始终得不到上司的赞赏，那么当你成为一名上司时，你将能够更加深刻地体会下属对于认可的需要。

请看下面一则例子。

杰拉尔丁的故事　每次看到自己的上司，杰拉尔丁就发誓如果哪天她成为一名管理者，绝不会像自己的上司一样。生活就这样平淡无奇地过着，有一天，杰拉尔丁认为既然自己从现在的上司身上根本学不到什么好经验，不如参加培训，学习如何做一名出色的管理者。于是，她给自己报了两门课程：人际交往技能培训和企业管理培

335

训。培训班的老师讲得非常好，杰拉尔丁学得也非常认真。

机会偏爱有准备的头脑！杰拉尔丁的升职比预期来得更早，由于她已经做好了充分的准备，所以她在新的管理工作中得心应手。没过多久，她又获得两次升职的机会。

从杰拉尔丁的例子我们不难发现，较强的人际交往能力与管理能力是开启事业成功之门的金钥匙。

自信

> 良好的人际交往技能有利于增强自信心。

良好的人际关系有助于增强自信心。换句话说，你在人际关系方面所做的努力都将通过某种形式反映在你的信心中。所以，学会与年长的资深老员工搞好关系大有裨益。

此外，修复已经破损的人际关系同样有助于增强自信心。你在人际交往方面的点滴进步都将拉大竞争对手与你的距离。慢慢地，你将善于和各阶层的领导沟通交流，在工作和领导面前，你也会表现得更加自信。这样，晋升早晚都会属于你。杰瑞就是一个很好的例子。

杰瑞的故事　杰瑞生性敏感、温顺。为了改善自己的人际关系，他阅读了大量相关书籍。当然，这只是杰瑞自我完善的一种方式，和职业目标无关。他从未想过将来成为一名管理者，因为他觉得这种梦太不切实际。两年来，杰瑞始终重视发展自己的人际交往技能，与上层领导和周围同事也都相处得非常愉快。在大家眼里，杰瑞是个不可多得的人才。所以，当杰瑞被提拔为部门主管时，所有人都不感到意外（除了他自己）。

336　你适合做管理者吗？

你是否应该努力成为一名管理者？你如果已经是管理者，是否应该为追求中层或者高层管理职位而努力？这需要慎重考虑。

关于管理

> 对管理者来说，惩戒下属的不良行为与发展良好的职场人际关系同样重要。

从普通员工晋升为企业管理人员，你需要进一步提高自己的社交能力，积极发展新人脉。为什么？因为一些事关企业生存的重大决策需要你的直接参与，更多的员工需要你来管理，你肩上责任重大。所以，进行职业规划时，考虑以下几方面，明确自己是否适合做企业管理工作非常必要。

■ 如果你对社交感兴趣的话，你可能对管理工作也非常感兴趣。虽然企业管理者的工作内容涉及方方面面，但是很大一部分工作是与人打交道，有些公司老总高达 80% 的工作时间都被用来处理各种人际问题。毋庸置疑，管理部门决定着企业的运营，但管理者首先需要与他人一起工作，这点无论何时也不会改变。

■ 你可能不太喜欢对他人负责。普通员工与管理者的区别之一就在于前者只需重视建立和保持良好的人际关系，而后者还需要对其他员工的不良行为进行纠偏。你如果只热衷于自我发展，那么可能不太适合做企业管理工作——不仅因为你不喜欢对下属负责，也因为你可能无法胜任对下属负责的工作。

■ 你是否善于决策？企业管理者每天都需要做很多决定。并且职务越高，要做的决策越重大。其中，人事决策总是最困难的，此外还有那些与员工工作绩效、薪资福利密切相关的决策。

也许，你很擅长处理各种人际关系，但这并不意味着你同样擅长做决策。事实可能完全相反。例如，某管理者需要代表公司解雇某位下属，但该下属和自己的关系又很要好，管理者往往会感到非常头疼。这种情况就在某种程度上反映出：人际关系越好，管理者可能越难做决策。所以，决定是否从事企业管理工作时，不要忘记考虑你的决策力。

■ 管理者通常处在企业的"风口浪尖"。你如果是一个比较敏感的人，那么可能很难适应伴随管理工作而来的各种批评和诽谤。因为在职场中几乎每位管理者或多或少都会有这种经历，至于能否做好管理者的工作，就要看个人能否将这种批评或诽谤的程度降低到最小。

一般来说，良好的职场人际关系能够帮你减少批评和诽谤的声音，况且那种爱在背后诋毁他人的人毕竟只是少数。然而，无论怎样，你的职位决定了你只能站在"风口浪尖"，所以，管理人员总是很容易"受伤"。当然，请你不要误会！我们不是为了让你对从事企业管理工作产生畏惧心理，我们只是希望你意识到这种现象的存在。

优秀的管理者

优秀的管理者应具备的能力

关于优秀管理者应该具备的能力，本书无法一一论及。但是如果你的职业理想是成为一名企业管理者，那么你首先应该从管理的基本职能——计划、组织、领导和控制四个方面不断完善自己。当然，你也需认识到聪明的管理者通常善于激励下属，善于洞察市场变化，善于运用互惠理论，善于社交，善于做决策，善于向同事传递积极态度并且重视动机。

> 思考你在哪些方面适合从事管理工作。

此外，你如果想成为一名成功的企业管理者，那么还需特别重视提高自己的情商（EQ）。情商（EQ）又称情绪智力，简单来说，它是一个人在情绪认知、情绪管理、挫折耐受、人际交往等方面的能力。高情商的管理者通常善于和他人建立并维持良好的人际关系，即使面临压力或者可能的经济动荡也能够保持冷静，做出合理的决策。可以说，情商对于企业管理者的事业成功来说非常重要。（更多关于情商的内容请参见本书其他章节）

培养管理能力

罗马不是一天建成的，管理能力也不是一夜之间就可以培养出来的。因此，如果你确实想成为一名成功的企业管理者，那么请耐心准备，循序渐进。

在这个渐进的过程中，你的人际关系方面的知识，你接受的相关学习、培训以及你积累的工作经验都将促使你不断提高自己的管理能力。而善于总结经验，积极吸取教训也将促使你不断获得进步。

为了进一步评估你是否适合做企业管理工作，请完成下面的互动。

339

管理能力评估

本互动旨在让你评估自己是否适合做一名企业管理者。认真阅读下面每一项，并进行 10 级评分。其中"10"表明你具备管理能力或重视发展管理能力。"1"表明你对管理职位不感兴趣。

1. 我有信心成为一名优秀的企业管理者。	10 9 8 7 6 5 4 3 2 1	我永远也不可能跻身企业管理层的。
2. 我善于同周围同事建立并保持良好的人际关系。	10 9 8 7 6 5 4 3 2 1	我一向很独立，不太喜欢同周围同事打交道。
3. 我觉得作为管理人员，遭受批评和诽谤都很正常。	10 9 8 7 6 5 4 3 2 1	我没办法接受伴随管理工作而来的批评和指责。
4. 我善于鼓舞他人。	10 9 8 7 6 5 4 3 2 1	激励他人从来都不是我的强项。
5. 我具有耐心、公正等品质，而且我善于理解他人。	10 9 8 7 6 5 4 3 2 1	我没有耐心，也不会刻意去理解他人。
6. 我愿意对下属负责。	10 9 8 7 6 5 4 3 2 1	我讨厌对任何人负责。
7. 在任何情况下，我都能冷静决策。	10 9 8 7 6 5 4 3 2 1	我不喜欢做决策，因为那意味着要负责。
8. 不和下属们一起工作对我来说没什么。	10 9 8 7 6 5 4 3 2 1	我希望受人欢迎，喜欢和同事在一起工作。
9. 我总是力争成为团队中最出色的那个人。	10 9 8 7 6 5 4 3 2 1	即便我在团队中表现最差也没关系。
10. 只要我积极提高自己的人际交往能力，我将比其他同事表现得更加出色。	10 9 8 7 6 5 4 3 2 1	尽管我接受了人际交往技能的培训，但是我其他方面的管理能力也很差，所以不值得发展管理能力。

总分_____

现在，统计你的总分。总分在 80 分及以上表明你拥有成为优秀企业管理者的潜力；总分在 50～80 分之间，表明当务之急，你要增强自信心，但你将来也有可能成为优秀的企业管理者；总分低于 50 分，表明你尚未打算成为一名企业管理者。

340

自我提高

成为一名企业管理者意味着你要承担许多新的责任，为了更好地履行这些责任，你需要不断完善自我，通过在职进修或相关培训等提高自身的专业能力和管理能力。此外，在你提高自己的同时，应注意了解以下几个方面。

■ 正确定位自己，了解自身拥有的优势，承认自身还存在的不足。现实生活中，有些能力强的员工往往在接受管理职位时才意识到自己需要接受人际关系培训，也有些管理者提到自己在刚开始工作时面临很多困难，特别是在人际关系方面。当然，除了人际关系技能，管理者还需要在多方面提高自己，例如，学会激励下属，学会合理安排事务，学会决策，学会管理时间等。所以，你如果想成为一名优秀的企业管理者，那么需要在这些方面不断完善自我。

　　■ 接受管理培训越来越重要。你即使为成为一名优秀的管理者已经进行了充分准备，或者现在已经是一名出色的企业管理者，也仍然需要接受管理培训。而且，管理职务越高，就越需要进一步接受多方面的管理培训。进行管理培训的目的在于强化优势、弥补弱势，甚至将弱势转化为优势。那些善于将工作中的危机转变为机遇的管理者能大大鼓舞自己的下属，而管理者所接受的培训、实践等经历也将成为个人风格的一部分，帮助其保持积极心态，发展良好的职场人际关系。

　　真正成功的领导者往往还将提高自身管理能力作为一生的事业来追求。工作中，他们善于向周围出色的管理者学习，珍惜各种培训机会。此外，他们还重视接受正规学校教育，把获得工商管理硕士学位（MBA）作为自己的职业目标之一。当然，获得工商管理硕士学位并不是件容易的事情，它需要管理人员接受统计学、计算机科学、信息工程学、组织管理学、金融等多门课程的学习。然而，有志者事竟成，如果你立志成为一名成功的管理者，那么即便是在职进修，也没有人可以阻拦你获得工商管理硕士学位。

> 提高管理能力需要终生学习。

　　■ 作为一名管理者，保持积极态度非常重要。在工作中，保持积极态度、远离消极态度对于部门主管、公司经理或其他任何管理者来说都非常重要。在下属面前表现消极是件非常"奢侈"的事情，任何管理者都无力承担其严重后果。

341

　　总的来说，我们认为一名优秀管理者应该具备的能力可以用爱因斯坦的著名公式"$E=mc^2$"来表示。其中，E 表示管理者在工作中应该充满热情（emotion）、精力充沛（energy）。m 表示管理者需要保持强烈的工作动机（motivation），乐于建立良好的职场人际关系，善于保持高水平的工作效率。c 表示管理者应致力于提高自己所在部门的总业绩，这就要求管理者不仅自己做到乐于奉献（commitment），也积极鼓励下属在工作中尽心尽力（commitment），共同为提高小组/部门生产效率、完善自我而努力。

> 积极态度产生积极期望和积极结果。

传递你的"积极力量"

　　优秀的管理者应该善于在工作中传递自己的"积极力量"，因为"积极力量"一旦开始传播，将大大增强下属的自信心，提高下属的工作卷入度，保证员工高水平的工作效率。
　　那么，如何创造管理者的"积极力量"呢？
　　态度，积极态度是力量之源。部门主管/小组领导在工作中的积极态度将时刻感染自己周围的下属，鼓励下属在工作中尽心尽力，对职业前景充满希望。

 # 本章小结

　　双重能力（专业技能和人际交往技能）对于增强个人自信、获得事业成功非常重要。此外，你在人际关系中的"敏感性"——是否了解他人需要以及是否拥有处理人际冲突的经验也是成为一名优秀管理者的有利条件。当你进行职业规划时，你需要从多方面考虑自己是否适合做一名企业管理者，其中，评估自我管理能力大有裨益。经过多方考虑与评估后，你如果依然以成为一名企业管理者为目标，那么首先需要明确优秀管理者应具备的基本素质，正确定位自己，然后从多方面发展完善自己。

342

　　面对管理工作中的各种挑战，许多管理者认识到积极态度是一笔宝贵的财富。

通过本章内容，我们相信你对管理工作已经有了更加深入的认识，能够正确评估自己是否适合做管理者。不管你最终的决定是怎样的，重视发展自身的管理能力将促使你在今后的任何工作岗位中都表现得更加出色。

希望你时刻提醒自己：态度决定一切。这里，我们谨祝你事业有成，前程似锦！

 试试你的理解力

根据你对本章内容的理解完成下列题目。

第一部分：根据本章内容判断下列说法是否正确（T＝对；F＝错）。

T　F　1. 某人在工作中不仅专业能力强，人际交往技能也不错，我们说这个人具备了双重能力。

T　F　2. 增强自信心、注重改善人际交往技能对于成为管理者没有任何帮助。

T　F　3. 有抱负、善于做决策、愿意承担更多责任并且对他人需求敏感的人，应该考虑做一名企业管理者。

T　F　4. 擅长处理各种人际关系的员工一定都能成为优秀的企业管理者，因为这类人在工作中总是能够做到对下属负责。

T　F　5. 成为一名企业管理者，需要你从多方面发展自己。

第二部分：阅读下列题目并选出正确选项。

6. 良好的人际交往技能会使管理者：（a）较少受到恶意批评和流言的影响；（b）专业技能更强；（c）更加自信；（d）对下属的需要不敏感。

7. 提到传递"积极力量"的管理者，指出下列哪个选项是不正确的：（a）善于鼓舞下属；（b）令下属对职业前景充满希望；（c）积极态度是他们的力量之源；（d）不会在工作中建立奖惩机制。

343

第三部分：请根据你对本章内容的理解完成下题。

8. 评估自己是否适合做一名企业管理者应该考虑哪些因素？

答案见书末。

| 如果态度可以选择，那么你会选择什么样的态度？ |

 思考并回答

请用两三句话回答下列问题。

1. 解释什么是"双重能力"。

2. 从人际关系方面入手，指出两种增强自信的方法。

3. 评估自己是否适合从事管理工作应该考虑哪些方面？简单阐述其中两个方面。

4. 提高管理能力，应该从哪些方面发展自己？简单阐述其中两个方面。

5. 探讨培训、进修及态度对管理者的重要性。

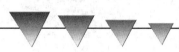

344

提高管理能力的计划

你如果要从事管理工作，那么可能存在哪些优势和不足，你将如何提高自己的管理能力？在未来的工作中，你又将如何保持自己的积极态度？

关于从事管理工作，我的个人计划是：_____

_____

_____

_____

_____

_____

_____

_____

态度决定一切，所以为了保持我的积极态度，我会_____

_____

_____

_____

_____

_____

_____

_____

案例 24　　　　　　　　　　　　　　　敏感性

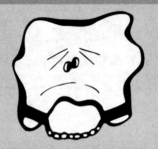

"我的角色被束缚住了。"

　　毫无疑问，安吉丽娜是她所在部门中最受欢迎的人。虽然她不太擅长与陌生人打交道，但是她在维持良好的人际关系方面做得非常好！无论在工作还是生活中，安吉丽娜对于别人的需求总是很敏感，同事们遇到什么困难也总爱找她帮忙，而她也非常乐于帮助大家解决各种问题。

　　然而，她的一位同事却这样说道："我非常高兴能够认识安吉丽娜并和她一起工作。她人真的很好，真希望她就是我们的上司。不过，有时我也觉得她可能不太适合从事管理工作，因为她实在太善良了。你很难想象她发脾气的时候是什么样子，更别说责备别人了。如果她真的做我的上司的话，那么我真担心她会被那些表现不好的下属给气死！"

　　不过在最近的人事调整中，公司把安吉丽娜调到一个部门做主管。因为在公司高层看来，既然安吉丽娜在同事中那么受欢迎，她一定具备成为一名优秀管理者的潜质。

　　A. 讨论：假如你是安吉丽娜的好朋友，你认为她适合从事管理工作吗？

　　B. 拓展理解：查阅其他相关书籍、文章及网络资源等，说说一名优秀的管理者通常具备哪些基本特征。探讨影响有效管理的因素有哪些，并指出良好的人际交往能力、积极的态度对管理者的重要性。最后，根据安吉丽娜的具体情况，给她提出几条建议。此外，简单谈谈为什么提高管理能力对于从事不同工作的人来说都很重要。

词汇索引

（所注页码为原书页码，即本书边码）

"试试你的理解力"答案

（以下页码均为原书页码，即本书边码）

第 1 章　1＝T，2＝F，3＝T，4＝T，5＝F，6＝c，7＝b，8＝参见 11 页
第 2 章　1＝T，2＝T，3＝F，4＝F，5＝T，6＝a，7＝d，8＝参见 22 页
第 3 章　1＝T，2＝T，3＝F，4＝F，5＝T，6＝a，7＝b，8＝参见 36 页
第 4 章　1＝T，2＝T，3＝T，4＝F，5＝T，6＝a，7＝d，8＝参见 47 页
第 5 章　1＝T，2＝F，3＝F，4＝T，5＝T，6＝c，7＝d，8＝参见 63 页
第 6 章　1＝T，2＝F，3＝T，4＝F，5＝T，6＝b，7＝d，8＝参见 76 页
第 7 章　1＝F，2＝T，3＝F，4＝T，5＝T，6＝b，7＝d，8＝参见 85～86 页
第 8 章　1＝T，2＝T，3＝T，4＝F，5＝T，6＝c，7＝a，8＝参见 104 页
第 9 章　1＝T，2＝F，3＝T，4＝F，5＝T，6＝a，7＝d，8＝参见 122 页
第 10 章　1＝T，2＝T，3＝T，4＝T，5＝T，6＝c，7＝a，8＝参见 141 页
第 11 章　1＝T，2＝T，3＝F，4＝T，5＝T，6＝d，7＝c，8＝参见 155～156 页
第 12 章　1＝T，2＝F，3＝T，4＝F，5＝F，6＝b，7＝b，8＝参见 170 页
第 13 章　1＝T，2＝F，3＝T，4＝T，5＝F，6＝a，7＝d，8＝参见 182 页
第 14 章　1＝F，2＝T，3＝T，4＝T，5＝T，6＝d，7＝d，8＝参见 196 页
第 15 章　1＝T，2＝F，3＝F，4＝F，5＝T，6＝a，7＝c，8＝参见 209 页
第 16 章　1＝F，2＝T，3＝F，4＝F，5＝F，6＝c，7＝c，8＝参见 224～225 页
第 17 章　1＝F，2＝F，3＝F，4＝T，5＝T，6＝b，7＝b，8＝参见 241 页
第 18 章　1＝T，2＝F，3＝F，4＝T，5＝T，6＝a，7＝d，8＝参见 255 页
第 19 章　1＝T，2＝T，3＝T，4＝T，5＝T，6＝c，7＝c，8＝参见 271 页
第 20 章　1＝T，2＝T，3＝F，4＝F，5＝T，6＝b，7＝a，8＝参见 287 页

第 21 章 1＝F，2＝T，3＝T，4＝T，5＝F，6＝d，7＝a，8＝参见 300 页
第 22 章 1＝T，2＝F，3＝F，4＝T，5＝T，6＝d，7＝d，8＝参见 313 页
第 23 章 1＝F，2＝T，3＝T，4＝F，5＝T，6＝a，7＝a，8＝参见 326～327 页
第 24 章 1＝T，2＝F，3＝T，4＝F，5＝T，6＝c，7＝d，8＝参见 342 页

章后案例参考答案

本书每章案例下面的问题只是为读者提供一个思考与讨论的方向，没有固定的答案。

在这里我们列出了回答问题的要点，并没有给出具体的答案。如果您的答案和所列要点毫不相关，那么请您再仔细考虑一下自己的回答。当然，对同一问题存在不同观点和看法，也是正常的并且值得鼓励的。

下面的答案仅供参考。

 案例 1　现实

与两位素质相近的同事同时进入公司，他们得到了晋升，自己却没有，罗德感到愤怒是可以理解的。毕竟他的自尊心受到了伤害，因为一直以来他工作都很认真并且高效。罗德最大的不足在于没有充分重视自己的人际关系。他似乎只专注于提高个人业绩而忽视了与其他同事建立良好的人际关系，他尚未认识到不良的人际交往能力正在影响他的职业发展。

罗德在人际交往中总是为自己的不友好态度找借口，他忘了那句老话"重要的是你认识谁"。所以，尽管他的上司两次提醒他与周围同事搞好关系，他却没有领会上司的好意。

罗德可能不明白，与部门中的其他同事紧密合作，努力提高部门总业绩也是员工的责任之一。作为罗德的上司，应该更早地以更为明确的方式劝告罗德，例如，他可以明确地告诉罗德哪些行为是受欢迎的，哪些是不受欢迎的。因为罗德需要他人及时指出自己的消极行为、消极行为的影响以及一些改正建议，但是上司并没有做到这些，所以上司也需要为罗德的不良人际交往关系表现承担责任。

罗德的案例告诉我们：一名充满抱负、工作努力、高效的员工不一定会获得升迁机会，他需要在个人业绩和人际关系间取得平衡，这样才能充分发挥自身的潜力，进而取得事业的发展。

 ## 案例 2　自我调整

如果乔治希望找到一个令自己感到愉快并且工作高效的企业，那么首先他得学会让自己放松。但是，如果他一直躲在自己的"外壳"里面，总是期望他人主动接近自己，那么他在任何工作环境中都将很难充分发挥出自己的潜力。

在乔治找到其他称心如意的工作前，他急需做出一些改变。他需要知道当他表现得很冷漠时，周围同事也会感到不舒服。他还需要认识到即使没有什么要紧的事情，同事之间还是应该经常问候彼此，经常进行沟通和交流。

作为乔治的上司，可以多给他创造机会，让乔治可以多和周围同事进行沟通，从而增强他的自信心。此外，乔治的关键问题是，他不明白不善于沟通会给自己和他人的工作带来诸多不便，而冷漠常常被他人解读为敌意。鉴于此，乔治的上司在和乔治进行交流时，还应让乔治多说，而自己则少说且要学会倾听。

 ## 案例 3　信用卡透支

虽然有些人能够适度使用信用卡超前消费，但多数人则表现为滥用信用卡。这些人常常挣扎于超前消费与偿还巨额债务之间。

这种挣扎状态常常导致其生活质量大幅下降，学习、事业也脱离正常轨道。只有极少一部分人能够妥善处理好这种挣扎状态，避免可能出现的负面影响。

为了帮助曼纽尔应对当前面临的严重经济问题，这里提出一些建议。

1. 立即削减消费支出。如果必要，销毁信用卡。
2. 寻找一些便宜的消费方式。
3. 向理财专家咨询。
4. 制定每月的支出计划并遵循每月的预算。
5. 耐心还债。

积极的态度是人生的宝贵财富，当曼纽尔接受上述这些建议时，上司和周围同事就会注意到他的改变，而他的工作也会重新步入正轨。

案例4　恢复

给敏感的人提建议并不是一件容易的事情，因为要照顾到当事人的各种心理和情绪。作为苏·艾伦的直属上司，弗兰克的领导身份（而非他的性别角色）使得他对苏·艾伦的指导难上加难。然而，如果弗兰克真心想要帮助苏·艾伦，而苏·艾伦确实感受到了这种真诚的关怀时，苏艾伦就可能接纳自己和他人。为此，弗兰克需要努力做到以下几点：

1. 让苏艾伦认识到没有人故意针对她，一切都是因为工作。有些时候，病人可能不讲理；有些时候，医生在压力之下会乱发脾气。这些都是工作中的正常现象，与某个人的表现无关。

2. 让苏·艾伦理解每个人的观点和看法不尽相同，所以当他人否定自己的观点或看法时，每个人都应该学会正确认识这种"否定"，毕竟对观点的否定与对人的否定是两回事。

3. 让苏·艾伦明白面对问题最好的解决方法不是抱怨而是敞开心胸，接纳自己也接纳他人。

此外，弗兰克也可以通过设置目标的方式促进苏·艾伦在人际交往中不断进步。例如，他可以对苏·艾伦表现出的与目标一致的行为进行奖励，通过这种带有强化性质的奖励措施，帮助苏·艾伦逐步发展成为一个更加坚强的人，进而拥有更加美好的职业发展前景。

案例5　做决定

伯尼重视建立和发展良好的横向工作关系是非常值得肯定的做法，但是他放弃与主管格洛里亚建立良好的纵向工作关系则显得很不明智。虽然主管格洛里亚有些不容易接近，但伯尼仍然应该努力寻找任何可能的机会与格洛里亚建立良好的关系。例如，他可以更加努力地工作以获得格洛里亚的肯定，也可以用更加友好的态度与格洛里亚进行沟通交流，还可以通过恰当的方式给格洛里亚提出一些建议。

可惜的是，伯尼因为其他同事难以与主管建立良好的关系，便转身放弃，仅仅专注于发展良好的横向关系。他的这种做法并不值得提倡，因为他不应该"把所有鸡蛋都放在一个篮子里"。

案例6　信息

公司没有提拔杰夫的做法是正确的，因为：

1. 提拔杰夫为新的部门主管难以服众。由于杰夫在日常工作中不重视与周围同事建立良好的横向工作关系，所以，如果提拔他做部门主管，那么部门中其他同事一定会有意见，这样，整个部门的业绩也会受到影响。

2. 一个不善于建立和发展良好横向工作关系的人，在成为一名管理者时也将很难构建良好的纵向工作关系。不重视与周围同事友好相处，这是职场人际交往中的大忌。

3. 相比凡事亲力亲为的领导，一个善于和下属打交道的领导更善于激发下属的工作热情，提高部门总业绩。

杰夫的上司应该多给他一些建议，提醒他改善与周围同事的关系。例如，可以告诫杰夫某个同事虽然工作高效但因为人际关系不好在公司长期得不到重视和提拔。如果杰夫的上司当时做到了这些，那么杰夫也不会放任自己的人际关系问题而不管，从而错失这次晋升机会。

案例 7　洞察力

泰德感到生气和恼怒是可以理解的，部门主管劝他改善和周围同事的关系也是正确的。泰德的工作能力是有目共睹的，但是他如果总是对同事过分苛责、不友好的话，那么将很难获得晋升。

可以说，现在对泰德来说是一个困难时期。面对周围同事的嫉妒和人际冲突，泰德需要学会平衡个人业绩与人际关系。只有这样，他才有可能在下次部门主管选拔时得到提拔。

泰德的部门主管应该提早发现泰德在人际交往方面存在的问题，而不是当泰德和其他同事发生正面冲突、人际关系受损时才给他提出建议。当然，对于部门主管的错误，泰德应该认识到，上司很少是完美的，不管上司是否给予建议，他都需要努力维持良好的职场人际关系。

案例 8　抉择

持 X 理论的部门主管属于公司的元老级人物，在他手下工作可能有下面几项优势：

1. 他在公司工作的时间长、经验丰富，所以在他手下能够学到更多的东西。

2. 虽然他要求严格，但从长远来看，"严师出高徒"，你可能因此成为一个更有能力的人，日后也会成长为一名更出色的管理者。

持 Y 理论的部门主管很年轻，跟着他，你可能获得下面几项优势：

1. 他能够激发你的工作热情，让你在工作中表现高效。

2. 这个主管可能很快就会得到提升，你如果工作努力，将有可能接替他的位置，并在他的关照下，职位不断升迁。

在持 X 理论和持 Y 理论的部门主管手下工作，各有利弊。然而，你在选择前需要考虑下面几个问题：

1. 在哪种环境中你的工作动机更强、工作效率更高？

2. 你的个性和价值观与哪类管理者更合拍？

3. 你想要成为一名管理者的愿望有多强烈？

你如果充分了解两类管理者的不同管理方式，那么应该可以做出最好的选择。如果你适应能力非常强，那么任何管理方式下的工作环境都不会阻碍你的个人进步和事业发展。

案例 9　金钱

如果一个人将金钱看做唯一的财富，那么从长远看他将裹足不前。

拉尔夫的观点值得肯定，那些在事业发展过程中坚持自我的人通常能够取得事业的成功。因为这类人总是表现得很积极，坚持自我的个性使得他们获得周围同事的认可和尊重，他们拥有广泛、良好的人际关系，表现出更强的管理潜力，所以更容易得到上司的重视和提拔。没有证据表明那些"凡事向钱看"的人，能够获得更多的金钱和幸福。

案例 10　争论

贾斯廷和齐克各自的观点都很明确。贾斯廷认为"如果我们把每个个体当做独一无二的，那么世界就会变得更加美好"，这种观点有些过于理想化，但它却是人际交往中的一个重要原则。齐克认为"应该根据个体在工作中的表现和他们的价值观来评价每个人"，这种观点也有其合理之处。所以，简单评定他们两人谁的观点更正确并不明智，最好的做法是将他们两人的观点结合在一起。此外，也可以根据本章提出的四项原则对他们的观点进行补充。

案例 11　挫折

离婚会给个人带来沉重的打击，其他大大小小的事件也会对个体的心理和行为造成不良影响。从这个意义上来说，艾伦的遭遇值得同情，但是他应该学会调节自己的挫折感和消极情绪，避免出现任何攻击行为。他需要审视一下自己目前的消极态度及其对自己和他人的影响。而不应该一味抱怨生活，因为抱怨会使人充满愤怒和敌意，并经常无意识地迁怒于家人、同事和其他人。

艾伦可以多参加一些体育运动，通过运动缓解压力和释放不良情绪。例如，他可以打网球、游泳、整理庭院或打扫房间等。他急需找到一些积极的方式转移注意力，停止自怨自艾。这对艾伦来说并不容易，他可能需要获得一些专业人员（如心理咨询师）的帮助。需要指出的是，艾伦如果不采取行动重建积极态度，那么将面临更多的危机——被公司辞退并被孩子疏远，最终成为一个"孤家寡人"。

案例 12　修复

完全修复两人关系的机会很少。然而，如果诺琳和克里斯托能够尊重彼此，那么午餐聚会也是改善两人关系的好时机。

作为上司的拉吉女士理应提出其他更为恰当的方式帮助两人解决她们的问题，拉吉女士现在的做法只会让诺琳和克里斯托讨厌她，这样两人的矛盾就会变成三人的冲突。

案例 13　沟通

阿尔乐如果选择跳槽，那么需要与自己的家庭成员特别是妻子进行良好的交流沟通。当然，他也可以选择留在现在的公司与尤西欧建立互惠的关系。例如，阿尔乐可以帮助尤西欧改善他的沟通技巧，尤西欧可以让阿尔乐承担更大的责任，拥有更多的权力。通过建立这种互惠关系，阿尔乐将最终获得晋升或调到其他更好的岗位上工作，这样他和他的家庭就可以省去搬迁带来的一系列问题。

但是留在现在的公司也存在一种可能性，那就是阿尔乐因为尤西欧获得了自己想要的职位而变得消极怠工——这种事情十有八九会发生！

案例 14　不可取

海伦现在的情况很棘手，显然泰勒尔窃取了她的想法，而且这种行为非常不可取。但是，海伦如果在没有切实证据的情况下就对泰勒尔发火，那么很有可能被误认为"吃不到葡萄说葡萄酸"，这样她在领导和同事心目中的形象就会大打折扣。所以，在其他同事面前海伦应该和泰勒尔友好相处，就像两人之间没发生任何事情一样。这对她来说尽管很难，但海伦必须这样做。否则，一旦她公开对泰勒尔发火或使他陷入尴尬之中，那么泰勒尔很有可能会在背后中伤海伦，从而使领导和同事对海伦的印象更差。不过，海伦可以私下和泰勒尔交流"剽窃想法"这一问题。此外，今后与同事讨论时，海伦也应该学会保护自己首创的想法，并在想法成熟后尽快以书面形式提交给上司。

在人际关系中，诚信至关重要。但是一些爱耍小聪明的人往往忘记了这一点。

读者还可以阅读其他一些关于"不可取"的案例。

案例 15　交谈

两个月的时间足以让乔纳斯发现罗伯森女士对他的苛责是源于根深蒂固的偏见，并非时间就能解决。在这两个月中，乔纳斯还得知，曾经有两位同事因为罗伯森女士的过分苛责而选择了辞职。所有这些事实表明，罗伯森女士对乔纳斯的苛责，绝不是老员工对新同事的捉弄。从这点上来说，乔纳斯的做法值得肯定。

虽然乔纳斯的做法有些冒险，但至少他给自己争取了一个机会来解决问题，保障自己的事业发展。他如果成功地解决了自己所面临的问题，那么最终将获得公司所有人包括罗伯森女士的认可和尊重。

对于某些读者来说，乔纳斯的做法可能太过直接和激烈；对于另一些读者来说，乔纳斯的做法有点过于客气。需要指出的是，面对类似乔纳斯的问题，每个人都可以有自己的处理方式，但前提是修复受损的人际关系并且"当面把话说清楚"。

当下属出现类似乔纳斯的问题时，上司应该及时构建一个对话平台，与双方共同讨论他们彼此存在的差异和问题。同时，向双方介绍互惠理论（MRT），并建议双方在互惠理论的基础上建立良好的人际关系。此外，上司还应该积极关注双方在构建良好关系过程中所做的各种努力，并多给予他们一些鼓励。

案例 16　平衡

从该案例中可以看出，洛兰的缺勤率很高。对此，她所在的公司可以通过一些方式，帮助洛兰认识到平衡家庭和工作的重要性。例如，公司可以通过研讨会的形式讨论按时出勤的重要性。而洛兰自己则需要反思经常缺勤对公司业绩和职场人际关系造成的影响。当洛兰真正认识到缺勤的危害时，她就会采取有效措施尽力避免缺勤。

当工作中出现的问题源于自身时，每位员工应该勇敢地承认自身存在的问题，尽快采取措施解决问题。这不仅是自尊的表现，也是构建良好纵向关系的前提。

基于这样的前提，洛兰可以和霍奇思先生就她的缺勤问题制定一个计划，共同商定以多长时间为界逐步控制她的缺勤次数。当然，必要时洛兰可以缺勤，条件是她在有必要缺勤的时候需要提前通知霍奇思先生，并如实报告自己缺勤的原因。洛兰如果真心喜欢现在的这份工作并且非常想要保住这份工作，就必须这样做。因为她只有这样，才能获得信任，并有效提高自己的自律能力。

如果经过以上各种努力，洛兰还是无法降低自己的缺勤率，那么公司有权根据内部规定和相关法律解聘她。毕竟任何公司都不允许任何员工不遵守其内部规定并长期拖累公司的生产效率。

 案例 17　动机

比约恩似乎赶不上现代职场快节奏的步伐了，他好像更喜欢待在非常单纯的工作环境。在这种工作环境中，上司唯一的责任就是监督、鼓励下属认真工作。这可能是因为比约恩过去过分依赖父母、老师等的缘故。

然而，为了适应现代职场，比约恩必须学会自我激励。首先，他需要虚心听取上司和老员工的建议，因为他们真心希望比约恩能够取得事业的成功。其次，比约恩在上司面前应该承认自己的不足之处，而上司则应该耐心一点，多给比约恩一些机会充分展示他的才能。此外，比约恩应该多和那些充满抱负并且工作高效的同事交流沟通，以他们为榜样进行自我激励，并在工作中积极发挥自身能力与优势。

 案例 18　困境

凯约犯了两个错误。第一，她轻信了未经证实的流言。第二，她允许这条未经证实的流言扰乱她的情绪，并进而影响她的个人业绩——这个错误更严重。

虽然在案例中没有介绍事实的真相，但是杨格先生接替艾希伯格女士一职的真正原因极有可能是：凯约当时的工作表现令公司高层不得不将她从部门主管的候选人名单中删除。如果事实真相果真如此，那么我们不得不替凯约感到惋惜！

 案例 19　冲突

目标导向型的人一直都"在路上"，所以这类人很难理解那些缺乏目标、没有方向的人。在婚姻关系中，当双方都属于目标导向型的人，并且拥有共同的目标时，婚姻关系就会稳定持久。相反，如果一方为目标导向型个体，另一方则缺乏目标、没有方向，那么他们的婚姻关系将很难维持下去。鉴于此，迪瑞克和瑞林最好"各走各的"。如果分手几年后，他们发现彼此仍然深爱着对方，并且愿意接纳彼此的差异，那么他们就能够修复彼此的关系。

案例 20 选择

　　接受哪家公司的聘用是一项艰难的选择。在做决定前，安吉洛应该着眼于个人的长远发展，仔细思考一下他的职业目标。高工资与高福利哪个对他来说更重要？他的长期职业目标是什么？安吉洛如果对稳定但缓慢的晋升过程感到挫败和没有耐心，那么可能不太适合坚守一家公司以求获得内部擢升，跳槽以求迂回前进的职业升迁路线可能更适合他。

　　具体来说，如果安吉洛认可缓慢但风险低的职业升迁路线，那么 B 公司应该是他最好的选择。因为 B 公司能够为他提供更多的培训机会，并可能鼓励他进一步攻读管理学学位。此外，B 公司还将给他提供更好的福利。当然，这些都有赖于 B 公司未来发展的稳定性。需要指出的是，这种具有内部擢升传统的公司也存在重组、合并和裁员的风险。

　　如果安吉洛追求快速的职业升迁且不惧风险，那么 A 公司应该是他的最佳选择。因为 A 公司可以马上委以他"重任"，但安吉洛应该重视多参加一些培训以提高自身的专业能力，因为他很有可能再次选择跳槽。

 案例 21 变化

　　英格丽德和达拉都可能成功地应对未来职场可能的变化，但达拉的策略更加现实。

　　在现实生活中，大多数企业和公司都存在重组、合并和裁员的风险。然而，人们可以采取一定的策略有效应对未来职场可能的变化。

　　达拉坚持"将变化转变为机遇"，这种想法非常值得肯定，但是"把别人牢牢踩在脚下"的看法则很难让人认同。因为"把别人牢牢踩在脚下"这句话似乎隐藏着这样一层含义：为了达到目的，偏离职业道德、破坏同事关系也在所不惜。达拉如果心中果真存在这样的想法，那么"将变化转变为机遇"的所有努力就会付诸东流，因为被破坏的同事关系势必会影响到她日后的工作效率和个人业绩。

　　面对未来职场可能的变化，也许最好的策略就是保持良好的职场人际关系，认真工作，并努力将变化转变为机遇。特别需要指出的一点是：不断学习也是有效应对职场变化的策略之一。

 案例 22 面试

在面试时，可以参照下面几点回答面试官的四个问题。

　　1. "在准备面试的过程中，我了解到贵公司极具发展潜力，而您在业内也因知人善任、待人公平而出名，这些都是贵公司吸引我的重要原因。"

　　2. "我认为自己的销售能力很强，管理客户资料和处理客户投诉的能力也不错。但是，我还需要进一步学习。我的职业目标是成为一名公司管理人员，打造一个出色的工作团队，最大限度地提高公司销售业绩。"

　　3. "我非常重视提高自身人际交往能力，我相信自己能够和上司以及周围同事建立并保持良好的人际关系。在人际交往中，我如果犯错了，那么会勇敢地承认自己的错误，并及时修复受损的人际关系。许多朋友经常夸我善于解决问题，因为我对他人的需求很敏感，并且善于倾听。当然，我非常清楚良好的人际关系（特别是与客户的关系）与高水平的工作效率密切相关。"

4．"凡事多而不精，我认为自己最大的不足是有时贪多图全，为此，我总是不断提醒自己，认真做好每件事情。"

注意：面试时应重点讲解自己如何克服自身的不足之处，这样面试官才会更加关注你的积极方面而不是消极方面。

 ## 案例 23　焦点

本章提出的态度调整技巧全部适用于凯西、卢皮和阿诺德，前提是他们认识到自己已经陷入了态度的"消极圈"，需要重建积极的态度。具体来说，凯西应该关注工作、多做运动以此减少她的购物行为（态度调整技巧五），此外，她还应该多关注自身的优势（态度调整技巧二）。卢皮应该尝试向家人、朋友倾诉，及时释放不良情绪（态度调整技巧三）。此外，她还应该学会正确认识和评价自己（态度调整技巧四）。阿诺德应该学会跳出消极圈（态度调整技巧一），并多关注他的优势（态度调整技巧二）。

以上只是本书的一些建议，但"鞋子合不合脚只有自己知道"。凯西、卢皮和阿诺德需要逐一采用本章的五个态度调整技巧，然后选出最适合自己的态度调整技巧。

 ## 案例 24　敏感性

我们认为安吉丽娜在接受正规的管理课程学习和培训之前，最好不要接受公司的部门主管一职。因为她只有接受了管理课程的相关培训，才能更好地平衡管理者的角色与她的个性、价值观和人生目标。否则，作为一名管理者，在面对人事决策时，她会感到非常为难和痛苦，这样她将很难成为一名出色的管理者。

不是所有擅长人际交往的人都适合做管理者。在现实生活中，许多在非管理层工作且拥有良好人际关系的人并不能胜任管理者的角色。基于这个原因，公司任命安吉丽娜为部门主管可能是一项不太正确的决策，公司很可能因此失去一名最出色的员工（安吉丽娜可能因为不能胜任部门主管一职而选择辞职）。当然，随着时间的流逝，每个人都在不断成长、不断改变。所以，安吉丽娜也有可能在经过一系列挑战之后，成为一名优秀的管理者。

人际关系能力量表

能力（competency）在心理学上是指人能够被观察和被测量的技能（skill）。虽然人际关系能力不像技能那样容易定义和测量，但是人际关系能力在我们的工作中起着非常重要的作用。本书详细分析和讨论了在现实生活中如何处理人际关系的问题，分单元介绍了形成良好人际关系能力的许多具体技能。

请在下面符合你情况的问题前的方框内打"√"，检查你的行为习惯中是否具有这些技能。

（1）一直以这样的态度对待身边的人：

☐ 在日常沟通中（包括打电话），用言语和非言语的方式表达出积极的态度。

☐ 与态度消极的人一起工作时，仍然保持积极的状态。

☐ 与不积极的和不敏感的人相处时，仍然保持积极的和敏感的状态。

☐ 以诚实的、道德的、符合伦理的方式对待他人。

☐ 避免评论可能招致误解的关于伦理或者性的问题。

☐ 运用反其道而行之的方式保持幽默感。

☐ 每隔几个月做一次"自我态度评估"。

☐ 一旦发现自己的态度开始变得消极，马上转变态度。

☐ 保持和发展良好的服务态度。

（2）在与同事的相处中表现出的人际关系技能：

☐ 与部门中的每个人建立并保持同样的、平行有效的工作关系，不是只与喜欢的人建立这样的关系。

☐ 与可能同自己有不同价值观的人建立稳固的、没有冲突的关系。

☐ 保持健康的情商。

☐ 与比自己年长或年轻的人建立稳固的、健康的关系。

☐ 即使对那些有时会激怒自己的人，也能保持一种稳固的关系。

☐ 不管一个人的道德伦理标准和社会经济地位怎样，都以尊重的态度对待他。

☐ 能够有效地与他人一起工作，而不管其性取向如何。

☐ 不会因为别人在人际关系上的失误，自己就变得防御性很强或试图报复。

☐ 尽快修复受损的友情。

☐ 自己即使对工作关系受损不负有责任，也主动修复关系来维护自己的事业。

☐ 向他人承诺一起修复关系。

☐ 适当地释放自己的挫折感而不伤害人际关系。

☐ 能够承受他人的玩笑，开玩笑而不会惹人生气。

（3）在与上级的交往中表现出的人际关系技能：

☐ 与上级建立很牢固的上下级关系，并且不被同事孤立。

☐ 做一个工作效率很高的职员而且能提升同事的工作效率。

☐ 遇到很难应付的上级时，保持良好的态度继续工作，直到改变出现。

☐ 建立互利的关系。

☐ 在同事不能充分发挥他们工作能力的情况下，自己依然可以充分发挥能力。

☐ 无论工作环境是否变差，自己仍然能稳定地发挥工作能力。

☐ 不高估或者低估上级。

☐ 向上级报告自己的错误或错误的决策，不试图掩盖它们。

☐ 表现出自己可以将任何改变变为一个机遇，包括接受一个不同工作风格的领导。

☐ 不要将小的不愉快搞成大烦恼。

（4）具有的职业精神和人际关系技能：

☐ 做一个优秀的倾听者。

☐ 保持良好的出勤状况。

☐ 在家庭和事业的关系上保持良好的平衡，不使任何一方受到损害。

☐ 表现出自己很有追求。

☐ 自如无拘束地与人交流。

☐ 让大家都乐见自己的成功是获得提升的最好准备工作。

☐ 只同外界分享积极的、不需保密的资料。

☐ 交给他人的资料都是可靠的。

☐ 能清楚区分工作关系和个人关系。

☐ 将注意力集中在工作的积极方面，同时尽力改善消极方面。

☐ 对于不在场的第三方只做积极的评价。

☐ 离开一个岗位或者一个公司时采取积极的态度，训练自己的接班人以保证工作效率不受影响。

☐ 自己如果喜欢稳定，那么培养耐心；如果想做一个事业的攀登者，那么不会踩着别人攀登成功的阶梯。

☐ 学会快速恢复良好状态。

☐ 制定自己的职业生涯规划，并且总有备选方案。

图书在版编目（CIP）数据

职场人际关系心理学：第 12 版/（美）奥尼尔，（美）查普曼著；石向实等译 . —北京：中国人民大学出版社，2011.10
ISBN 978-7-300-14110-7

Ⅰ.①职… Ⅱ.①奥…②查…③石… Ⅲ.①人际关系学：社会心理学 Ⅳ.①C912.1

中国版本图书馆 CIP 数据核字（2011）第 209075 号

心理学译丛·教材系列

职场人际关系心理学（第 12 版）

［美］ 莎伦·伦德·奥尼尔
埃尔沃德·N·查普曼 著

石向实　郑莉君　等译

Zhichang Renji Guanxi Xinlixue

出版发行	中国人民大学出版社		
社　　址	北京中关村大街 31 号	**邮政编码**	100080
电　　话	010 - 62511242（总编室）		010 - 62511770（质管部）
	010 - 82501766（邮购部）		010 - 62514148（门市部）
	010 - 62515195（发行公司）		010 - 62515275（盗版举报）
网　　址	http://www.crup.com.cn		
	http://www.ttrnet.com（人大教研网）		
经　　销	新华书店		
印　　刷	涿州市星河印刷有限公司		
规　　格	215 mm×275 mm　16 开本	**版　　次**	2012 年 1 月第 1 版
印　　张	19.5 插页 2	**印　　次**	2018 年 5 月第 3 次印刷
字　　数	462 000	**定　　价**	49.00 元

尊敬的老师：

您好！

为了确保您及时有效地申请培生整体教学资源，请您务必完整填写如下表格，加盖学院的公章后传真给我们，我们将会在 2～3 个工作日内为您处理。

请填写所需教辅的开课信息：

采用教材				☐ 中文版　☐ 英文版　☐ 双语版
作　者		出版社		
版　次		ISBN		
课程时间	始于　年　月　日	学生人数		
	止于　年　月　日	学生年级		☐ 专　科　☐ 本科 1/2 年级 ☐ 研究生　☐ 本科 3/4 年级

请填写您的个人信息：

学　校				
院系/专业				
姓　名		职　称		☐ 助教 ☐ 讲师 ☐ 副教授 ☐ 教授
通信地址/邮编				
手　机		电　话		
传　真				
official email（必填） （eg：×××@ruc.edu.cn）		E-mail （eg：×××@163.com）		
是否愿意接受我们定期的新书讯息通知：　☐ 是　☐ 否				

系/院主任：_____（签字）

（系 / 院办公室章）

___年___月___日

资源介绍：

——教材、常规教辅（PPT、教师手册、题库等）资源：请访问 www.pearsonhighered.com/educator。　　（免费）

——MyLabs/Mastering 系列在线平台：适合老师和学生共同使用；访问需要 Access Code。　　（付费）

100013　北京市东城区北三环东路 36 号环球贸易中心 D 座 1208 室

电话：（8610）57355003　　传真：（8610）58257961

Please send this form to：copub.hed@pearson.com